重郎文庫 29

祖國正論 I

新学社

装丁　水木　奏
カバー書　保田與重郎
文庫マーク　河井寛次郎

目次

昭和二十五年　祖國正論

祖國正論 I

使用テキスト　保田與重郎全集第二十七巻（講談社刊）

昭和二十五年　祖國正論

（「祖國」新年號）

絶對平和の根據と日本人の心構

講和問題があわたゞしく論議され始めた。このあわたゞしさの原因を考へると、將來のことゝして、憂慮すべきものがある。しかし今日も明日も、眞の日本人のとるべき態度と方針は、國際情勢によつて、右顧左眄するものではない。日本人は過ぐる八月十五日を思ひ起し、かの萬世の太平の基を拓かんとの各自の志を、あくまで守るたゞ一途を以て、これに處することを考へるのみである。この觀念は、國際情勢からする判斷とは、別の論理をもつのである。日本人は萬世の平和を築く第一歩として、講和を迎へ、あるひはその後に來るだらう、物語にも知らない苦難に耐へる決意を示し、これを形の上に計畫する必要がある。

日本が永世平和をうち立てるについて、一二の國家、あるひは國際的聯合勢力の被護又は保證によつて、可能であると云つた甘い考へ方を、日本人は果してすて得るであらうか。

日本の將來について、第一にその植民地ないし屬國になつてはならないこと。第二には、豫想される戰爭にもまき込まれてはならないこと。即ち戰爭にまき込まれないためには、植民地ないし屬國となつてはならないといふことは、自明である。

そのために日本人が、自ら進んでなすべきことは、その結論だけを云へば、第一に近代的生活への憧れを棄て去ることである。現實的には日本人の六十パーセントを占める農民生活が、全日本人の生活だと了知することである。このことなくして、永世の平和と中立の基礎は立たないのである。

その場合、貿易といふ考へ方を、根本から改めねばならない。舊來の考へ方から貿易といふことを考へ、それだけが國の生きてゆく道だと考へるなら、一部の國民が近代生活をすることのために、國と國民の大分を、戰爭にまき込む結果を將來する。日本が、永世平和であるためには、それを可能とする國全體の生活の計畫をまづ示す必要がある。卽ち國民生活を、國土的綜合計畫として立案せねばならない。そしてそれは、近代文明の觀點から見れば、最も苦難な困苦缺乏に耐へるものであることは當然である。しかし日本が平和理念を唱へる以上、これを示し、日本人はこれに耐へねばならない。それは苦難であるが、しかし光榮である。必ずそれは世界中の平和を愛する人々の共感をうけるであらう。故に世界の良心によつて、支持されるであらう。

日本の平和の理念を、將來の計畫として示し、合理的に唱へる根據となる綜合的な國土國民計畫は、政府が當然主導すべき任務をもつのである。平和の理念を立て、それを可能ならしめる綜合的な國土國民の全生活計畫を立案し、この理想と現實の緊密な結びつきを、世界の良心に向つて提示することを、我々は政府と國會に要求する。それは日本人の欲望や野心を現すものでなく、萬世の平和の理念を表示し、萬世の平和への日本人の熱望を、具體的に示すものだからである。

その準備として、日本人の第一になすべきことは、國を戰爭にまき込む惧れのある諸勢力を、自らの力によつて拒否することである。その勢力とは、例へば共産黨の如きものである。日本は戰爭をさけるために、ある一國の軍事力と關係してはならないやうに、一つの國の軍事力の手先の集團を、拒否せねばならない。それは平和を主張する前提となる。これらのことが不可能ならば、平和はのぞめず、大多數の日本の祈念は空に歸すのである。

さらに日本人は、近代的生活の實體を悟り、これへの誘惑が、つひに日本を戰爭にまき込むものなることを了解して、その誘惑を自ら絶たねばならない。そのためには、日本人は、今日の近代の文明文化の意識と全然別箇の、文化の理念のあることを確信し、これが日本の傳統と生活の中にあることを知らねばならない。日本人は近代的生活の誘惑を絶たねばならない。これが永世平和の代償である。しかしその時、日本人は、初めて高次な文化と倫理が、自身の傳統生活の中にあることに氣づくであらう。それはわが神々の恩寵の開始される時である。日本人が講和會議の迎へる日を、日本人が絶對平和の理想生活に入る第一日たらしめねばならない。そして世界がアジアの祈念を發見する日たらしめねばならない。

しかしこのことは、歴史に傳はる殉教者たちの耐へた苦難の道を、すべての日本人が歩むといふ決意なくしては、成立する筈がない、いはんや他に向つて唱へ得ないことである。

その場合、全日本人の生活が、六十パーセントの農民と同じ生活に入る決意をするといふことは、なほしも最も耐へうることかもしれない。萬一侵入軍をうけた場合、これを自衛する手段をもたない國民が、共力せず、反抗せず、大道に横臥して、戦車の下になすにまかせるといふことは、武器をもつ闘ひ以上の大勇猛心を必要とし、最も困難な殉教心の發露と同一である。

もし日本人がこの苦難に耐へ得ないとならば、戦後日本人の言論は、新憲法の制定もヂヤーナリズムの動向も、おしくるめて、すべて虚僞空文だつたといふこととなる。しかし我々の萬世の平和の理念は、新憲法やヂヤーナリズムと無關係である。

日本人はかゝる絶對平和の運動を起さねばならない。政府と國會は、平和の理念の一つの現れとしての、平和日本を可能とする、綜合的國土計畫を、數字によつて立てねばならない。それが日本の理想を世界に示す實證文書である。これを世界が檢討することは、當然の義務である。日本人の人口を半減して、日本の永世中立と同時に、日本人の近代生活を可能ならしめようといつた考へ方は、正義と良心と、理念と常識をもたないものの思ひ付のたはごとにすぎず、一種の變貌した侵略思想として、許すべからざる空想である。

しかし我々の絶對平和の主張は、新憲法の近代理念と別箇の、文化の理念に立つから、豫想される困苦と苦難を光榮と見るのである。

また我々は、近代史の進路と同じ見地に立ち、近代の歩んできた道に從つて、平和を求めることからは、決して絶對の平和がこないことを了知してゐる。日本人は近代生活の誘惑をすてて、絶對平和の基礎となる生活に入る方へ歩まねばならぬといふことを、日本人の間で本氣で相談する機會を作らねばならないと考へてゐる。國會も政府も、ありきたりの講和會議議論を停止し、絶對平和を目標とした討議に終始し、會議の準備行爲として、日本の將來の爲に確固たる計畫を立てるべきである。

共產黨の平和運動は、ソヴエートに從屬せしめるための手段で、一步一步戰爭に近づきつゝ、それを避けた方がよいといふ考への表現にすぎない。さういふ平和の呼聲は、自主的に考へる人を僞瞞し得ない。ソ聯に屬くことは、戰爭の渦中に入ることである。それによつて近代生活を日本人に與へるといふ約束が僞瞞であることは、自主的に考へ得る人に於て、すでに自明である。

我々の倫理は、近代文明の理念が、爭鬪と罪惡から解放されてゐないことを了知してゐる。故に我々は近代生活の誘惑を放擲して、絶對平和を可能とする基礎生活を考へるのである。それをうち立てる原理として、アジアの道と倫理があり、近代生活の文化の理念と別箇の、文化の理念を所有してゐるのである。我々は八月十五日の決意を、大いなるもの、聲としてきゝ、これをもり立ててゆく方法について、日本人の決意を決定する機會をもちたいとおもふ。そのために、現在當分の間の國會は、文化的であり、思想的であらねばならない。日本の政治のめざす根本は、平和と文化の國家を立てることである。平和と文化の根本は思想の問題であつて、利益を討議するに當つても、つねにこの眼目を離れてはならない。單なる利益面のみの討議は、この目的を達成しない。

しかし國會が文化的になるといふことは、大臣が文豪の葬式に出席することや、風俗作家の出版記念會でダンスをすることではない。ノーベル賞金の税金の免除を討議することでもない。平和國家をおし立てるための根本の理念を討議したり、その基礎の數字を検討する類のことを云ふのである。利益本位國會は、必ず國民を再び戰爭に導くだらう。我々は戰爭を概念的に否定してゐるのでなく、來るべき戰爭が我々にとつて無駄であり、わが民族にとつてあらゆる意味で損失であることを知つてゐるからである。

講和問題に處する國會の討議も、今なほ利益本位の情勢觀にすぎない。さういふ目標や發想と、全然異る平和についての討議法と考へ方が、日本人の間にすでに普及してゐることを心得、國會は自身の思想とその發想と討議を思想の面にもつてゆくことが、講和問題の爲の第一の準備である。右顧左眄の利益關心は卽刻廢止すべきである。それは日本人の不幸にすぎないからである。

宇野浩二が示した小說作者の立派さ

宇野浩二の「御前文學會議」は、戰後第一の作品と思ふ、と堀內民一が云うてゐる。さらにその感銘は何かと問はれて、しばらく沈思した末、要するに楠木正成だと答へたとある。宇野の文章をよんで、楠木正成を感じるといふ心持は、太平記をよくよんだ人には通ずると思ふ。

ところで宇野のこの一文は、昭和の太平記を理想的な形で空想し、その一節としても、古の太平記に劣らぬ、太平記風の物語の文章である。叙述の始めは、所謂舊來の私小説めく着意と發想の多少をもつが、二三章を經過する間に、一變して、物語としての文脈と、のひ、語り傳へをのべる凛然とした作者氣魄がにじみ出てくる。

卽ち私小説風發想が變貌し、私小説作家の念願を、物語りの純粹に現してゐるのである。子孫に傳へる物語に於ける、作者の役割といふものを、宇野は正しく立派に示したのである。

私小説作家が、物語の世界に身をおいたとき、如何に歷史や傳統にとつて、彼が必要なものであつたかといふことを、實證してゐる。

宇野はこの文章で、作者といふものが、民族の歷史にとつて如何に必要なものであり、代行するものがないといふ所以を、しかも切迫した調子で示した。こゝに云ふ歷史とは、記錄でなく、我らの生命として、子々孫々に傳はり、その生命となるものの謂である。

この文章の感銘を楠木正成だと云うた批評は、專ら、齋藤茂吉の風貌にかゝつてゐるやうである。しかし自分は、金子薫園が、青年の肩に身をよせて、退下する情景にもそれを思つた。この老人たちの退下の情景氣分を描き出したのも、主として作家の手柄である。この一篇の文章は、あたかも明治以降三代の歷史を、一つの面で壓縮せるかの感がある。物語文として、時に當つて、淡々と描かれたところに悲劇描寫の最高をゆくものがある。永年の作家修業による觀察眼のはげしさを示したところ當代比類ない。適者適所に置かれた感もある。

登場人物と自己との有形無形のつながりを一々敍述したところも、筆致正確にて、短文要を得、さながら太平記作者の眞髓をとらへたものとして、讀者をうなづかせる。茂吉との對面前後の敍述には、それが一種の鬼氣を思はせ、薰園についての説明にも、歷史的感覺に亙る異常がある。あるひは醉名の語を解說するあたりも、史家の企て得ない歷史的敍述をなしてゐる。たゞ廣津和郎と豐島與志雄といふ、大正時代の二人の作家を、輕薄な嫌味多い小才子風に描いてゐるのは、作者宇野の銳い觀察の結果が、彼の二人の本性を描いたものであらうか。こゝにも別箇苛烈な小說作者の心のつよさが出てゐるのである。今日の若い作家などは、かういふ人の眼の怖さをしらないのであらう。その結果として、文章は品下つて止るところを知らず、作者は眞實を忘れて恥づるところを知らない。

しかしこれらの點以上に、自分の感嘆したことは、宇野がつねに自身を以て、登場する人物とその場を描く、己の文章の氣分のひき立て役を演じてゐる點と、その態度の描き方である。卽ち宇野は、つねに、切迫した氣分を作り、悲劇的存在をひき立てる役に、己をおく。それは太平記に出てくる、「まかり出でたる遁世者《トンゼモノ》」を、そのまゝの地でゆく趣きがある。

茂吉が、明治天皇の御製について、一語一語句切つて、何かを云ひ始めたので、宇野が口をはさんで、大正天皇の御製のことを云ひ出したが、茂吉は宇野の言葉を完全に無視する、ふと氣がつくと、彼を顧みもせず、懸命に陛下に向つて、なほ一句一句句切つて、言上してゐるのである。かういふあたり、その適例であつて、身を殺して仁をなすの類、文學者は身を殺して卽ち文をなした。已の文章のために、已を犧牲にする、それが作者の立派さを十分に示してゐる。かういふ文學者の役割こそ、東方の傳統のもので、ゲーテがペルシヤ詩人を例として驚嘆し讃賞した狀態を、こゝに宇野は、自らの行爲であらはに示してゐるのである。

この一文は、文も感銘深いが、その作者の立派さといふことをも十分に示した。窪川鶴次郎は、この登場人物を敗殘の姿と罵つてゐるが、この敗殘の姿は、湊川に赴く正成のやつれた姿をおもはせ、その姿こそ國の正氣を振起する原因を藏してゐる。しかもそれは作者の手柄が、描き出したものである。また窪川は、その退下の情景をよんで何を考へたのか、作家を招待しつゝ、迎への車を出さないのはどうかなどと、阿呆なことを云うてゐる。車を出せば、出したと云うて、その臺所を調べる連中は、出さない時は、かういふことを云ふのである。これは暴力團の言ひがかりと同樣であり、人がらの上では愚劣にして卑劣といふものである。

かういふものを文學批評として遇してゐる雜誌記者も鈍愚だが、これは日本に編輯の權威についての、文化のない證明であり、記者の馬鹿さの方は、いくらか社會的な條件環境しくみから辯解される。しかしかういふ愚劣な批評家がゐるので、日本の文壇といふものは、市が立つといふわけである。

宇野は彼の永年の執心と習練をへた私小說家の眼と心掛を、この文章で、完全に立派なものとして、示したのである。人はこれを異例と云ふかもしれぬ。異例であれ何であれ、作家一代に、一つの文章をなせば、十分冥すべきものがある。宇野のこの一文は、さうした意味の文章にて、その文中宇野は、自分を以て、小説家の立派さを實證してゐる。これを奴隷的なものと考へる徒輩は、五千年の人間の文化と無縁の存在であるか、全然無知の徒である。前者ならば、救はれ難い不幸な、人間以下の存在であるし、後者ならば、良心と誠實をもたないことの證である。

（「祖國」二月號）

戰爭介入の危險を警める爲めの細心さ

日本を戰爭介入の危險から防止するためには、まづ絶對平和のために、絶對平和生活の國內體制を、計畫的に樹立せねばならない。我らはその論理をのべ、それが如何なる形態をとるかの原則を云うたのである。

これは國家體制の問題である。しかしそれと共に、戰爭介入の危險をもつと思はれる現象事項を、順次考察し、それが果して危險をもつか否かを檢討し、又これを我々は如何にして防止し得るか、或ひは防止し得ないか、その時の各々の結果はどうかといふことを、考へ合はさねばならない。それが絶對平和をうち立てる熱意を遂行する前提の時務である。
例へば國府軍に義勇兵として志願する日本人を、日本は如何に遇すべきかの問題である。臺灣の防衛を指揮してゐると、公然傳へられてゐる將軍Nの如き場合に、日本國はこれの責をもつものであるか、日本人はその連帶責任をもつものであるか。憲法を制限されてゐない一般國民の場合は、果してスイスの傭兵なみに扱はれ得るか。これは個々の論議から、卒急に國會の論議に移すべきだ。

第二例は中共軍に加つて兵團を指揮してゐる將軍S等々の場合である。これが殆んど確認された如き形で、日本の新聞紙上に報道されてゐることに問題がある。しかしこの例はNの場合と多少異り、後者は捕虜狀態を前提とするから、同一の義勇軍とは云へぬが、問題のあり方は同樣である。これも公然と國會の決定すべき問題と思ふ。平和日本の理念とその防衛條目を明瞭にするためである。

ある種のヂヤーナリズムでは、將軍N及びその一味を、戰爭介入の危險を犯す者として指摘したが、このヂヤーナリズムは、共產黨的の感情と、共產黨的な一方的見方によつてなされたものである。一方的といふのは、直ちにわかる類例の諸般に注意せず、自己關係の事のみを、我田引水風に云ふ意味である。

さらに將軍Nや將軍Sが、その光輝ある戰功によつて、中共軍ないし國府軍に於て賞讚された場合、現行ヂヤーナリズムは、これを國際的名譽として、例のセンセーショナリズムを以て扱ふつもりであるか。わかりきつたことであるが、かういふ細心の注意のない結果は、時々の記事にあらはれる。一般に戰爭介入の危險ある事實については、新聞記者はこれを大々に煽情報道せぬことを、殊に平和願望を念願としてゐると稱する朝日新聞社に要求する。懇願と媚態によつて、中立は守られぬのである。これを守るについては道義の確信を第一義とするのである。

戰力增强といふことは、單に兵事のみに關らぬ。學理的な面で戰爭介入の云ひがゝりをうける可能性あることに對しては、これを日本國と日本人は如何にすべきか。これは我らが神經質に考へるのでない。危險豫防はあくまで神經質であつても、なほしきりに手ぬかるものである。後悔は及ばぬ。初めが大切である。これも國會の平和論議の主題として要求する。例へば日本の原子學理論は、周知の如く、世界に一歩進んでゐたのである。これを工業化する機械力に劣つてゐたのである。

湯川秀樹は渡米に當つて、原子學の理論面は我國に於て進んでゐたが、原子爆彈を製造するといつた工業化面に於ては、日本の實績は全然皆無だつたから、自分のゆくのもたゞ理論面のことで、今日現實化しつゝある點については、何らなすところがない、といふ意味のことを云ひ、十一月八日ノーベル賞授與の報をうけた時の在米邦字新聞記者とのインタヴユーに於ては、「私は原子爆彈については語りたくありません」と冒頭して中間子について話題としたが、ストツクホルムに到着した時の、彼地の新聞記者のインタヴユーに對しても、まづ初めに自分は原子爆彈については「興味がない」と云うたと外電は傳へてゐる。これらの外人記者のインタヴユーは、國際情勢下に微妙なふくみをもつてゐると想像されたが、各々一言しか傳へてゐない。

この湯川の細心さを學ぶ必要がある。しかしこの細心さが、實效をもつかどうか。國際情勢は、云ひがかりの巧みなものによつて作られてゆくのである。さればこそ、言ひがかりになるやうなことは、なるべく警戒する必要がある。國會は、湯川の賞金の課税問題や、かと思ふと一轉して表彰問題を考へてゐるが、さういふことを考へる時には、殊に平和國家樹立を念頭として、一層細心神經質になるべきである。

また或る新聞の雜報子が、湯川は賞金をみな自分のものにし、二千五百ドルの月給で氣樂に樂しく暮してをればよい、誰に遠慮もいらぬと云うてゐるのは、祖國とか日本とか日本人とか云ふことを考へる必要がないといふ意味で、常識に對して嫌味を云うてゐるつもりらしいが、もしその新聞社が、日本の平和や世界の平和といふことを細心に考へてゐるなら、かうしたゴロツキ風な云ひ方を匡正して、原子學者湯川といふ一人物の場合には、彼の勝手自由な行爲行動は、日本國及日本人の中立と平和の運命にかゝはるものをもつといふ事實を悟るべきである。湯川はまだ日本人なのである。あらゆる諸國では、今日國籍を非常に重大視してゐるのである。かつ日本の湯川はヂヤーナリズムによつて、さういふ世界的人物、しかも日本を代表する世界人とされたのである。彼も一朝日新聞記者も、同じ一人の存在だと考へるやうな低級感覺で、國際情勢下の平和を云々することは、日本の平和樹立のために迷惑この上ない。故にその新聞記者のやうなものの考へ方をしてゐる者らは、共產黨員になつて、日本人を戰爭狀態に組織するか、別の立場で戰爭の危險をふせいで眞の平和につくさんとするかを、自身で判斷し、後者ならば後者らしい言論をなすべきである。

しかしこれは例へ話で、湯川の現在のことを云うてゐるのでない。湯川の細心さを、新聞記者に教へてゐるのである。大局を憂ふ人の細心さを、インタヴュー記事にとる時の注意を教へてゐるのである。又かういふ、理論學術上の介入危險事項は、今後起るかもしれぬと思はれるから、豫め例として云ふのである。所謂學者の洋行は、當事者間では純理的でも、云ひがかりはつく。近くは同じく原子學者朝永振一郎がゆく。

かういふ點から、我々は、日本が理論科學を破棄せよとは云はないが、それが日本と日本人を戰爭に介入せしめる危險をもつものなら、それがどんなものでも、今日に於ては、はつきりと止めた方がよいと云ふのである。

さらに戰爭介入の危險を思はせるものに、軍事施設に日本人の勞務が加はる時の保證のことも考へられる。これもソヴエートに於て傳へられる如く、拘禁狀態の日本人の場合と、自發的に勞務を提供する場合があるが、戰爭介入の危險から云へば、五十歩百歩である。しかし外交が、これを扱ふ場合は全然異る。これを論議する外交は、國會にある筈である。それは利益の問題でなく、正義と人倫と公法の問題だからである。勝者敗者共に守るべき人間の約束の問題だからである。

經濟上の問題は、一段と微妙であるから、現象による以外にふれ得ない。最後に最も重大な問題は、戰爭挑發國の第五列を排除することと、他國の指揮下に動く政治徒黨を排除することである。しかもそれは、他國の權力によつてなすのでなく、日本人の自覺と信念によつてなすべきことである。日本共産黨の如きものが、日本を戰爭に介入せしめる上では最も强力無暴な徒黨である。彼らの平和運動が、實は國際戰爭介入運動の別名であることは、少しでも思慮ある日本人を瞞き得ない。

日本を軍事基地化することや、日本防衞を聯合勢力に懇望することや、又國防を一國ないし數國に委任することは、日本を戰爭介入の危險から解放しない。要は本當に日本人が平和を愛し願望してゐるかどうかを、日本人の間で懸命に相談し、自ら貫くものを知り、自ら貫く方法と手段を考へねばならない。絶對平和の生活計畫を考へねばならない。武器なくして平和を自衞することは、戰爭に戰ふ以上辛苦嚴肅なものである。その鬪ひは、戰爭以上に甘くないものである。我々は、今日絶對平和と云ふ言葉を基礎づける絶對平和の生活を考へるのである。それが日本人にできるか否かの相談である。そのためには、今日の立國の基礎と考へてゐる貿易と近代生活といふものを、根本的に反省せねばならない。日本人が近代生活を憧れる間は、平和を離れてゆく過程である。これが日本とアジアの現狀である。このことをとくと相談したいと思ふ。

これをあらゆる有識人に呼びかける。祖國の爲めに、理想の爲めに、ゆくゆくは人類のゆきつく極をめざして。されど我らは、これを情勢論から云ふのでなく、わが國の道に立つて、近代文化生活の原則と異る、人倫と倫理と文化の傳へを以て、立言するのである。つまり日本の理想が、絶對平和の基礎たる生活にあつたといふ事實を云ふのである。

眞の無抵抗主義とは何か

炭勞會長の武藤武雄が大阪で、國際自由勞連加入について「世界勞連と國際自由勞聯といふ、二つの世界の對立を背景とする國際勞働會議のうち、特に國際自由勞聯への日本の參加を云々するものもあるが、日本の勞働者がたとへ一方の國際勞働會議ではあつても、これに參加することにより、戰爭を防止する役割を果しうると思ふ」と云うた。

我々は共產黨がいふ如き意味で、「云々する」のでないが、彼が本當に、この加入によつて云ふ如く戰爭を防止し得ると考へ、その熱意をもつてゐるのであらうか。戰後勞働運動家は、すべて餘りに單純な人々だから（僞瞞謀略家の場合にも、あまりに單純な僞瞞謀略家だから）かういふ言葉をきくと、我々は驚嘆するのである。我々にはこの言葉が直接的に聞えないからである。どんなことについても、信じてゐるのか、瞞してゐるのか、瞞されてゐるのか、これをはつきりしたいと思ふ。戰後の日本のもの云ひを見ると、後でだまされたといふことしか知らぬ人間ばかりだ。

總司令部及び米政府の意向では、世界勞聯（WFTU）は、極東委員會構成國の政府をくつがへし、國際的混亂を企圖する陰謀分子の集るものゆゑ、これに日本人代表の參加することを禁止してゐるのである。この故に武藤は「特に」と云ひ、「たとへ一方の」と云うてゐるのである。觀念的な自由主義ヂヤーナリストなら、觀念の上で、兩方に同情的立場をとりうるが、實踐運動家にはさういふ器用な、從つて實際上無意味な世渡り法はないといふわけである。

國際自由勞聯は十二月七日にロンドンで、綱領を可決して成立した。共產黨反對の旗印をあきらかにし、ソ聯傘下の世界勞聯と對立、世界の勞働戰線を二分したのである。その綱領は、一、投資と生產の發展を通じての勞働者の生活水準の向上。一、公共事業に於ける社會保障の確立。一、强制勞働と肉體勞働の軍事化の反對。一、國際的な經濟協力に對する勞働者の支持。

これは西歐各國政府の考へと一致し、トルーマン政府のフエア・デイールと合ふものである。こゝに二つ世界を表象する二つの勞働戰線は、各々五千萬前後の人員を擁して對立することとなつた。

この國際自由勞聯の直面する問題は、一、母國の勞組と舊來の植民地名目的獨立地帶の勞組と必ずしも立場を同じくせぬこと、二、米國のAFLやCIOの如き資本主義に足場をつけた勞組と、英國の社會民主主義との間に思想上のずれのあること、三、各國の貿易競爭によつて、各國の勞組間に利害立場が起る可能性、その他に最も重要なこととしては、四、アジアに於て直面する問題、である。

そこで同じ頃北平で開かれた世界勞聯によるアジア太洋州勞組會議は、整然としたソ聯の獨裁下に、國際自由勞聯を切りくづす戰術と並行して、世界勞聯の鬪爭重點をアジアにむけた。これがソ聯側の囘答であつた。國際自由勞聯が、ベルギーのブラッセルに本部をおいたのは、米國が、その指導權を東歐に隣接する西歐に委ねる意向であらう。かうしてマーシャル計畫と國際自由勞聯は、ソ聯の攻勢に對し、一體的行動をとらうとするのである。

武藤はこの國際自由勞聯への加入を、戰爭の防止となると信じたと云うてゐる。さうしてさらに語をついで「日本は戰爭を放棄し、平和宣言をしたが、これは永久平和と無抵抗を主義とするものだ、したがつて我々勞働者も腹の底から無抵抗主義で、安全保障や講和問題に臨むべきだ」と云うてゐる。この無抵抗主義は、講和會議に臨む主義でなく、平和と中立を維持し、侵略に對する闘爭手段として云ふのであらうが、彼果して無抵抗主義の字義の美しさを解する以上に、それを可能とする生活體制と、信念と倫理と、それを遂行する不撓の勇猛心を了解してゐるであらうか。

第一に無抵抗主義は、貿易を確立し、市場發見す、この機構を運轉するのに修正資本主義により、勞働者の生活水準を向上させると云つた考へ方と合致するやうな甘い主義でない。

無抵抗主義は、原則として自立自足自供の生活を前提とする。現狀生活機構に於て、この主義は成立せぬのである。この一事を考へても、まともにこの主義をとる場合には、今日の俗説の日本國家計畫は大略瓦解し、ひいて近代生活への憧れは吹きとぶのである。近代生活者の目に、最も慘憺と見えるアジアの生活の中に、眞の美と倫理と精神を見出しうるもののみが、これを理解する。

無抵抗主義を近代文學風な美辭麗句と考へる如き甘さを、今日の日本人は卽刻追放すべきである。それはアジアの生活に最高の人倫を感じ、それによつて近代生活を否定しうる精神によつて可能となる主義である。ソ聯式の獨裁を排斥しても、現狀の近代生活を維持する地帶の人々に共通する思想を以てしては、アジアの無抵抗主義は理解できない。

ソ聯の獨裁は、所謂アジア的生活地帶に浸透しても、多少近代生活を自分で開拓した地帶には入らないのである。ソ聯が約束する近代生活は、わが大正十年時代程度の近代生活をもつ地帶に於ては、すでに魅力でなく、又彼の侵入によつて、大正十年より低下しても向上しないのである。卽ち多少氣魄ある指導者をもち、多少の近代文化生活のあるところで、うけ入れられないといふことが、ソ聯の獨裁と共產主義である。チトーイズムは、底を割れば、さういふものに他ならない。

日本人が平和のために、あらゆるものを犧牲にして悔いないといふ考へをもつなら、平和も永世中立も可能である。あらゆるものとは近代の文化文物とそれによる生活をさすが、これを放棄して悔いないためには、それに代つてなす日本人の生活に、自覺と自信と、それ以上の精神上の價値を見出さねばならない。この見地より我々は絕對平和を說くのである。しかしこの生活をなすについても、日本は諸外國に要求するところが必要かもしれぬ。しかし貿易が懇願できるものなら、これは要求できることである。何となればそれは政治でなく倫理だからである。この觀點からは、問題はすべて、日本自身の自覺にある。我々の欲するところは、誰に對しても、日本と日本人はこの觀點をとることであつて、單獨全面と講和方式の得失を云ふより、認めるか否かは對手のことゝして、こちらは天地に恥ぢない計畫―絶對平和を維持する計畫を示したい。それは交互の負擔とならないものだ。問題を日本の理想に對する好意と同感といふ點で考へたい。これが八月十五日の日本人の決意である。

従つて永世中立、局外中立といふ既存の公法概念は我々の問題でない。國聯加入、特定國との軍事協定、地域的な集團保障等はすべて第二義である。むしろそれらは現實的に平和をくづすかもしれない。この思想は、一面から云へば、貿易によつて近代生活を保持してゆくとの考へ方を、根本的に反省し、否定せざるを得ない状態に身をおいた時の議論である。我々の本質倫理に立つ時務思想である。我々は日本の將來を第一義に考へるのである。我々は貿易を否定するのでない、戰爭を怖れるのである。我々は戰爭を否定するのでない、日本の理想を第一義とするのである。

これは、新しい鎖國論ではない。我々は世界が一なるを信じ、その一なるものが、近代文明の歴史線上の將來にないことを信じ、我々の民族の永遠を信ずる。そして共通した民族の光輝と目的をもたない戰爭に加つて、慘害のみをうけることを極力避けねばならない。それは想像するだに耐へ難いことである。

陛下の知らしゝ昭和二十四年

昭和二十四年度の國民の心持と精神が表現した最も顯著なものは、天皇陛下に對し奉る心情であつた。勿論その現れは、國の內外と世界にある二つの大きい對立の流れに對し、國民が陛下を御中心として處してゆくといふ類の、政治的關心から出たものではない。また陛下御自は、か丶る動向に對する處し方について、無關心にあらせられると、すべての日本人は考へてゐるのである。日本人の陛下に對するこの心持は、二つの世界に對する利害關心の判斷の結果を陛下に象つたのではない。又國の內部對立の一方に立つものの、政治的關心を結集するための方法でもない。それらの對立を越えて、絶對的な理念を欲求する心持の表現である。

わが日本は歷史と民族の醇乎として醇なるものを、陛下に形成するのである。陛下とはか丶る歷史であり、民族であり、永遠であると、日本人の多數は、本質として考へてきたのである。これを日本人は、日本の神話の流れに從つて、神ながらのものと稱へたのである。それは理論のまへに日本人の心情である。故に誰人といへど陛下を利用して、私意をなさうとすることは、眞の日本人の心情によつて反撥されねばならないのである。

本質の日本のあるところ、そのあり方が、今や明瞭にならうとしつ丶ある。本質の日本のあるところ、その中心は陛下である。それは情勢と政治を超越した、眞の日本のあるところである。日本人の誠實の憩ふところである。かくて日本人の最も切ない思ひをきづきあげた、昇天塔の頂上が陛下の位置である。それは天に最も近くもはや天と曖昧模糊の一體である。か丶る國民心情が、久しい眠りから、おもむろにさめ始めた昭和二十四年であつた。

日本人が民族の危機に當つて、陛下に象るものは、つねにさういふ精神の醇乎たるものであつた。故に日本人はかゝることあつての後の結果についても、陛下に何ものも要求しない、責任を問はない、批判もしない。何となれば、日本人は陛下と尋常の人間的交渉をへずに、わが內奥の民族の血の切ない思ひを、陛下に形成したにすぎないからである。

昭和二十四年こそ、物心ともに戰後の混亂の治つた年である。その現れの中心にあるもの、陛下に對する、國民の眞向な辯解の件はない心持が高揚し、一般ヂヤーナリズムを殆どに復興し、それを一つの方向にむけた年である。終戰以來最も記憶すべき年である。

我等は、この心情上の動向を、微細に說くことをためらふ。つまり陛下は、積極的に何かの御指示をされたわけでない、特に政局や國際情勢に、かりそめにも云ひがゝりある如き點では、御言動の上では、悉く無關心の公平にあらせられる。ゆゑにすべては、國民の心ある者が、陛下に對し、各自の眞情を注ぐたぐひにすぎない。日本人の眞情の表現であつて、その表現に對して陛下は所謂無關係無責任である。今年度の西歐の傾向たる、社會主義政黨の凋落と保守黨の進出といふ事例と、この日本人の昭和二十四年度に於ける、陛下に對し奉る心情の結集を、類推的に考へることは、日本を誤解することである。陛下に對する心情は、さういふ政情の判斷に立脚せぬことを、內外人ともに了知すべきである。又さうした政治上の結果を生まないものである。

しかし二十四年度に顯著だつた心情の正氣の源は、陛下の御存在を思ひ、近づき考へることにより發生したのである。これが日本の歷史であり、民族であり、こゝにわが道の根本がある。凡そ世界の如何なる國と民とになきところ、さうして世界の人々が、教團の始祖といふ、今はなき、存在の理念に於て思ふに近きものを、我々はそれと本質的に異り、外形的に類似した形で心底に味ふのである。日本人はその民族の始源よりひく歴史を、神なるものとして表現するのである。

すぐる二十一年及び二十二年の大混亂期に當り、巷と世間にあふれるものは、すべて虚僞と僞瞞であつたが、その中で、たゞ一つの眞實は、陛下の御巡幸を拜する民の歡呼、かのひたぶるの泪わく思ひに現はれてゐた、これこそ間違ない日本の眞實のたゞ一つのものであつた、と武者小路實篤が以前に記したが、二十四年度に於て、さういふ氣分が壓倒的に、世上とヂヤーナリズムを覆うた。

しかしそれは、何かの政治勢力と結ぶ動向ではない。民主自由黨とも、その右派とも、その他一切の祕密勢力の何とも無關係な最も淸醇の日本の心情である。日本そのもの、歴史と民族との魂の現れである。この氣持のあらはれは、日本の精神の進路を保定せしめる唯一のものとなるであらう。左右對立とは、全然別箇の線上の倫理と精神と心情に立脚した、未萌の芽である。彼が政治ならばこれは政治でないものである。

それはまた日本の運命を、世界のどこによせるかといふ判斷とも、別箇の線上のものである。平和確立の樣式と方式の上での對立論爭は、この氣持の中にはない。つねに絶對的なもの、例へば絶對平和を可能とする構想と計畫といつた形で、それは日本人の心に發現する想像力の源となるものである。この心情が日本を生むのである。陛下は日本人にとつて、さういふ御存在であつた。日本人の心の中の歴史と民族の實體と申すべき御存在であつた。

しかも日本人は、八月十五日の萬世の平和の詔勅を拜して、この平和運動の所謂指導者と拜戴するなどと、今日に於てさへ、毛頭考へるところでないのである。表向には藝人や學者を召して、時を過してをられる陛下御自身も、決してさういふ指導者を意識せられることがないのである。指導といふ思想は、日本人の一番大切な心持の動きの中にないことを、我々は改めて力説するのである。

陛下が日本人の、明日に於ける、理念と希望の中心であらせられることが、昭和二十四年度に於て一段と明らかになつたのである。しかしそれは尋常の意味で、日本の政治や文化や文物の中心であり、その指導者だと云ふことを意味するのではない。この悠々とした國民感情の雰圍氣は、さういふものを生む母胎となるのである。ヨーロッパ人の好きな表現で云へば、アインビルドウングスクラフトである。かゝる意味に於て、陛下は中心である。日本人の想像力である。それは近代概念の指導者とか、國際宗教概念に云ふ神といふものではないのである。近代の中で云へば、ゲーテの如き藝術家の思想として考へた、創造の神的狀態を、我らは昭和二十四年度の陛下に於て感得したのである。それは日本人が、過去の專制の時代に、つねに陛下はしろしめすといふ希望を象つてきた氣持に通じる。日本人は陛下を祈念の對象としてきたのである。陛下を專制者として感じることは絶無であつた。

昭和二十四年度は、最も俗な世間に於て、日本の正氣恢弘を記念すべき年である。この現象は、漸次日本人の魂の底の流となり、身體を流れる涙の泉を涵養するものである。日本の千數百年來の詩人たちが奔放の比喩と修辭を以て、無比の美と思想に形成した、かの身うちを流れる涙川の、その泉の源は、昭和二十四年度に於て、陛下にあることを、日本人の詩的心情は、あまねく了知したのである。我らは、これを千數百年に亙る長い時代々々の、わが民族の詩と美を象つた古典的な詩人たちに報告し、合せてその詩人たちに感謝するのである。

また日本の古典的思想家たちは、天皇は知しめすものにて、領きいますものでないといふことを云ひ、領きいますものの上に、知しめすと申してゐるが、陛下の知ろしめす二十四年に於て、我らはこれをあまねく實感した所以を、わが遠き代の學匠たちに、後學として報告し、諸先人のありしその世を今にくらべて、深く思ふことを心にいだき、限りない感謝を申すのである。

（「祖國」三月號）

産兒制限論者に與ふ

日本民族は文化的生活水準を維持するためには産兒制限をせねばならぬといふ議論がある。日本人でそのやうな論をなす連中は相手とするに値しない。なぜならば、彼らの考へてゐる近代生活とは、その物質的ラキジユリーに過ぎず、そのやうなラキジユリーの根柢をなすものへの反省がなく、帝國主義的侵略をやる代りに國内で人口淘汰をやるといふだけのことであるから、彼らの平和的文化論は、直ちに裏返して帝國主義的侵略主義に轉じうる性格のものであり、（彼らの議論には帝國主義的侵略を否定する根柢がない）本氣になつて相手にする價値はないのである。彼らは、本心に侵略主義を捨てきれぬ擬裝平和論者であるか、或はその平和論がどこへ通じてゐるかに氣づかない無反省的平和論者である。

むしろ、我々が相手として話をしたいと思ふのは、外國人で日本のために産兒制限を勸奬してゐる人々である。彼らがそれを勸める氣持は、彼ら流のヒユーマニズムから流露した他意のない氣持であり、實際彼ら自身合理的、計畫的に子供を産むことがよいと確信して實行してゐるのであらうが、然し彼らの産兒制限論の論據が、前述の論者と同じやうに、近代的生活水準を維持するには日本は產兒制限をするより外はないといふことであるならば、その議論と同じ論據に立つて、日本人にも近代的生活水準の維持できるだけの領土を與へろといふ論駁が出てきても仕方がないであらう。それは曾てはやつた「持てる國、持たざる國」の議論と同じであるが、上述の如き論據に立つ產兒制限論では、かやうな論駁を說服する根柢がないことを警告せざるを得ない。

しかし、もし信心深い溫い心の持主の外國人が日本のこの有樣を見て、「ああ、日本人は氣の毒だ。この狹い所に多勢の人間が住んで營々として働き、生活にあへぎ苦しんでゐる。本當に、日本人は將來どうするのだらう。」と、素直な、本心からの同情の言葉を發したのを聞いたとしたら、我々は躊躇なく、次のやうに答へるであらう。

御心配は要りません。我々はこの狹い國土に、立派に高い文化的な生活を營んで行く決意と自信とを持つてゐます。數十年前まで、我々の先祖は、この狹い國土の中で、平和な、精神的に豐かな內容を持つた高い文化的な生活を營んできたのです。鎖國が終つて日本に外國人が來るやうになつた時、彼らに大きな感銘と敬意とを起させるやうな生活文化を、日本の庶民は持つてゐたのです。モールスの「日本その日その日」やラフオカデイオ・ハーンの小說で御覽の通り、その頃の日本人は、農村の貧しい百姓や、裏長屋の職人や、街の人力車夫までが、高く心豐かな生活文化を持つてゐたのです。私たちの考へてゐる生活文化は、物質的な生活水準とは全然關係がないのです。幸ひ、この生活の傳統はまだ完全に失はれては居りません。我々は、この狹い領土の中で、先祖の持つてゐたやうな高い生活文化を、新しい姿で、廿世紀の人類の前に實現してみせることを、終戰のとき心に誓つたのです。もしその決意がなかつたならば、我々はあの時、この島國を、原子爆彈と砲火の力で海中に沈めてもらふことを、むしろ望んだことでせう。

第三次大戰の危機をはらむ人類の前途は、生活といふことをかやうなところまでつきつめて考へ直す以外に、この危機を打開する根本的な方途はないと信ずるが故に、日本に同情し、我々に友愛の手をさしのべてくれるすべての素直な心の持主に對しては、以上のやうな言葉を以て答へることが、我々平和會議への誠心を、最も謙虚に表はし得るやうに思ふのである。

「椿君の場合」

元海軍中尉椿孝雄は、罪無くして、戰犯としての極刑の判決をうけた。その由を京都にゐる一少女の許に知らせたが、その少女を知る米人宣教師がこれに同情しその仔細を、總司令部法務局比島部長に傳へた。そこで同部長から少女に對して慰めの傳言を宣教師宛に云ひ送つてきた。その中で釋放の機會がなほある由をも云うてゐる。これが正月の新聞に「椿君の場合」として大きくとりあげられた。

椿は元京大生であつた。その判決決定後の獄中記の一部が、つゞいて新聞に出た。それをのせた「毎日新聞」は、次のやうにのべてゐる。

「しかも問題は、椿個人の問題でないかも知れぬ。獄中で彼が認めた日記の節々は、『椿君の場合』が他に存在し得るかも知れぬことを示唆してをり、死刑囚人生活の底を流れる『あるもの』が明らかに感じられるからである」とある。しかしこの「あるもの」とは何か、たゞ獨斷的なおもはせぶりの文章で、全然判斷の合理性のないかき方である。何故このごろかういふ獨斷的文章――文章の約束をはづれたもの、言論の獨斷といつた氣のきいたものでない――が、朝日新聞や毎日新聞にふえたのだらうか。この椿の手記から、無實の戰犯によつて、死刑を宣せられた人々の心境の一端がうかゞはれる。彼は、判決があつた後も、心境はなか〳〵安定しない。その證據には、さきに誌した手記が、何日か後にみると、實に未しく見えると告白してゐる。

他人の犯した犯罪のため、刑に伏するのである。しかも尋常の場合でなく、戰犯といふ責任に於てである。人類の文明と正義の名によつて行はれる裁判に於て、彼個人は、同胞の日本人の犯した罪を蒙つて、文明と正義の斷罪に服し、且つ人類の憎しみの標的とされるのである。それは平時の個人犯罪でないから、嚴密に無關係とは云ひきれないものがある。それだけにこれが深刻でなくて何と云ふべきであらうか。しかし今日の世界は、これだけのか、はりを負目とせねばならないのである。今や日本に日本人でない人間は存在しないのである。「椿の場合」が少くないといふことは、我々が、いつでも將來に於ても、こともなく「椿の位置」におかれることを意味するのである。これは單純な誤審の結果といふ以外のものを負うてゐるのである。彼に於ける「人間」の今や如何にみすぼらしくみじめで無力に見えることであらう。

しかし多數の人々は、この個人の人間問題が大寫になる時、そこで一種の感傷とヒューマニズムを感ずるに違ひない。さうして場合によつては、この大寫は希望の灯を見ることがある。近代史上例少くないことである。しかしそれによつて「椿の場合」は、決して消滅しない。その深刻さについての反省は生れなかつた。その解除は一歩も前進しなかつた。進歩は微々、無きが如くである。さらにこの大寫しは、時にはヒューマニズム的英雄を作る。みじめな近代の英雄よ。しかし椿の無實は、必ず救はねばならぬ。何の辯明もいらない、それは當然のことである。だが何が、誰が、如何なる手續で救ふであらうか。

椿がおかれた見せしめの場所は、彼が日本人であり、舊海軍軍人であつたといふことからくる、極端な例である。しかし國籍をもつものは、つねに多少は、この椿の場合の深刻なものを、平素から覺悟しておかねばならない。しかも國籍のない人間は存在しないのだ。我々は自由主義者でないから、その覺悟を云ふのである。笑つても泣いても最後に諦めねばならぬものがあるが、それを怖れるものは、逃げてゐるより他ないのである。しかし逃げられない近代のしくみである。

戰爭裁判と肅清裁判を同列に比較するのは如何かとおもはれるが、ともかくそれが現在世界で行はれてゐる變態裁判の二つである。アメリカ人の氣持の中には、合理的に冷酷な法の處置に對し、センチメンタルに發動するヒューマニズムが、輿論化される場合が多い。アメリカのヂヤーナリズムなら、椿の場合、これは救はねばならぬと、懸命に感じるであらう。それはアメリカ人のよいところである。善意である。アメリカのヒユーマニズムの一つの穴だ。我々は決して否定しない。

三十七萬六千人の問題にしても、米國人の言辭は今ではすべてが、情熱的に正義と人道のためにやつきになつてゐるのがわかる。今日の状態では、その言行は、もはや謀略とか宣傳とは云へない。彼らは自分の言葉にひきずられて正義に深入りしてゆけるのだ。丁度藝術家のやうな雄辯術をもつてゐるやうだ。それはあくまで人間の善意である。これを宣傳とか、謀略と云へる者は、よほどに心の暗い冷い人間であらう。さういふ人間は、近所にゐても信じてはならない。

二つの世界の對蹠は、明と暗、幸福と權力、富裕と支配、といふ形の欲望の對蹠にすぎない。どちら側に立つかは、地盤の生活が決定する。いづれも近代史上の線上のものである。裁判といふことがらの上にも、それがよくあらはれてゐるのである。

泣くことと、嘆願することが、大きい效力をもつことは、裁判が法王の手から誰の手に移つても、變化はない。裁判は、被告以外の、すべての法官と傍観者に優越感をもたせるやうな、しくみに出來てゐるのである。しかしソ聯の粛清裁判だけは、いつの專制時代にも例がない、人間の感性の外のもののやうに思はれる。

ソ聯が東歐人民戰線の指導者に試みた粛清ほどに慘酷の極つたものはこの世に存在しなかつた。彼らは權力をもつた二三年間の生命を保證せられたのである。その後は、かつての顯官も一國の大臣も、再び自宅の竈を見るすべを知らなかつた。何といふ高價な代價であらうか。かういふ權力の經濟學も、マルクスの教への中にあつたのだ。近い例が、もし萬一さういふ狀態があるとしたら、野坂も中西も志賀も、德田でも、その肅清までに保證されるのは、三年を出ないであらう。これが東歐で彼らのしてみせた手本だ。アメリカのデモクラシーには想像されない。普通の常識的な人心がアメリカに向くのは當然だ。日本共産黨にしても、その權勢家どもが、アメリカの「召使」になることに、安心感をもつたのが當然だ。想像を絕した恐怖に、肩をつかれてゐるやうな、權勢地位である。しかし權勢地位を後からくる者に空けてやることは、この黨派を形成する人間の本能的原始的欲望に對して、絕對必要なことだ。權力は金錢財寶とちがつて、生産できない。そのうち月世界をソ聯が開發して、その人民政府高官に任用するといふなら、クレムリンをうろつく各國の浪人組を救濟できるといふものだ。

しかし肅清裁判こそ、十八世紀ドイツ思想の法治國を、低文化地帶の人間が、最も低い形式主義でとり入れた典型の表示物かもしれない。こゝで謀略的に、扱つてゐると云うても、元々低い文化地帶でないと、さういふ形式主義法治國は考へられないのだ。野蠻は人心の中で驅逐されるものだ。一度驅逐された野蠻は、なか〳〵かへつてこない。野蠻を行ふ時は、野蠻をなほ包藏する豪傑に、代行させねばならないわけだ。

法治國家から文化國家に向上するといふ、同じ時代のドイツ人の考へ方は、ソ聯裁判のつるし上げと、デモクラシーの裁判の輿論昂奮の結果とを較べると、むつかしくカントやヘーゲルの言葉で考へる以上に早わかりする筈だ。ソ聯の冷嚴な法治主義は、理想でないが、一つの型である。その科學的におしつけられた時の、冷静さのつくる恐怖が想像されなかつたから、法治がよいと云ふやうな考へ方も、一時代にはあつたのだ。しかし法治を、所謂科學的に嚴酷に行つて、わかつたことは、人間の救ひ難い、惡、慘忍、恐怖、罪といふものの存在である。裁かれるものは最も弱く正しいといふ結果を生んだ。

文化國家といへるものは、裁判といふ合法的で、合理的で、論理的なものの結論を、ヒユーマニズム的センチメンタルが、しば〳〵輿論といふ力で變型し、且つさういふ變型の餘地をのこしてゐる。今日云ふところのデモクラシーの心やすさに當るくらゐのものである。四角ばつた法を曖昧にする位のことだ、その原理を、ヘーゲルにしかつめらしく語らせるまでもないことだ。

しかもこのセンチメンタルなヒユーマニズムは、矛盾や裏面を考へない、刑罰をうける人に同情し、罪に同情する。その考へ方は萬全な合理性をもたない、所謂科學的でなく、たゞ一方的で、美しく熱情的である。それは善意だから非合理な時にも一つの德をもつて人をひきつける。さうしてさういふもの、人心の底のものが、なほこの世で生命あるものだといふことは、アメリカなどの裁判や事件の時にしば〳〵示される。さういふアメリカだから、その小說はかなり人のよい氣持よさをもつてゐる。金まうけの希望があるから明るいといふわけであらう。

だから裁判を例にして、法治國家文化國家の現實概念——最も低いものを考へると、この位の區別がつく。日本は終戰後「文化國家」と云うてゐるが、何を考へたのか、大てい知らない。さういふ「言葉」を云うてゐるのだらう。しかしソ聯の粛清裁判だけは、如何に法治主義とは云へ、古代の専制時代に於ては想像し得ない。權力といつたものは、我々の考へてゐる東洋の精神文化から云へば、何でもないものだし、人は腹一杯になれば食ひたくないものだから、權力などはもちなれた者にもたしておいた方がずつとよいのだ。急にもたせると途方もなくその棒をふるから、罪害が多い。戰後十分に經驗したことの一つだ。

椿の場合は、正義の戰爭裁判といふことと、無實の罪によつて人類の憎惡のまへにさらされるといふ深刻さ、思ひがけない事情から起つた助命嘆願の波紋といふこと、その三つの絶好の問題をふくんでゐる。椿本人が無罪だと云うてゐることは、その手記を見ても間違ひないと思ふ。勿論彼は助命の嘆願も何も知らない、多分考へてもゐなかつたであらう。

しかし誰でも自身がさういふ狀態の死罪の場に立つことを考へてみよ。これ以上の何が、世の中で許されないものといふべきであらうか。こんな時、あきらめの他の何が一人の人間を救ふであらうか。さうして戰爭に赴いた若者の氣持が、死滅せず、再生して、生々とくりかへされるのだ。椿の手記に出てゐる「めでたし〳〵」と云うて刑場へゆく少年兵は、彼らが手をふつて特攻機にのつたまゝを再演してゐる。

だからたとへ個人を、感傷的ヒユーマニズムが、救ひ出したとしても、問題は少しも解決されないのである。しかし何も云ふ必要ない、椿は救はれねばならない。だが救はれるといふことばを、かゝる時に使用してよいであらうか。このことばの使用法についての疑義は、基本人權の思想で誰かに解明して欲しい。同胞の犯した罪を、無實の身でつぐなふと宣言する者は、英雄でなく聖者である。殘念ながら今日の日本は便乘家の時代で、まだ聖者の時代でない。しかし漸時聖者の登場せねばならぬ時代がくるであらう。それが來た時、日本の自立の第一歩となる。

椿自身は、さういふ強ひられた狀態から、聖者の自覺の片鱗を記錄してゐる。その一つは判決をうけた日から九日目の二月十七日、東大戰沒將兵の遺書「はるかなる山河に」の讀後感として

「共に寢、食ひ、飮みした私の高等學校時代の人々が靜に笑ひをふくみながら、自己の生命に矛盾を感じることなく死んで行つたのを見て、羨しいといふ氣のみが、現在の私には先づ湧いてくる。

死んで行つた學生の手記に比べて、前と後にのせられた生き殘つた人々の文章の、戰沒學生の氣持に如何に距りのあることよ。だまされたとも、踊らされてゐるとも知りつゝも言外に現はさずして、自らの求むる生命を全うした若き世代の純粹にして崇高なることよ、當時のミリタリズム、インペリヤリズムを現在攻擊するものは、現在の世相にも欺かれてゐるに違ひない。」

この片言の中にも、往年の青年の疾風怒濤的心情が出てゐる。條件は異るがほゞ似た心境で、彼は刑場へゆく心の安定をつくらねばならないのだ！　この翌日の日記には、「判決をうけたのであるから、執行されるのが至極當然だらう。處刑命令書を示しつゝ、獨房に

執行官が迎へに來るとき、今までの人々は、『めでたし、めでたし』と笑ひながら、戰友に別れの挨拶をして、輕やかな足どりで出かけて行くのを我々は『海行かば』を唱ひつゝ、幾回となく送つた。まだ目じりに少年の香りを殘した若い兵隊が、一途に國の爲、陛下の御爲にと思つて行つた行爲に對し、全人類の非難を一人で背に負ひながら、夕やみの彼方に手をふりつゝひかれて行つた姿を、私は何時までもながめたこともあつた。罪を問ふにはあまりに痛々しく、かつ矛盾を知るにはあまりにも純である、若いその兵隊の死に對する堂々たる態度を、私は今でもはつきり記憶してゐる。私は私の來るべきその瞬間を考へて、いろ〳〵の心構へを準備しようとするのであるが……」やはり今なほ越える能はざる一線を感ずると云うてゐる。椿はさういふ少年兵の態度を堂々と形容してゐる。しかし少年兵が何を知つてゐるかは語つてゐないからわかりはせぬ。彼の云ふことばは、たゞ一言だつたのだ。この椿の文章は書きぶりも立派であつて、他に歎願依存することを思はず、自らの道を自らで考へて自らで進まうとしてゐるのである。これは立派と云ふべきだ。

昨年ごろは、死の戰犯者のことを記錄した花山某の「平和の發見」といふ書物が、巷間で流布したが、その花山輩の眼には見えない、清純な心境の悟りが、この斷片には出てゐる。これは惡を知らない清純な兵士の死の覺悟であるから、教誨師花山の輕薄な說教の如きをよせつけない。

自身で全然知らない人類の憎惡、全然無關係な人類の憎惡を背負つて、十字架に立つものは、決して幸福でないが、人類は彼がその瞬間に間違なく降つて湧いた聖者であつたことにきづいた時、自ら作つた憎惡を、自ら處理せねばならぬ罪の自覺に、百の苦難の負目を味ふであらう。それを思ふと、我々は絶對的な身ぶるひを味ふのである。しかしこれは人間や外國人や自國人との關係の意識に於てでなく、神々との意識關係に於てである。あゝ正に明らかに神々は生きてゐ給ふのだ！

文學者と學者は貧乏でなければならない

戰後の文學や藝術の問題について、色々の議論はあるが、藝術家といふものが、もう少し生活的欲望を意にしないやうになれば、多少氣のきいた文藝が生れると思ふ。十年二十年以前は、文學に志をもつといふことは、貧乏をあへてするといふ意味であつた。さういふ氣分を少しでもとりかへすと、多少腹の据つた文藝らしい文藝が出來るとおもふ。少しは遠方でもよめる文學が出來るといふわけである。

古い話だが、白樺の連中――武者か志賀かが、島崎藤村のことを批評した。當時藤村は妻子をひどい困窮狀態において、文學に專心してゐたのであつたが、白樺の連中が、妻子を餓ゑさせてまで文學をする必要がないといふことを、例の人道主義的口吻でのべたのに對し、平素冷靜な藤村が、激越な調子で立腹した。貴族出身の、利札生活者を主とした白樺の連中には、實際問題として、妻子を餓ゑさせるなどといふことは思ひ及ばなかつただらうし、そんなにしてまでの文學でなからうと、本當に人道主義的に考へたのであらう。

藤村の思つてゐたところは、大方に志のちがふものがあつたのである。

一時は日本の文人は貧乏だから、よい文藝が出來ないのだといふ話だつた。しかし文人が最低生活に甘んじる風が出てくれば、今日のやうな下等な文學的風景はなくなると思ふ。今日の有様は、小說家の常態でない、不健康な消費生活のため、夥しい駄作小說が溢れてゐる有様だ。生活の方から考へ改めねば、本當によむに耐へる文藝など生れるものでない。文壇の仕組、ヂヤーナリズムの組織も惡いが、小說家藝人のくらしの考へ方が第一にわるいのである。

學問の方も教員の待遇がわるいから、學問が進步せぬといふが、さういふことを云うてゐる間に、己の近代の消費生活を反省し、別箇の生活の考へを立てる方がよい。出來ない相談を初めても仕方ない。ドツヂ・ラインの日本だ。

しかし本當に學問が好きで、學問に專心できるなら、今日の消費生活などに興味ない筈だとおもふ。學問がすきなら、最低のドツヂライン生活で、なほかつ學問を樂しむことも不可能でない筈だ。しかしけふの學者は大正末期昭和初頭の氣分の人々である。一番氣のきいた小まんじりした近代生活が好きで、多分の遺產を注ぎ込んで、氣のきいた學者の追放のおかげで、やうやく教員になつたやうな連中だから、元來が學問がすきだといふわけでない。一番プチブル生活に執心してゐる連中だから、貧乏生活は殊にくるしいだらう。

さらに近代の學問は、近代生活のための學問だから、學者清貧に甘んじるといふこと自體に矛盾がある。儒者貧乏は昔の學者の家の教へだつた。かぼそい都市的消費生活も出來ないやうな狀態では、何の生甲斐もないといふやうな氣持で大學の教員となつてゐる連中には、かういふ云ひ方は全く氣の毒である。

しかし本當に學問の方が、近代都市的生活より好きだといふやうな學者も、なほ存してゐるだらうし、又さうでなければ我々の本當の學問は出來ない、といふことをさとる人もボチ〳〵出てくるだらう。文學も同じだ。

しかし文學の方は、必ずしも金賭けが目的でなく、一つの理想から初めた人が、十年前までは普通だつたから、今からでもその方向を手易く回復できる。且つ本質的に文學は、近代の市民的なものと反對してゆけるものだし、そのことに意義のあるものであつた。

おそらく藝術家が、俗な都市消費生活(市民的なもの)に反抗し、恬淡となれば、それだけ文學は一歩向上すると思ふ。同時に世間、殊に戰後の文化人とヂヤーナリズムが、貧乏な文人を尊重する氣風を作らねばならない。世間も文人は貧乏なものといふ考へをもつ方が、お互に氣樂になる。それが日本文學を一歩向上させるみちである。

しかし我々はたゞ貧乏がよいといふ東洋の傳統觀のうはつつらで、文人學者の貧乏を尊重せよというてゐるのではない。今日日本の平和を萬世にかけてうち立てるためには、日本人が近代的な都市消費生活をすてゝ、貧乏に耐へて、自主獨立する計畫をもつことが、第一歩だと考へるからである。つまり貧乏に耐へることは、日本の平和計畫と不可分な問題なのである。

今日の普通の文化人の考へるやうな近代生活を維持するためには、日本は進攻貿易を始め、植民地をもつか、その分け前にあづからねばならない。それはおしつめたところで、必ず平和と反對なことをひき起す。

白樺文學も西田哲學も、あの當時日本がもし植民地の分け前をもたなかつたら、あの書齋生活は生れず、あの大衆をもたなかつたのだ。西田幾多郎は戰前に於て、日本は今のまゝの植民地の分けまへで甘んじてゐるべきだと思つてゐた。本人は平和主義と云うてゐたが、政治經濟のことばに飜譯するとかう云つたことゝなる。大體植民地をもたねば成立せぬ近代生活を基底にした思想であり文學生活だつたのである。

しかし當時の日本には、二つの考へ方があつた。その時の植民地所有に甘んじてゆかうとするものと、今の狀態では食へなくなると考へ、今の分けまへではやつてゆけないと云ひ出した連中とである。事實ゆけなくなつてゐたのである。近代生活を維持することが不可能になつてゐたのだ。しかし皮肉にも戰爭中に近代生活をすてた苦しい訓練をしたが、强ひられたものだから、誰もそれを本氣で考へてみなかつた。たゞ苦しい〳〵早く元にかへれと願つてゐたのだ。

それらの中にたゞ一つ違ふものは、植民地の一切は不當だといふ解放をめざす考へ方もあつた。この考へ方を、戰時中のある時には、當時の權力者は、それが邪魔なので、共産主義の中へ入れて壓迫しようとした。勿論共産主義と根本の違ふものだ。相當廣範圍に、若い軍人の間にも、この思想は入つた。戰後はこれを超國家主義といふ名でよんで、日本の言論面から追放してゐるのである。

要するに、文人學者が、貧乏であらねばならないといふことは、日本の絶對平和の要請である。そのことを我々は云ひたいのだ。しかも新興大學教授は、さういふ人類の第一義のことを考へて學問をしてきた人々でないから、たうていこの貧乏の光榮を實踐し得まい。そこで比較的精神的な文學者が、この第一義の目的のために、まづ貧乏に甘んじるやうにしたい。その貧乏は、今では一つの思想であり、アジアの良心である。植民地なくして成立せぬやうな生活を考へることは、良心の犯罪であり、かつ平和の敵である。

こゝに於て儒者貧乏論の新版は、舊來と異るものなるを悟らねばならない。大學教員の待遇をよくせよといふ議論を、我らは妬視して反對するのでない。しかし絶對平和希求の立場から、停止信號をするものである。我らは何事によらず、さし當つて平和國是に忠實であらねばならない。

（「祖國」四月號）

善意を認める勇氣を興せ

清醇な善意を認めることは、社會國家の理想を正常に發展せしめる上で第一に必要である。近時の風として、ことぐ＼に他人の行爲に對し、その裏面の欲望を妄想し、他の行爲を見ては、必ずその背後に邪惡心を虛構することは、その殆どが、本人の邪念とひがみのあらはれである。他人の行爲に於て、たとへ僅かにても、理想上の善意をみとめることが、今日に於ては國家を正常に自立せしめる第一歩である。

他人の行爲の下ごころを考へ、こと〴〵にこれを邪念視し、公正の理想上の思惑に對してさへ、その裏面に、ことさらに邪念と利權を當てようとなす如きことは、今日の情態に於ては、共產主義を名とする獨裁組織の擴張に、無意識裡に加擔奉仕するものである。共產主義とは、かゝる發想に他ならない。

他人の行爲に必ず邪念を見立て、それを口にし、自らを小利巧者或ひは小惡魔と思はせんとする如き輩は、その思考上のゴロツキ性に氣づき、早くかゝるものを放棄せよ。人の善意を認めるところから、より高い理想の國は建てられ、公正の國際友誼は成立する。善意をみとめ得ずして、つねに他人の行爲に邪惡の企てを妄想することは、共產主義の心の溫床である。

ものごとのウラの邪念と稱するものを、こと〴〵に妄想虛構し、これを得々と高言する如きものを、利巧者と考へる戰後的邪念を一切放下せよ。他に善意を認める時、自らは向上し、社會は淨化さる。かくて理想は希望に初めて生命をもち息づく。こゝに健全な教養の第一歩がきづかれるのである。

事大主義や卑屈といふ、一切の植民地的氣風は、他人の行爲に善意をみとめ得ず、つねに邪惡をながめるものを呼ぶのである。まづ善意を認めよ。それが正論の土臺である。正義の母胎である。批判はその後に始まる。智慧は善意に於て、自らに創造されるのである。公的な行爲や、理想的な行爲に面して、必ずそこにその人の邪念を妄想し、これを得々語るものの惡意を、ことさらに智慧として讃賞し、或ひは利巧として羨望する如き、最もなげかはしい風潮が戰後の狀態である。マルクスの惡意は、さういふものと、心持の基盤を一つとするものである。近代の思考と發想は、こゝに於て最も救出しやうのない沼に沒つたのである。

日本の理想と道義と、つまりその情勢論としての平和を希念する者は、まづ善意をみとめねばならぬ。善意を高くかゝげ、他人の善意に心を展くべきである。その精神の狀態に於ては、よしんば例へだまされたとしても、かの聖なるものを傷ねることはないのである。

今日に於て、勇猛心なき者は、他人の善意を認め得ないのである。この勇猛心は、最も下等なものと鬪ふ、最も低い戰ひの勇氣である。小利巧者の輕蔑を無視しうる勇氣である。

今日他人の善意を認めるためには、強い勇氣を必要とするのである。何となれば、それをなすためには、最も下等で卑劣なものを敵とし、彼らの輕蔑と敵意に對抗せねばならぬからである。それらに對し、超越しつゝ、超然とした嚴かな聖陣地を、自身の場とせねばならぬからである。しかも今日に於ては、その最も下等で卑劣なものが、物質上の勢力と、權勢上の勢力を存分にしてゐる時代だからである。それは又、彼らの作つてゐる、物質と權力の蜘蛛の巢の外にあるとの意識を、日常とせねばならぬ謂である。

福澤諭吉と近代的軍國日本

今年は福澤諭吉の五十年忌の年である。福澤は封建の氣分に反抗し、日本のブルヂョア革命の指導者となつたと世間で云はれてゐる。さういふ彼の「功績」が、日本の現状とどういふ關係があらうか。

福澤の全生涯は、ヨーロツパの近代文明を如何にして日本にとり入れるかにかけられた。彼は多少自主的考へ方をもつた人物であつたから、近代文明の見地から、日本の舊習のうち殘存保持して利益あるものを丁寧に選擇したのである。單なる模倣家でなく、觀念の上では、模倣をへて後、優位に立たうと考へた。この考へ方は、明治以來の日本の近代文化の指導者たちに共通し、彼らは軍事、政治、學術、文明の上で、驚嘆すべき成功を殘したのである。

つまり福澤の目標は、日本を近代文明國家とすることにあつた。それは兵備をと丶のへ富國强兵の實をあげ、植民地を確保する方向をめざす。富國と强兵は、二兎を追ふことでなかつた。貿易の利をあげる第一條件は、强兵を擁するにあつた。福澤はそれを了知し、近代文明といふ、近代兵事に直結した文明の一切を、出來る限り早くとり入れる方法を考へた。

我が日本は、福澤のめざした道を進んで、富國强兵の實をあげ、五十年にしてほゞ近代國家と近代生活の體裁をと丶のへた。

しかるに福澤の道は、明治大正昭和に亙る、日本の軍國時代の大道だつたのである。福澤と近代的軍國日本は、相反する道のものでなかつた。この觀點から、今日平和を理念とする日本は、福澤の近代思想を放棄せねばならぬ。

日本の平和國是と、近代文明及び近代生活とが相合致せぬことを吾人は論じ來つた。近代生活とそれへの欲望を放棄することなくしては、日本に絶對の平和を守る道のないことを、吾人は論じたのである。平和のこの道を貫くためには、「近代」の物の文明と生活をすて、東洋の精神と魂の文明とその生活に生きねばならないのである。

福澤のとつた近代模倣は、明治維新人のすべてが了解してゐた、情勢觀的な自衞精神のあらはれであつた。しかしこの文明開化の代表者は、東洋の精神の世界に於て、近代文明の理想と異る崇高のものがあり、それは絶對平和の基礎となる生活の土臺であるといふことを知らなかつた。初期維新人は、この絶對道を了解しつゝ、止み難い情勢下の自衞權を、模倣に發揮したのである。故に彼らがその生命と政權を維持すれば、日本の不幸は防がれ、世界の平和は一日を早くした筈である。されど日本は大久保福澤の線で進んだ。この所謂文明開化派は、自衞權にすぎない——一種の方便を、日本のめざすべき文化の目標と考へたのである。日本の精神のめざすところは、近代文明——永遠の爭鬪のくりかへしでなく、絶對平和の理想だつた。文明開化派はこれを悟らなかつた。戰時中には、この線を文治派と稱して排斥した者もあつたが、吾人は反對に、彼らこそ近代軍國派の元兇として排斥するのである。

「近代文化」が別名「ヒユマニズム」であるなら、福澤は「ヒユマニスト」であらう。しかし吾人は彼の線上に、近代的軍國日本が實現し、ひいて今日の日本を現出した點で、その思想と世界觀の根本に於て、今も福澤に反對する。吾人は近代的軍國日本（最近の人々はそれを日本の軍國主義とか、軍閥時代とか、日本帝國主義と呼んでゐる）の、先驅的指導者として彼を見る。これが近代とその文明の、將來と方向を否定する吾人の福澤觀である。共産主義も資本主義も、いづれもこの「近代生活」を求めて「戰爭」を避け得ない、欲望のしくみから生れるものである。福澤の世界觀に從ひ、その指導に從つた時、日本は近代文明的後進國の狀態から、近代軍備をたくはへ、近代戰に優勝しうる實力をもつといふことである。それは日本の幸福でなかつた。人類の救ひとならない。今日の日本は、福澤風の考へ方をもち、新しい文明開化へ進んではならない。吾人は福澤の思想をこの意味で、――アジアの理念に立脚して根柢的に否定せねばならない。

巷間福澤を人文主義的人物の如く考へ、平和的文明批評家の如くに考へるが「近代文化」の語彙に於ては、かく呼ぶべきであらうが、しかし彼のさし示すところを步めば、必ず道は近代的軍國日本に通ずるのである。卽ち今日の日本の看板とする「平和國家」「文化國家」と、全然相反するゆき方の指導者であつた。

但し共産黨が臆面もなく平和運動を叫び、近代生活にあくまで魅せられたものが、孤立平和を平氣で唱へてゐる今日の日本に於て、その知識階級に、福澤の道は卽ち近代的軍國日本の中央道路であつたといふことを、了解させることは、極めて難しいと思ふ。しかしこの理解なく、福澤の否定なくしては、吾人の絶對平和論は理解されぬのである。ひいてそれは、日本の今日に平和を守る唯一つの道が氣づかれぬといふこととなるのである。

大内兵衛の欲望の政治經濟學的分析

大内兵衛が二月一日の「朝日新聞」に「もつと生きたい」といふ雜文をのせてゐる。文人めかしの嫌味な文章で、何の内容もないものだが、あへてこゝでとり上げるのは、經濟學者の學問と倫理の關係を問題にする爲である。

さらに彼が最近の平和の宣言に名を並べてゐるといふこともあるので、かういふ人物の日常不斷の欲望が、果して平和希求の論理をどこまで追求したか、日常生活の基本感情が平和追求とどのやうに矛盾してゐるかを檢討しようとするのである。

かういふ問題を吾人は經濟倫理の問題と呼ぶ。それによつて、彼の世渡りの暗い豫言と暗い煽動の背景をなす現實分析が、どういふ根柢の論理と非倫理に立脚するかを悟ることは、賢明な讀者にとつては、無造作にしてほゞ十分のものがあると信ずる。大内兵衛の告白によると、彼は戰爭中は、戰爭がすんで、「むかしのやうな、うまいお菓子を一度だけ食べて、その上で死にたいと考へてゐた」といふのである。その戰爭中には「欲しがりません勝つまでは」といふ情報局選定の標語が流行してゐた。心あるものが、さういふ連中が勝つた時、何を欲しがるだらうかといふ點を憂ひて、その標語を制定した情報局へ抗議したこともある。ところで大内の欲しがつたものは「うまいお菓子」である。さきに引用した大内の文章の品のわるさは、こゝでお菓子を食べてと書いてゐるのが原因なのだ。お菓子といふのがブルヂヨアのことばだからなど阿呆なことを云ふのでない、しかもかういふ種類のキザさは、新聞面三行分に一箇所位指摘された。文章が亂れ國語の危機を思はせる時だから、餘事ながら云うておく。

ところが大内のこの戰爭中の希望が今年正月には十分にかなへられた。「今年のお正月はどうだ、モチも白い、砂糖も白い、お菓子はもちろん、コーヒさへ戰前そのまゝである」と彼は云うてゐる。だから彼は世の中が樂しくなつて、「もつと生きたい」と云ふのである。（この傍點は文章の品性を低める原因となると考へられるものである。されど要は作者の心掛に因する）

さてこの大内の擬文人體の氣分でかいた雜文を、普通の常識人のもつ政治經濟學のことばで云ひかへるなら、この「むかし」といふのは、「日本の資本主義が昂揚し、滿洲の植民地化が安定狀態にあつた、日本が植民地を所有して初めて近代生活をなし得た時代」——大内風な書齋インテリの近代生活が、日本の植民地によつて養はれた時代と云ふこととなる。卽ち白樺文學と西田哲學に、菊池寛の文藝春秋文化のつゞく時代をさす。東京に於ては大江戸名殘の風流文化が一掃され、近代生活といれかはつた時といふ意味である。

さうして「今年のお正月」といふのは、「日本がほゞアメリカの支配下に安定する狀態を示し、こゝに近代生活の魅力が現實化し、さらにそれを基礎づけるために生活面からのアメリカ化を一段とふかめ、これを見たコミンフォルムが、日本共産黨を叱りつけて、反米闘爭の尻を押さんとしてゐた正月」といふこととなる。「白い砂糖」「うまいお菓子」その上に「コーヒさへ」と云うたものは、この「安定」と「魅力」と「確定化」の具象物に他ならぬのである。政治經濟學のことばで一言に云へばアメリカ化である。

即ちかういふ日常の欲望のために「生きてゐたい」と思ひ、「もつと生きたい」と思ひ、「もつと生きたい」といふ人間が、その欲望の增大實現を、どんな政治經濟學のことばで語らうとするかといふことに、吾人は興味をもつ。さらに日常の素朴な無意識な欲望が、今日の國際情勢下で、どこの陣營につながる論理をもつてゐるかといふことの分析に吾人の興味をもつ。その欲望は平和の觀念や彼のよそゆきの學問と別のものだ。「大戰回顧錄」の著者の教訓をまねていへば、本文に於ける大內への教訓は、文章をかりそめにせぬこと、といふことである。それは藝人と遊ぶのが似つかしい風流文人のまねをする勿れといふことだ。少し生活がゆるやかになつたからと云つて、世の中を甘くみるなといふことである。イロニーや諷刺はどこをさがしてもきいてゐない！　今日の日本の俗衆の作り出した學者や政治家の權威に慢心して、かういふスヰートホーム的文章をかき、人間味を示さうなどと思ふのは、日本の專制權力派の俗人どもの舊來からの惡い癖だ。

大內の日常の欲望を我々の近代の政治經濟學の言葉に飜譯すれば、彼の政治經濟學的論理は明白に近代闘爭勢力のいづれかの一方に向はねばならぬこととなるのである。手早く云へば、戰爭の一方の勢力へ、（さうして欲望の充足を論理的に考へるなら、）より近代生活的な方へと向はねばならぬ。彼の左翼的自由主義よりもこの欲望が彼の本能をリードするのだ。か丶る欲望をもち、しかも自ら政治經濟學者として、かうした最も重大な問題を、このやうに輕卒に表現する如き人間の、平和宣言を、吾人は絶對に信用しないのである。吾人は日本の狀態が、危急の場にある認識に立つゆゑ、吾人の政治經濟學的倫理は、か丶る輕卒の表現をし得ない。それが出來ない迄に、平和問題を中心に、諸般の身邊生活を檢討せんとし、檢討しつ丶あるのである。

こ丶に吾人は、政治經濟學者たる大内が、政治經濟學的な倫理性に缺けてゐることを指摘する。それは生活上では良心の缺けてゐる謂であり、學問上ではその論理追求が、眞理に到達する努力を缺く現象であり、さらに學的態度（論理活動）に眞劍さなく不徹定なることを十分に示す一例である。わが國の自由主義者といふものが、如何に學問や思想や世の中を甘くみてゐるかといふ一例である。二月までの祖國正論では別の人間の別の場合としてこのことを云うた。

しかもことすべて倫理と良心に關り、且つ當然政治經濟學によつて檢討されねばならぬことに對し、學的な不徹定を提示したことは學者の態度として、致命的な落度をこともなく示したといふことである。わが祖國正論は、一黨一派のためになす言論でない。天下の正論を立て、特に僞瞞者と非倫を憎む。僞瞞と非倫に對する世間の無智を啓蒙することを念願とする。

大内兵衛は、左翼的自由主義者といはる。學者として世間的信用を得た人と聞く。されど如上の理由によつて、その誠實と倫理を疑ひその平和宣言を吾人は信じない。もしくば彼が國際共產黨の勢力の一味ならば、「近代生活」をいふことも、その意味でよい。されど今日の國際情勢に眞劍に對處し、何かの實踐の意志を藏するものならば、あたかも寄席藝人のやうな口調で、「今年のお正月」を謳歌し得ぬ筈である。コミンフオルムが叱つたのを見れば十分な筈だ。しかし大內の原稿は正月用のものが、一月遲れてのつたと思はれる節もあるが、もしコミンフオルムに奉仕する者ならば、かういふ時こそ十分に注意して、直ちに掲載停止の處置をとるべきである。今日の日本に於て、客觀情勢に忠實であり、國際情勢に敏感といふことは、かういふ行爲に現れてゐるのである。たゞし吾人は、かういふ客觀情勢と國際情勢に無關心である。この無關心と云ふのは、吾人の絕對平和論に立脚してのみ云ひうるところである。

しかし政治經濟學者の大內が、何故自身の欲望を政治經濟學的に分析し得ず、倫理上のぬぐひ難い誤りを犯したかといふことは、深く考へねばならぬ。吾人はその欲望をブルジヨア的だと云うて否定する阿呆の仲間の一人でない。彼の欲望のスヰートホーム的裝置が、近代文化的な點で、現下の日本の平和宣言に對し、この人は虛僞であり、僞瞞であると斷じ、その人間の平和宣言を信じ得ない理由をのべたのである。

大內の生活の世界觀ではもつと永生きをして、もつとよい菓子を澤山食ふためには、（欲望の自然）もつと廣い植民地をもたねばならぬといふ考へになるか、（昭和の戰爭はさうした近代生活欲望を維持する必要から始つたのだ）でなければ、日本は早くいづれかの陣營に屬して、もつと豐かな援助によつて生活狀態を高めようといふ結論となる。コミンフオルムに臣事するものの平和宣言が、一層に信じ得ざるものたることは言ふをまたない。

戰爭中には人は色々のことを考へたが、植民地をもたないで生きる道、——天地の公道を眞劍に考へた者も少くなかつた。眞の日本はそこにあつたのだ。この思想を實現するために、我々は「もつと生きたい」、「生きねばならない」と思ふ。

念の爲に朝日新聞社に向つて問ひ合せておくが、吾人は、「朝日新聞」の二月一日の紙面に、「もつと生きたい」といふ文章をかいてゐる大内兵衞といふ人物は、戰中戰後にかけて、日本の官僚社會主義の統制經濟に陰に陽に最も活動した、舊東京帝國大學の經濟學部教授大内兵衞と同一人と信ずるものである、同姓同名の異人であつて、その本人でないと新聞社が云ふなら、吾人の文章をとり消す。何とならば、寄席藝人や三流文士が「もつと生きたい」といふやうなきざで下品な文章をかいても、決してそれを惡い根性だと吾人はきめつけない。彼らは己の皮相な欲望を政治經濟學の言葉に飜譯するといふ、學的良心もなく專門學徒でもないからだ。だからさういふ種類の人間を批判しようとも思はず、慨嘆することもない。しかし政治經濟學の大内に對しては、吾人の人倫が、その非良心非學術的態度を看過し得ぬのである。

朝鮮滿洲を植民地にしておく範圍でゆかうといふ常識に立ちその基盤については何の反省もなかつた西田幾多郎や尾崎行雄の戰前の平和論を、我々の純粹論理が許さなかつたのと同じである。「むかしのやうなうまいお菓子」を食ひたい欲望と、滿洲から三井三菱を追ひ出して、自分が入れ替らうとした徒の强烈な欲望は、おしつめて云へば（神の眼に於て）五十歩百歩である。今日に於ては、第三次の戰爭に介入したいと思つてゐる者の欲望とも五十歩百歩だ。內心軍事基地を提供したいと思つてゐる人間の方が、この種の無意識僞瞞を自力克服してゐるのである。さういふ思ひつめた人が周圍を見渡して、自分が一番眞劍な愛國者と思ふのも仕方ないことだ。初冬の國會で吉田がともかく憤慨した當然の理由である。大內の思想は甘いのだ、考へ方につきつめた眞劍さがないのだ。

そこで云ふことは、ヂヤーナリズムが大內のかういふ雜文を何氣なしに看過してゐるやうな間は、彼らに於て、戰爭介入の危險に對する警戒も、平和についての思想も何もないといふことである。しかしこれは殆ど看過し易い隱微な一例で、露骨な戰爭介入謳歌を底心とした記事の看過は、今のところ枚擧にいとまない現狀だ。

さらに新聞に對し云ふことは、今日のやうな危急存亡の日には、舊來は何らかの超越的權威によつて、世間から信賴されてゐた人間が、どんな阿呆なことや、舊來の自分の學說（學說と思想倫理が一つでない實例をこゝで見よ）と矛盾したことを云ひ出すかも知れぬといふことを、編輯者は十分に心掛ておくべきである。世間的信用は、學的な正確な權威でない。（今日の日本では）この大內の場合でさへ吾人すら何回か、大內がこれ程阿呆なことを、生地のまゝに露骨に云ふ筈がないと思つた位だ。政治經濟の學者の學的態度を全然忘れて、寄席藝人の口まねで本心を口走つて了つたわけだ。四十七士ばりの平和宣言の矛盾を一番駈けに證明する言動を示したのである。

かういふ疑はしい事態は必ず頻りに今後もあらうから、親切な編輯者はわかりきつた名前の人間と思ふものにも、一々紹介をつけておいてほしい。世間的に立派さうにみせかけてゐた人間が、一朝にして途方もない阿呆と俗物に變る例を、吾人はこゝ十數年間に三度も見たのだ。古人の云うた諸行無常とはこれを云うたものであらう。

逆境にゐる賢い、編輯者は、吾人の云ふところを完全に理解したであらう。讀者を一刻も迷はせず、記事に對しどのやうな不安の念をも與へぬといふことが、ヂヤーナリズムの權威を確立する所以だ。今日四邊を見渡す時もしヂヤーナリズムの權威（正確さの信賴）がなければ、やがて來る國家の危急は、のり越せぬではないか。吾人は惡口を云ふのでない、諸君に心より望むのである。俗衆の拍手に目をそむけて、たゞわが意を諒せよ。

言論の愛國的取扱ひ方について

去秋以來の現象だが、國會の言論と、一般ヂヤーナリズムの間に、迫力の差が目だつてきた。國會の言論が、近頃の諸般の事情によつて、切實になるに從ひ、ヂヤーナリズムは空白となり、かういふ現象は、明治以來未曾有のことである。これが吉田茂の所謂「ワンマン」的雰圍氣を助長してゐるのだ。

この諸般の事情と云ふ中にはその一つとして國際勢力を背景にした言論といふこともふくまれるのであるが、日本の生存の切迫した要求やそれについての思慮から、若干言論が

も、わが國の國會には、國會の言論を國家の一機關としての言論として行ふといふことが缺けてゐる。政黨の言論の場合にも、その場合の國會の主張の根據をなすところは、政黨の、さらに眞實眞劍になつてきたのである。他國の一政權の代辯をしたり、他國政權の威力を笠にしてものを云ふ如き暴力言論は問題外とし、といふことは當然國會言論から、國民の力によつて追放すべきものであるが、切迫した要求から出た眞劍の叫びは一應正しくとり扱つて、しかるのちに正否を斷じねばならない。この思慮が缺けてゐるといふことは、愛國的と云へない。又現下の國情を無視した阿呆の態度である。或ひはゴロツキの世渡りである。

ヂヤーナリズムが國會の言論より低調であるといふ事實は、明治議會開設以來かつて見ない現象で、これを稱して近頃は「民主主義」といふのであらうか。言論人の立場として、悲慘な現象である。たとへ占領下といふ條件をかゝげても、そのためにヂヤーナリズムが國會より低調であつてよいといふことは、この場合の辯解とならぬ。國會の言論は一個人の言論でない、一政黨の言論でもない、國會の言論である、この抽象の立場をみきはめ守るなら、その取扱ひ方に於て、いくらでもヂヤーナリズムの言論機能を發揮し得るのである。要は日本のヂヤーナリズムが自主獨立性を失ひ、今尙その反省さへない。この自主獨立は彼らの所謂「民主革命」の如くに、他から與へられるものでないのである。

ヂヤーナリズムが、わが客觀情勢を正常に批判し、且つ少くとも、今日の正論をなす志があるならば、最低線の立場としては、國會言論の操作を、愛國的見地から考へてよいのである。客觀情勢に於て國會言論には、普通言論と若干の差別があるといふ抽象上の事實を、神經質に考へてゐる場合には、なほさら、このことは當然思ひつかねばならぬのだ。つまり新聞は反省すべきである。

かうしたことをことわけて云ふのは、今日のヂヤーナリズムのもつてゐる狀態こそ、專制と獨裁のもつとも入り易い狀態だからである。吾人は日本の爲めにこれを最も憂ふるのである。但し吾人は吉田內閣を、獨裁とも獨裁に向つてゐるともいふのではない。今からさうした煽情的な、誇張した云ひ方をして好しくない結果を將來することは、何ら得るところがない。

この數年、眞の日本は、表むきのヂヤーナリズムや國會政治と、全然別箇の道を、着々と步いてゐた。この「日本」の步いた道は、無言の道だつた。さうして昭和二十四年より二十五年にかけて、一種の囘復を、物心兩面で行つてゐたのである。要するに客觀情勢に飜弄されてゐる如き表相や完全無缺のイエスマンの世界を表にして、一つの國民的抵抗線が前進してゐたのである。これはお伽噺の地下組織でない。しかし今日の狀態は、このことばをもたない抵抗線に、そのことばを指摘せねばならぬ時に來たのである。

說きもせず語りもせず、まして指導せず、たゞ步いてきた道――日本にある無言の國民的抵抗線と、吾人はこれを呼ぶ。その國民的抵抗線はどこにあるか、これをやがて誰かゞとらへるであらう。それが卑屈で僞瞞的な獨裁者の手中に陷らぬことを吾人は祈り、又努力してゐるのだ。默つて努めてきた、國民抵抗線。新聞は反省せねばならない。殊にそのかりそめの記事について、反省せねばならない。

例へば「米帝國主義の召使」とコミンフオルムから叱られた一代議士が、掌を飜す如くに「ソ聯獨裁主義の忠僕」と化した時に、これを英雄視して報導するやうな、阿呆なヂヤーナリズムは、占領下日本で振舞ふべきでない。さういふヂヤーナリズムは、日本が大日本帝國であつた時代のコムマーシヤリズム＝アメリカニズムとしてなら、殆ど無害だつたのだ。しかし今日では、さういふヂヤーナリズムは、人心に於て、平和を危險にし、勢ひ戰爭へ赴かせる心理の最低作用をなすからである。新聞は平和の爲に人心を鼓舞することを考へ、戰爭の爲めに煽情することを、細心に注意して即刻停止すべきである。

一月二十七日の朝日新聞は、國會の講和問題討論を報道するについて「各野黨代表はもつぱら全面講和を押し立てゝ、政府を苦境に追込まうとした」云々とかいてゐる。かういふ報道を、吾人は誠實さのない、愛國的でない取扱ひ方といふのである。今日愛國的でないといふことは、平和を心底から望み、その實現を期してゐないといふ意味である。

何故これが誠實でないかといふことは、全面講和を考へてゐる國民は、日本の正しい道として、懸命の生き方として全面講和を希望してゐるのであつて、何も一內閣を苦境に陷れるためにそれを考へてゐるのではない。さういふ國民は勿論共産黨でない。また共産黨以外の國會野黨の人々の中にも、眞に日本の爲、日本と世界の將來の平和の理想のために、全面講和をよいと考へてゐる人々もあらうと思ふ。それらの考へは或ひは間違つてゐるかも知れぬがいづれの側にも眞劍のものがあるのだ。朝日新聞はさういふ人々の神聖な善意を、一切無視して興味本位に、これを政爭として報道してゐるのである。吉田茂ならこれを憤るだらう。民主黨や社會黨にも、わが志にあらずとして憤るものがあつたかも知れぬ。しかし憤つた者は出なかつたのである。新聞が權力を怖れて、わが心に潛在する檢閱にことごとに相談する如く、國會議員は新聞の下等な言論暴力を妄想恐怖してゐるからである。

この朝日新聞の報道の心持は、第三國人的見方である。或ひは日本が、強大な獨立國だつた護憲運動時代の議會報道なら、國際關係に對して、さして細心さの必要もなく、かういふよい氣な輕卒さでよかつた。しかし今日の占領下の新聞は、しかも今日の國家の危急に面した狀態に於ては、占領下の言論といふものをもつと意識せねばならぬ。これは內外に對する影響に於てである。少くとも彼らが愛國的——卽ち今日平和を願ふ徒ならば、愼重であらねばならぬ。尋常の意味に於て誠實であらねばならぬ。誠實は必ず愛國的なあはれをなすのである。

かういふ種類の不謹愼で輕卒な報道は數へ難い。新聞人も、戰後國會議員の中に於ても、その何人かは、日本の將來を思ひ、私財を投じて選擧に出、國會で言論をなしてゐるといふことを、考へよ。單に名譽功利の爲でないのだ。新聞人もこの善意を正しい善意として考へるべきだ。さらばかゝる國家の危急存亡の機に當つて、一方の口に平和と戰爭不介入を唱へつゝ、他方でそれに正反對な言論作用をなす類のことは、ひかへるに至るであらう。さうしてその時新聞の生き方行き方に於て、功利以外の正義のあることに必ず氣づくであらう。

日本が強大な國力と兵備をもつて、國の四方を堅め護つてゐた時代には、かういふのんびりした報道をさして、誰一人として非愛國的と云はなかつたであらうが、今日では事情がちがふ、それは非愛國的なのだ。朝日新聞社は、いつも自身の社說や雜報欄で云うてゐる如く、日本が占領下にあるといふことを、自分らこそまづ確實に反省し、誠實な國の爲めの言論、正しい平和の爲めの言論をなすべきだ。ヂヤーナリズムの機能と良心を細心に考へるべき時だ。「國の爲め」と「平和の爲め」は同時的なのだ。朝日新聞はそれを念願する新聞と思ふからである。

二十八日の國會の傍聽記を書いてゐる毎日新聞副主筆新井達夫の文章を見ると「はじめ聞いたところでは、この日は星島氏を誘ひの水にして、首相が講和問題や安全保障の問題で、相當はつきりしたことを、いふだらうとの説もあつたが、さうでなかつた、先日の國會で野坂氏が政府に斬り込んだのに對して、民自黨と政府とが、眞向から一本斬り返さうといふ企てから、この日の所謂講和論議のヤマが出て來たのださうである」云々。これはこの國の政治記者の得意な、裏面記事、內幕情報、或ひは眞相モノの典型的な文章だが、かういふ文章と發想は下等である。さきの「朝日」をいくらか下等にした程度で、意識は變りない。早く日本の大新聞からなくしたいものの一つは、かういふ文章と發想である。

かういふ記事は、二月十七日の「朝日」夕刊にも出てゐる。

新聞に出ない特ダネニユースとして、新聞記者の講演を田舍へうり込むために必要な片鱗だから、大新聞は止めた方がよい。それは發想をかへるといふことだ、記者の心がけを變へよといふことである。さうすることが目下の愛國的である。

しかし新井の文章は後半は尋常である。この尋常では、田舍の讀者にうけないかといつた考へ方から、「內幕」と「眞相モノ」にゆくのは、これも特殊な「潜在檢閱」のさせるわでない。しかしこれはコムマーシヤリズムの方の潜在検閲であつて、政治的潜在検閲の意味でない。

新井は日本の國がつぶれるかどうかの土壇場で、二時間程の間に「賣國奴」といふことばを國會議員たちは、交互に四百六十回くらゐ怒號しあつて、この日の演説は一言もきこえなかつたと云うてゐる。

今年正月のヂヤーナリズムは、平和の年、講和會議の年として、昭和二十五年を謳歌したのである。われらの「祖國正論」は、戰爭の成熟した歳末情勢を説いて、講和の見透しや方式を云ふ前に絶對平和を考へねばならぬと唱へた。北京事件、ヴエトナム問題と始り、水素爆彈の大規模製造推進の米大統領の命令、二月十四日の中ソ同盟の發表と、漸く戰局は白熱の佳境に入つた。

この時日本人にとつては、講和や貿易や近代生活を考へるまへに、一切の近代生活的欲望を放棄して進まねばならぬ平和の問題があるのである。しかし一月末より始まつた國會の平和討議に於て、相當の眞劍さは示したが、眞の日本の立場に立つ絶對平和論を、誰の口からもきかなかつた。その討論の仔細は、バンコツク會議と中ソ條約の發表によつて、一應の段落がつくから、次に整理してみようと思ふ。かゝる状態ゆゑに、吾人は、我々の説く「絶對平和論」がもつ現下の意味を、さらに強調せねばならぬと信じるのである。

徒黨的な言論を排す

「祖國正論」の立場は、第一に戰後言論界の虚妄の權威を排斥する。黨派的政治的態度を自他に對し共に及ぼさない。

戰後權威の通性は、一樣に獨立自主の精神をもたない、客觀情勢に對する奉仕者にすぎないからである。それらは言論に對して、人間的な責任感をさへもたない。この實例は、過去の「祖國」誌上で明らかにした。

第二には僞瞞者を最も憎む。僞瞞者には自ら意識する者もある、意識せぬ者もある。それらを共に憎むことは、共に絶大な罪毒を流布するからである。言論の名分として、意識せぬ者に對しても同情的妥協的態度をとらない。罪害に於て輕重なく、時に前者より害毒の大なる場合がしばしばありうるからである。いづれも僞瞞者は、卑屈な事大主義者である。その意識根柢に於ては、近代的物欲生活の追求者である。この物欲思想の實態は、近代そのものの思想であり、戰爭に直結する原子學を生みだした事實に於て、現代の歸結をなしてゐる。

我々はこれらの二つのものを、日本を戰爭に介入せしめるものとして、極力排斥するのである。第一の虚妄的權威の場合は、日本の政治的立場を考へ、必ず何らかの被護者を考へざるを得ない。既に彼らの言論的「權威」は、何らかの自力革命によつて得たものでなく、一つの支配者權力のあやつり人形狀態にすぎないのである。彼らは何らの自我も、生活も、意識も、自ら所有してゐない。彼らは支配する權力によつて與へられた位置を所有してゐるのである。彼らは生活上、生產の思想をもたず、與へられた所有權の上に寄食する階級である。從つて彼らは「支配者」であり所謂「官僚的存在」である。さういふものが、一朝にして一變することは、その生活の必要の上から云つても當然のことである。

第二の僞瞞者の場合も、彼らが本質的に事大主義の追從者であり、近代生活的物欲の追求者であるから、今日の世界――卽ち「近代」とその「繁榮」を超越して、精神の平和に生きることは夢にも思ひ及ばぬのである。

さらに「祖國正論」は、政治的徒黨派言論を排斥する。我々は徒黨的立場をとらない。現在の日本は「政治」といふ近代概念に當る高次のものをもたぬ。正確な報道組織をもたぬ。報道の海外的觸角をもたないから情勢判斷に於て、勢ひ消極的とならざるを得ない。これは政治の第一要點を缺く。從つてそこに嚴密な「政治」の成立する筈がない。

それ故に吾人言論機關の唱へうる報道の正確さとは、一つに「國民的抵抗線」の確認とその確保といふ點にかゝつてゐる。

この「國民的抵抗線」――その最低のもの最もアジア的なもの――の現れが若干明瞭になつてきたのは、わが「祖國」創刊以來の現象である。我々はこの「國民的抵抗線」が、「日本に於ける西歐國家」と隔離について、警告した。その「國民的抵抗線」は、西歐的國民抵抗線と全然趣きの異るものである。

我々はこの存在と、發現と、將來の警告を云ふ。日本をつゝむ所謂「ナイロンのカーテン」とこの「國民的抵抗線」が、全然別箇のものとなる時は、一つの「混亂」と考へられる。故にいづれを撤廢すべきかは自明のことである。いづれが撤廢できるか、と云へば、自明度が一段と增大するのである。

自由黨右派左派といつた議論とその種の發想を、こゝで我々は勿論排除してゐる。社會黨や民主黨をとる場合も同樣である。現在では僅かに自由黨の周遍に、この「國民的抵抗線」が、ある程度に反影してゐる如く思はれてゐる。勿論これはその右翼思想の一聯をさしていふわけでない。現在では表面化しつゝあると云はれる舊右翼、或ひは舊軍部の動きに、さういふものはむしろ稀薄である。

その理由は、今日の「國民的抵抗線」の無言の動きは、徒黨や政治と無關係だからである。今日云ふ「政治」よりは、はるかに無意識なもの、執拗な「思想」である。我々の絕對平和の希望はそこにかけられる。政治的攻勢をとる代りに、不敗の信念より出發する、それは極めて東洋的である。

このことは我々の言論が、今日の徒黨や政治勢力と何の關係もないといふことを示すものである。我々の個々の行爲と人格が、今日所謂「政治」と何の關係もないからである。

我々は言論に於ても、國民的な共感と同情を尊び、日本人の心情の一點で、誰とでも結ぶ、結ばねばならぬと思ふ。これはおのづから政治徒黨的考へ方を排斥する意味をもつ。

徒黨的に考へず、氣宇を大にすれば、同胞は無數にある。我々は思想主義の近似性や政治的結論の共通以上に、心情の共通を尊ぶ。これを判ずるものはたゞ「國民的抵抗線」あるのみ。單に政治的結論に若干の共通性があると云つた點で、昨は非國民的と呼んだ者を――その本質に亙る反省を伴はず、たゞ今日の時務に從つて、その政治的結論の同一性ないし近似性を以て、これを認めるが如き、情勢卽應の態度は、一般戰後派の世渡りに共通するものとして、我々の認容せぬところである。

元號問題

元號を廢止しては如何といふ問題が參議院でとりあげられ、新聞でその贊否意見が各方面の人々より集められたが、その中で詩人の日夏耿之介が廢止に反對し元號はあるといふことの方が、「文化的」だと云ふやうな意見をのべてゐる。彼の云ひ分によると、第一に、かういふことを云ひ出し、それを廢止し、さういふことによつて一向に文化的になつたとか、民主的になつたとか思ふやうな人間の根性の低さと卑しさを輕蔑してゐる。まことに根性が低いばかりか卑しい連中である。

この廢止問題の中心は、山本有三ださうだ。この間までは共産黨の同情者のやうな顏をしてゐたが、今は何であらうか。この人物は、陰性の性格をもち、低級な策動と陰謀を「政治」と考へて、參議院議員に出て、現に實行中のやうだ。戰後日本は、大體に於て婦人雜誌時代である。片山哲、芦田均、天野貞祐、田中耕太郎、みな舊來よりの婦人雜誌向評論家だが、ものには段々がある。山本の如きはわけてもその中で、最もそれにふさはしいあらゆる下等な性格を具備した典型である。

權力地帶を、歩き廻り、陰謀し、陰口で人をこそ〳〵と陥れたりするのが、性に合つてゐる種類の人物だから、日夏の如き高踏派を自認する詩人は、かうした婦人雜誌派を、高踏文化の見地から、極力憎むのであらう。

全くのところ、元號を廢止すればそれで文化國になると思ふやうなのが、今の日本の民主主義の指導者と稱してゐる。これが婦人雜誌派の時代といふものだ。見てゐるうちに講談社にしてやられるに極つてゐる。日夏の如きは紀元と西暦と日本元號と支那年號と、時の氣分では回教紀元でもジンギスカン紀元でも、何でもならべたい形の「文化主義者」だから、この綜合雜誌派の高踏詩人と婦人雜誌的作家とでは、氣質の合ふ筈がない。

第一、紀元と西暦と日本元號と、大略の支那年號位、よく覺え得なければ覺えなくともよいし、親切な著者は、書く時にならべておいてもよいし、近來これは大てい實行されてゐるのだ。書く必要ない時はならべることもない。勿論過去に遡つて全部西暦に統一する如きことは出來ない相談だ。

日本の本も出來ないし、支那の本はまして出來ない、著作權を侵害して詩人の句を改めることは、文部省の役人以外の良識ある日本人には、これも出來ないことだ。

讀まなくてよい本や、おぼえなくてよいことばが、毎日つくられてゐることには干渉できない。これは言論の壓迫だ。漢字は美しいから廢止してはならない。それは近頃日本で三人の外人の文學者と學者が異口同音に云うたのだ。そのうちの英詩人は、他人のことでも美しいものがなくされるのを、見てゐられないと聲高に云うてゐる。

元號は文化的で美しい。この「文化」と「美」は「近代文化」の意味でない。日夏の詩のやうな意味でだ。

西暦に統一しようといふ説の唯一の根據は、將來の日本を、西洋文明の支配下に屬させるといふことを理由としてゐる。國際復歸といふことを、かゝる被支配狀態の囘復と考へてゐる。我々の如く、キリスト教をさへ、人類の眞理とせず、「近代文明」を神の文化と考へない者には、この理由は問題にもならない。さらに我々は「近代文明」を文明の理念として認めてゐないからである。現在の「西暦」文化の體系内では、日本の「平和」を守ることさへ出來ない。日本の國際復歸は、日本と世界の將來の理念に對し何のプラスになるとも考へられないのだ。しかし將來、明治大正といつた元號がなくなると、將來の山本のやうな連中には都合のよいことが起る。例へば、明治の作家に比べて、大正の作家が、如何に愚劣であるか、といふ例として、大正の愚劣な作家の見本となるのは、山本だからである。批評家には不便だ。しかし元號がなくなれば、かういふことを考へる民族的な批評家はなくなる。

山本らの考へでは、將來の日本は、歐米支配のいづれかの形式に完全に從ひ、明治の作家大正の作家といつた歴史的精神史的事實は生れぬと見通したのであらう。これらが彼らの云ふ日本の「國際復歸」なのだ。

されど日本人の血のつゞく限り——それは必ず續くものだが、大正の作家と文學は、明治の文人より如何に精神上で下等になったかを、民族の評論家は論じ、その下等な大正作家の典型として山本が例とされること、今日も昨日も明日も變りない。故に山本個人にとつても、元號廢止は有利となるわけでない。

直面目に考へる者は、元號廢止と云つた、つまり實利上ではさして國民生活に關係なく、しかも民族の精神史を云ふ上で便利な、民族の表象として何か大切なものがなくなつてゆくやうな氣のするものの改廢に當つては、國民の總意にきくべきであると思ふ。しかしこの場合の國民の贊否表明は選擧でないのだから、廢止贊成者だけ投票にゆくといふことにしておくとよい。さうするとある方がよいと思つてゐる者は、さういふ阿呆な「文化政治」に無關心を示して、その間も働いてゐられるからだ。しかし「大切なものがなくなつてゆくやうな氣がする」と普通の良識ある日本人に感じられることは——これが朝日新聞の輿論調査で元號廢止反對が、廢止贊成の倍だつた原因だが——根本的にこの種の「文化的」「民主主義的」考へ方が、日本の固有文化をなくして、西歐文化の支配下に完全に隷屬させようとの考へ方から出發してゐるからである。これは單なる保守でない、單なる因習でない、國民的抵抗線の漠然とした無意識表現だ。未だ言葉を知らない反對表情だ。

國民の多數が漠然と「反對」と「不滿」を感じ、日夏の如き詩人が、漠然と「文化」を無くする傾向と見るのには、理由があつたわけだ。たくさんの種類の「文化」(民族的風土的）を、澤山に保存しようとするのが、詩人の「文化」觀である。これは支配的官僚や獨裁思想家や陰謀的政治家の「文化」觀と異る。フランスからきたグルツセも、ユネスコの精神は「諸文化」を交通させる「文化」だと云うてゐる。山本の「文化」は、支配獨裁陰謀の「文化」觀にすぎない。

しかし陰謀家たちは、こんども國民の多數の氣持を無視して、國民祝祭日のやうに、客觀狀勢にたよつて、獨裁的決定をするだらう。そしてその結果日本の「國民抵抗線」は一段と增大し、その現象として日本には無數の私年號が出現し、却つて日夏の喜ぶやうな「文化時代」を現出するかも知れぬ。

こゝで他事だが、國民が祝祭日に國旗を立てないのは、國旗を大切にしてゐるからだといふ理由も上げておく方がよい、これは新聞の輿論調査機關に忠告しておく。國旗は、獨立と自主の象徵だから、名分正しくなつた時に天空にひるがへらねばならぬと心持の奥底で暗々に考へてゐる者が多いといふこと、これも「國民抵抗線」の一つの現れだ。これは同情からくる特殊な現れ方だから、抵抗線の考察ではヒントとなる事例だ。「成人の日」などといふわけのわからぬ日に、日の丸を立てるものかといふのだ。つまり日の丸を大切にして立てないのだ。

しかし我々は西曆を無視し、究極には元號（御代）のみでよいといふ生活と文化と人倫の恢復を念願としてゐる。これが、我々の絕對平和論である。わが平和生活時代に於ては、紀元觀はなく、曆年計算はなく、「代」のみが、しかもそれは明確に土地（耕地）にきざまれてゐた。從つてその代の口傳へはまぎれることがなかつたのである。さういふ時を我々は理想としてゐる。故にこの過渡期にも元號は止めおく方がよい。元號は、その光輝の名殘を傳へてゐるし、又將來恢弘の原理のヒントを說く手段となるからだ。

大藏大臣の放言と小說家

大藏大臣が三月一日一人二人の中小企業者が破產しても首をくゝつても仕方ない、といつたことが物議をかもしたが、この物議に關聯する形で、小說家の舟橋聖一が、稅金に關する問題で大藏大臣の橫暴をこらしめ、大藏大臣に抗議する小說をかくといふことを每日新聞がかき立てた。

大藏大臣の暴言は、彼が苦しい客觀狀勢を言譯した考へだらうし、噓を云はなかつたことは事實とおもへる。その人を信賴するか、否定するかはこちらの側で、結果に現し得ることだ。單純な政爭にしてはならない國の重大問題にかゝはつてゐる。そしてその結果が、「政治的」に現れるのが民主主義だらうから、問題にする方法はいくらもある筈だ。

今の大藏大臣は道義に奉仕するつもりでドッヂラインに奉仕してゐるのだから、「國民的批判」を「國民抵抗線」によつて示せばよい。これは下等な「政爭」にしてはならぬ問題だ。日本にとつて嚴肅に解決すべき問題だ。懇願して解決することでなく、日本の存在の意味を明證する問題となることだ。

さき頃の英國の總選擧の結果を見ると、保守黨が躍進し、共產黨及び、容共派が一掃され、勞働黨が辛くも過半數を得た。この勞働黨支持の根柢は、英國國民の多數が、なほ當分耐乏生活を耐へるといふ決心を表明した意味をもつてゐる。この「耐乏」は、ゆく〱の繁榮を考へての「耐乏」である。一時的な「近代生活」の棚上げである。しかしそれにしてもこの決心は偉とせねばならぬ。この決心が、英國を二度の大戰に勝利者としたのだ。日本の「近代派」は「ほしがりません勝つまでは」と云ひつゝ、待ちきれなかつた。

しかし我々は英國人風な、將來の「近代的繁榮」を待つて、今日「平和」のために「耐乏」を考へてゐるのではない。我々は「論理的」に、「近代生活」を放棄する形の生活――「近代」の意味で耐乏と云ひうる――への決意を語つてきたのだ。それが出來ることだけが、日本を絕對平和とする。これはわが大藏大臣の思想とも、英國の勞働黨支持民衆の耐乏決意とも、まるつきり異つてゐる。これが日本で出來るか否かを、日本の平和と獨立と永遠のために、我々は叫んでゐるのだ。

今日の日本にとつて一等大切な國の道義と云へば、日本が國是として絕對平和を實施すること、そのための國土計畫を立てるやうな場合の原則だ。戰爭介入も止むを得ぬと考へたり、進んで戰爭利益を希望する者や、その思惑によつてすでに二步三步進んでゐる連中のうちには、今さらひつこんでは倒產だと考へ、そんな狀態になるなら死ぬ方がましだと考へない者がないとも限らぬ。戰場で死ぬことを豫め恐怖して、自殺する者だつていくらもある。しかもさういふ戰爭介入者の救濟は、恩情による政治の手でどうかうするまへに、初めから爭闘状態で對面するといふことが、尋常の場合だ。しかしこんな想像はどうでもよい。小説家が稅金のことを云ふよりも、もつと考へねばならぬことがある筈だといふことを、こゝで云はうと思ふ。今を他にして云ふ時がない大切なことがある筈だ。それを日本の文壇では誰も書かない。多分考へてゐないのだらう。さうして後日になると考へてゐたが、彈壓されてゐたと云ふにちがひない。今日彼らが大切さうにかいてゐることは、戰爭中の彈壓話だ。それは世渡りなのだ。その態度も正視するのに氣の毒だし、お互ひにいたはり合つて古傷をあばかぬことは、こんな場合よくないことだ。結局文運を衰弱させるのだ。しかし古傷はあばかぬ方がよい。そんなひまがあるなら、今日一番大切なことを、必ず書くことだ。それが誰も書かず書けないのなら、古傷のあばき合ひを初めることだ。それは若い者を刺戟し、ものの理を教へ、處世の純不純をしらせ、反撥的な勇氣を與へる可能性がある。

ノーベル賞がどうかうといつたことは、正氣の問題と思へぬ。そんな「名譽」と關係なく戰爭中に「純文學的」小説讀者は廣範圍に開拓せられた。この最大功勞者は火野葦平の戰爭文學だ。むづかしい「面白くない」文學をあれだけ廣範圍の讀者に擴めたのは火野の功績である。これは菊池寛と別の手柄だ。

その以前から吉屋信子大佛次郎などいふ大衆作家が、面白い小説ならよむ讀者を婦人雜誌と共力して多量に作つた。今さら小説の市場權威をつける必要がない。ノーベル賞など と關係なく、小説は人のよろこぶやうに書けば、廣くよまれるのだ。これは活動寫眞と同じ看客をもつてゐる。

たまには毎日新聞のやうに、今の大學生の大ていの者に、讀み解きし得ないやうな高級な文學をのせたりするものも出てくる。谷崎の小説だ。あゝいふ種類の小説が新聞にのり、新聞記事自體がそれにいくらか歩調が合つてゐるといつた高級新聞が日本では出ないのであらうか。東京には二十萬人のさういふインテリが生きてゐないのであらうか。今は外電一本の時代だし、海外派遣記者で競争せねばならぬほどな優秀記者の旅行の例は、昨日も今日も明日も想像されぬ。海外情報上で大して費用はいらず、たゞ外電の情報の扱ひ方で、賢い人や智者が役に立つ時だと思ふのだが、正氣沈滯すると仕方がない。

ともかく今日の日本に、國と人にとつて一番大切なことを考へてゐる一人の作家もゐないといふことは、未曾有の小説流行の日になさけなく思ふ。本氣でよめる小説をかく若い作家が、戦後五年になるのに、まだ一人も出てこないのだ。勉强も足りぬが、眞劍さがない。心ある國民が、きつと眞劍に考へることを、一度も考へない人々ばかりだ。眞劍さを知らず雷動し、善意を知らず邪推する、さういふ連中ばかりだ。勿論一流の精神の持主や詩人の本質者は、流行作家の代用品などをかくことは思ひ及ばぬことだらう。實に下品な投書家仕立の文壇となつて了つた。

すんだことの辯解はもうよい。志賀直哉にしても、その他の誰でも、戰爭中默つてゐたり他のことを云うてゐたことを、今さら「政治」的に云ふ必要はない。戰爭中の「政治」を自己保身の政治として云ふより、今日の政治、明日の政治を云ふ方がよい。これは辯解でないから、「勇氣」がゐる。「生死」の決斷が必要だ。それが出來なければ、谷崎のやうに、自分なりの「本當の文學」を書いてみることだ。人に見せ得なかつたある時期の悲憤慷慨は、「餘生」の「辯解」に使用するものでなく、「死後」の「遺稿」とすべきものだ。しかしどちらにしても、「近代」に於ては、批評家の判斷を決定的にするものではない。それらには何の主張や思想もなく、單なる辯解——しかも今の世渡りの辯解が示されてゐるにすぎないのだから。

今日の日本は、未曾有の「生活」にゐるのだ。第一の問題は稅金のことでなく、自身の生活にある。これは「稅金」といふ線で考へた場合の話で、このこと自體第二義第三義だ。第二義第三義の問題に眞劍になるのもよい。しかし第一義の眞劍がないのだ。好色小說とエロ讀物の區別もなく、文學と赤本の區別も出來ない作家どもが、勿論そんな區別のできる筈のない下等な新聞記者におだてられて、赤本をヒユマニテイだとか、肉體だとか、本能追求だなどうそぶいてゐる。豆ブギに對するキヤリツシヤの批評ではないが、さういふ連中を絞首刑にしたいと——ヒユマニズム文化が生のよい形で發揚し出すと、そのあげくは民衆の獨裁者待望となる。

若干の小說家の生活には、中小企業者の危機のまへで、反省すべきものが多々ある筈だ。しかしこれも今日の稅問題と同じ線で、まづ文士がさきに問題にすべき道德上の德義問題だ。しかしさういふ生活を直ちに止めよといふことを、我々は云ふのではない。我々は獨裁的專制的發想を嫌ふから、さういふ考へをもたぬ。本當に眞面目に、日本が當面してゐる一事を考へよと云ふのである。それからくらしの活用を考へてほしいのだ。

人と會うて税金のことを云ふまへに、代りに花のあいさつをした方がよい。――それは出來ない。多分さうかもしれない。それなら、心ある國民が日夜に思ひ起しては憂憤してゐること、憂苦してゐる將來の一大事を、かりそめにでも考へてみよ。これも新聞雜誌にさういふテーマで小說をかけと云ふのでない。本人が考へてゐると小說の一行一句に正直に作家のおもひはにじみ出る。本當はそれにひたぶる眞劍になるのが、普通の小說家の名に價ひすることだ。しかもさういふ小說家が一人もゐないといふことがなさけない。若干の小說家の日常態度といふものは、藏相の暴言を無造作に現實化したものである。天下必ずこれを憤るのである。

科學者の矛盾

戰爭の危機に對し、日本の人文科學者が中心となつて、日本の平和宣言をしてゐる。日本が戰爭に介入せず中立を守らねばならぬといふ宣言である。そのころアメリカの科學者たちも、水素爆彈を攻擊武器として使用せざることといふ重大な申出的宣言をした。

しかし近代理念、近代文明、近代人的物欲の歷史と、戰爭の關係が示すほどに大きい矛盾はない。矛盾を意識しなければ、無意識僞瞞である。この矛盾を矛盾と感じ、その對策を思想の根本から考へることなくしては、絕對平和の道は拓けない。

この「近代」といふ意味では、共産主義の徒だけが、戰爭加擔者から離れてゐるといふ辯解は成立しない。現在の共產黨地帶の人心はアメリカ的繁榮への限りない羨望と、近代生活的物欲の最も露骨に旺盛なものが、金持になり得ない客観的條件の下で、暴力と權力の霸者とならうとしてゐるだけのことだ。暴力と權力の方が、原始的で素撲だ。近代文明觀から云へば、野蠻といふことだ。

大體に於て、近代とは科學者の作つた時代であり、便利（?）繁榮（?）の時代と考へられてゐる。しかしビルヂングに住み自動車にのり罐詰食をとつて忙しく右往左往することと古い田園生活のどちらが人類の幸福であつたかといふことは、今日に於て、人間の將來を考へる賢者にとつては容易に判定し得ぬ大問題である。しかも目下の緊急時務は大慘害を伴ふ戰爭を避ける方法を考へることにある。さうしてこの「近代」とその慘劇を作りあげた科學者が、それを避ける努力に懸命になつてゐる。彼らの命目とたよりどころは、「理想主義」におかれてゐる。これは今日の最も滑稽な矛盾であり、しかもこの喜劇ほど悲壯なものは史上にも見ない。

近代の一切の生活とその進步のしくみから考へて、科學者は最も近代に奉仕した人々である。さうしてそれは近代戰爭の大量殺戮法と大慘害の方法の案出に最も奉仕した人々である。日本の軍部は、戰爭は文化の母だと云ふスローガンを傳統としてきたが、これとそれとは、鷄が先きか玉子が先きかの違ひにすぎぬ。つまり近代の科學者が、戰爭に反對することは、主觀的にはよいとして、歷史と思想と論理から云うて、この上ない非論理的矛盾である。所謂「非科學的」な結論である。我々はこれを僞瞞として憎む。近代主義の人文科學者の場合も同斷である。

但し日本は後進國であつたから、單に近代科學を「模倣」したにすぎない。科學をなす時、又は科學をするといふ「天才的發想」に於て、その侵略と大量殺戮の先驅をなさうといふ基盤もなく、事實も生れ得なかつた。第一流の東洋の智識は、理想と文化の歴史から云うて、さういふ發想と無關係であるし、從つて第二流の智者が、近代の「模倣」を努め、つひに五十年にして「日本軍部」を作つたのである。この客觀的事實は「模倣」であり、それは近代に對する「自衞」の發露であり、「自衞手段」だつた。嚴肅にして懸命な「自衞」の衝動のみがよくなし得る五十年の成果である。日本及び日本人は「近代」と「模倣」の才能を發揮したのでなく、この五十年の成果として、「アジアの自衞」の嚴肅さを示したのである。しかしその當時の日本の一級の賢者は、近代と別箇の發想をしてゐたから、かゝる「模倣」と「自衞」を空しいものとして、嚴肅には非倫のものと感じた。

しかし「模倣」は切迫した「自衞」の現れであつた。日本人はこの「模倣」を恥ぢてはならぬ。恥づべきことは、自らのもつ最高の智慧と人道にきづかず、「近代」を最高の智慧と思ひ人道と思つたことである。さうして模倣の達人を英雄視したことである。この恥を恥とする時に、絶對平和の道は開かれる。東洋の一つなる光輝は恢弘する。

東洋に於ける第一流の聖者賢人は、「近代」とその文明の根幹を認めない。それに奉仕した科學者以上に尊敬すべき聖者を知り、又自身がそれに殆ど近いものであるから、近代科學者を尊敬しない。彼らの民族的な抵抗精神に於てはこの近代科學を滅ぼさうといふ考へをおこさないが、さういふものが無くなる方がよいといふ信念をもつてゐる。これが日本の「自然」主義（本居學）である。今日の通語では無抵抗主義である。

この考へに從ふ眞の「人倫」を維持することが、日本の「獨立」と「自主」への道であり、それが日本人の道義の源である。又それのみが日本の將來を開拓し、道義的に世界に優越する道である。のみならず、今日に於ては、こゝにのみ「平和」のみちがある。これらの仔細については、本誌前號の「絶對平和論」の中にも述べられたものである。

くりかへして云へば、戰爭を離れてゐる故に純粹だと云へる、科學と科學者といふものは、語の本義と歴史の事實と論理よりしてあり得ないのである。この戰爭とは近代の戰爭である。科學は近代の母であつた。同時に近代の發想の尖鋭のものは、科學である。この科學は、近代の「花」であり「歸結」である「戰爭」と、最も密接な關係をもつて一身同體である。故に科學が戰爭から純粹であるといふことは、「近代」に於て、「科學」といふ語義に於てあり得ない。科學の發想そのものが、「近代」の發想であり、「近代戰爭」の發想と直接關係をもつ。近代の科學者が、自身の職分に於て、戰爭より純粹になり得る如く空想することは、最も非論理な實に「非科學的」妄想であり、「近代」の最大矛盾である。かゝる不幸な論理的矛盾は中世にも見ない。矛盾と妄想からひき起される空想心理は神學時代にさへ例がない。

東洋風の第一級の智慧――聖者と呼ばれるべき精神の種族らは、かゝる近代風の發想と無關係であり、從つて近代科學に「寄與」せず、且つ嚴密な倫理上の意味に於ては、彼らに對し何らの「尊敬」さへ拂はないのである。さらに彼らは「近代」の寄與者としてその「近代科學者」と同じ目的に奉仕することを人倫上より拒棄しつゞけてきたのである。のみならず彼らは、近代科學者の作つた近代の「模倣」といふことにさへ無關心であつた。

嚴肅な論理から、「自衞」の發露としての模倣さへ否定してきたのである。彼らの第一流の智慧が模倣にふさはしくないことは別として、他人のする「模倣」——卽ち近代に對する「自衞」行爲の實行に當面してさへ、ある時期の後には、彼らは否定的無關心であつた。これは日本の不幸と悲劇の一因である。

つまりそれは明治御一新以來——その直後をふくめて、日本の存在自身の荷つてゐた悲劇である。そのために吾人は絕對平和論の見地より、かの攘夷論の本質を再び檢討する必要を考へるのである。

しかし悲劇は日本自體の內部問題に止らなかつた。このアジアに一なる精神について、すべてのヨーロツパの精神と云はれるものが、未だに無知であることが、悲劇の意味を二重にし、世界史的に人類的にしてゐる。

「近代自體の危機」に開眼したあらゆるキリスト教系の斬新思想さへ、この一なるアジアの聖精神について、遂に未だに無知である。眞なる東洋の精神とは、その「近代自體の危機」に抵抗しつゞけてきたものであることを、第二次大戰後の今日に於てさへなほ悟らないのである。彼らは日本の夥しい生命の犧牲を單なる「近代戰爭」としてしか解し得ない。

世界は未だに蒙昧の状態にある。

（「祖國」六月號）

全面講和の條件

共產黨を除く野黨の外交對策協議會では、日本の平和と永世中立を希求し、その實現のために全面講和が望しいとの聲明を出した。これは日本の戰後の政黨が、國家國民の將來の立場で政治を考へたといふ點で戰後最初の事件である。しかし多少遺憾なことは、永世中立と全面講和についてては宣言だけであつて、その條件が何ら示されてゐない。つまり內容が空白なのである。こゝでいふ條件とか內容とは、そのために日本のなすべきことを意味するのである。

その頃の海外報道によれば、米國の一高官は、日本はたゞ平和を宣言するだけでは何事でもないのだと云うたと傳へた。きはめて當然のことで、そんなことに今までの日本の政黨も言論機關も氣づかなかつたといふことが不思議である。

今日までの日本の平和希求の聲は冷戰の終結を祈願するか、冷戰狀態のまゝで、武力所有國への懇願によつて、その保證を得ようとしたもののやうである。これは自主的な主張の基礎とも條件とも云へない。

しかるに五月二日毎日新聞は、その社説で舊來の所説から急轉して、「勇敢な」主張をした。この「勇敢な」といふのは、その論旨が急激に所謂「單獨講和」に轉ずる可能性を多分にもつからである。その社説の結語は、

「全面講和論は、それ自身として正しい理想であるにもかゝはらず、危險な結果を伴ふことがある。

第一に、全面講和に執着することは、日本人が冷戰の解決まで講和を求めないといふ印象をそとに與へることにより、米國を日本永久占領論に導く恐れがある。我々は日本の主權の囘復を無期限に延期することを欲しない。

第二、全面講和論が漠然と理解されたまゝで、日本人の間に絶對的であるかのやうに宣傳され、受入れられれば、現實に單獨講和となつた場合にその反作用がおそろしい。

共產黨以外の全面講和論は、その理想としての限界を明らかとすべきである」


この所説は、日本人の考へるべき筋道として今日に當つて正しい。しかしその結論がそのまゝ正しいといふのではない。共產黨の全面講和論は、冷戰下のまゝで米國の手を日本からひかせる、代りにソ聯の影響力が入るといふ思惑である。毎日新聞記者は、共產主義より民主主義を希望する、故に共產黨の全面講和とその見えすいた思惑には反對だと云ふ、これも當然の云ひ方である。

しかし問題のたて方は非常に現實的になつた。卽ち五月の政黨の行動と、新聞の言論の

傾向によつて、講和問題を現實的に考へへ、全面講和論やその平和論を、根柢的に檢討する時期へ一歩切實に入つたのである。ものごとをまともに考へるといふ上から、吾人はこれをよろこぶ。

しかし吾人の見解は、舊來くりかへす如く、「全面か單獨か」といふ點から講和や平和を考へてゐるのではない。我々は日本の平和の基礎となる「生活」の上から、絶對平和論を唱へてきたのである。さういふ「國民生活」「國土計畫」の建設を堂々と宣言實施することを、平和論のゆき方として希望してきたのである。

我々はさういふ絶對平和論に立脚して、舊來も見解をのべてきたのだ。よつて世間の全面講和論者も、毎日新聞記者の要求する「全面講和」の「條件」と「理想としての限界」を明らかにする必要があらう。我々は本誌上半年に亙つて、それをその人々に要求してきたのである。今や平和戰線は「全面講和論」に統一された觀がある。それはすでに早くから共產黨の意企してきた思惑であつた。

講和問題と平和論との關係は、我々に於ては、平和論の確立がさきである。要はそれのみに歸着する。我々の平和論は、懇請にもとづかない。國民の民族的決意と民族的叡智と國民的抵抗線にもとづくのである。故に我々は平和論と講和問題の混同を避ける。しかし絶對平和論を理解せぬ者には、それが何故に避けねばならぬか、又何故に避けらるかについての理解が不可能かもしれない。我々の平和論の基本については、特に「祖國」三月號をみるがよい。

責任について

有名な辻参謀の手記が、最近の新聞や雑誌に一せいに發表せられた。彼はその手記の中で、敗戰の事實を反省し、祖國に對する道義的責任を追求してゐるが、戰爭の國際的責任については、それが當然かの如く一顧も拂つてゐない。最近しきりに唱へられた、「侵略」といふ思想について、一言の辯解もなく勿論反省などない。正にこれは一つの思想である。昭和廿五年早春の日本のヂヤーナリズムはこの思想で覆はれたかの感がある。それが間違ひであるか否かの判斷は別としてこの一年ほどの間に、今日の日本人が當然考へねばならぬ重大な問題は何かの形で、日本人自身が提出してきたのである。辻の思想もさういふ一つである。さきには椿といふ舊軍人が、無實の罪で斷頭臺上に送られるといふ事實を宣言したため多くの日本人と若干のアメリカ人が、その助命運動をした。これを助命といふのである。怖るべき「神」の前に人の命を乞ふの謂である。

在蘇三十七萬六千人の問題について、その捕虜取扱ひについて、それらの現世的責任はどこにあるのだらうか。辻に聞けば、彼はあつさり、さういふ責任を自身で負ふだらう。しかし辻や東條がそれを負ひ、我々が彼らにそれを負はせようとも、ことはさういふセンチメンタリズムやヒステリーでわりきれるわけはない。現實の不幸と存在する不正は救償されない。

結局この時に宗教の神が、人類の正義の一段上に君臨し、「弱者」はそれに祈念して僅かに正義の裁き——來世の神の審判をたのみとするより他ない。來世の所在を信ぜざるを得ざる不幸な人は激増したのである。されば「强者」はこの時に叫ぶのだ。宗教は阿片だと。しかし今日の文化の良識や正義觀を以て、現世の露骨な不正を如何ともなし得ない時、しかもその不幸を負ふ者が宗教の神をたのんではならぬとすれば「弱者」は自己を「强者」に止揚せんとして、つひに暴力禮讃が結論とならざるを得ない。ルーテル以來人類の正義（文明と文化）は一歩も進歩してゐないのだ。時代の惡の責任はむしろ局外者が——それを感じる者だけが痛烈に感じて、その責任を負うてゐる。今日はさういふ聖者の時代だ。しかも未だ一人の聖者さへ、世界の時局の脚光をあびてゐない。不思議にも日本に於てさへ未だ登場してゐない。弱い人々の、「宗教の神」と「暴力」の兩極端の距離が零となる可能性を健全な未來性の常識は恐怖せねばならぬ。

　さて辻參謀は別箇の形で「侵略」といふことに對する問題を、一つの日本の立場として示した。彼は自他の「侵略」について、一顧もしてゐない。これは「近代史」を規定事實とした、舊陸軍大學の戰史思想によるのであらう。そこでは「侵略」の國際法を問題にしなかつた。思ふに「侵略」以前の狀態とは、「近代史」以前の狀態である。さういふ思想を考へてゐては、時務必要の戰史は成立せぬ。

　辻參謀は「侵略」論議について一こともふれないで、最も重大なことをぽつりと云つて了つた。これは結果だ。彼は所謂「潛行三千里」のヒロイツクな冒險談と何ほどのこともない佛教徒的信仰談を語つただけである。その間の空白の中で、極めて重大な思想を顯示して了つたのだ。舊來の如く戰爭の責任を追求することは、今では時期はづれだ。敗戰の責任の追求も同じことであらう。しかし何ゆゑ戰爭が起つたかを、別の明日を思ふ日本の觀點から考へることは今日特に必要だ。「侵略」といふことを、徹底的に考へることも必要である。その史實と進行形と、處置を。

たゞ今日の日本の實狀所謂敗戰日本といふ現狀――そのヂャーナリズムの墮落と官僚の腐敗と政治の喪失といふ三大事實の原因は、依然として「舊軍閥」や東條大將に歸しうるものであるかといふことを、反省すべき必要がある。東條時代には、今ほどに官僚が腐敗墮落してゐなかつた――國民に何らかの正氣があつたといふことを、明日の國民が考へ出すといふことは、最も危險な思想の母胎となるのである。我々はそれを望まない。

今日の日本の責任は、當然今日の日本人が負ふべきである。明日の日本の進路のために、それを判明にしておく必要がある。今日の腐敗日本の責任をなほも東條に歸すことは、今日の野心家の都合よい口實にすぎない。國民には思ひもよらぬことだ。國民はつひに救はれない。さういふ口實によつて、日本が來るべき戰爭に介入する態勢をとることを、我々は極力拒まねばならない。

このゆゑに、徹底した反近代の思想的態度もなく、今日の無抵抗主義の思想的根據も解し得ない、御都合主義の平和運動家たち――「世界」といふ雜誌に宣言文をのせたやうな善意の人々は、政治上ないし思想上の平和運動の如きを始める代りに、官僚腐敗を徹底的に彈劾する運動を初める方がよいと思はれる。それが間接的に日本の戰爭介入を防止し、ひいて本質的「平和運動」の援護となるといふ筋みちは、我々が特に留意した。

理窟なしの、無抵抗的な、平和主張こそ今日必要だ。理窟と口上の多いものは、すべて語るにおちて、みな己の矛盾を示してゐる。故にさういふ曖昧さの代りに、官僚腐敗を阻止して、「正義の暴力」を希求する類の民心の發生を未萌のうちにおさへることに、己の役分を考へるやう、吾人は希望する。

すでに何ものと云へど今日の官僚の腐敗を壓へ正しうるものはない。戰前に於ては警察の横暴を憲兵が壓制したといふ傳説が、全國的に風靡したものだ。しかも今日の官僚の腐敗は有史以來未聞、洋の東西に例を見ない。この責任が、軍部にないことだけは、今日に於て明らかにしておくべきだ。國民は大體すでにそれを知つてゐる。その責任のあり場所も大體知つてゐる。その判斷の結集するところを人々は怖れねばならない。

新聞紙の雜報はすでにその腐敗を憎むすべを失つて、たゞ呆然としてゐる。これは怖ろしいことである。その來るべき結果の怖ろしさを知るものは少くないのである。憂はしい限りである。しかもそのために、どんな權力の正義の發動にも賴めない。水戸黃門漫遊記の流行を警戒せねばならぬ。警戒は漫遊記を斷壓發禁することでないのだ。漫遊記的權力の正義に賴むことによる惡結果について、國民はいく度かこれを經驗してきたのである。

今や亡國の實態が、最も有力な官僚組織の面に於て、日本を風靡横行してゐる。一人づゝこれに目覺めねばならない。我々はたゞ一人づゝ、これに目覺めよと叫ぶのである。そのあとさきについて何ごとも要求しない。たゞ目覺めを求めることが、わが正論の眼目である。

不幸な農村

農村は再び顚落した。農產物は甚しい價下りである。今年は肥料が價上るので、その購入さへ難しい位だ。それに農產品の將來を暗くするやうな情報が多い。海外から入つてくる食糧のことなどもその一つだ。大切に買ひ込んだ衣料は價が下つた。折角建てた門は、惡い建築だといふことが、十分わかつた。有畜農業も將來はまつくらだ。それにわるいことには、このごろでは田舍でさへ、百姓をするのは無能力者だと云はれるやうになつた。

百姓をするのは、無能力者にちがひない。今の世の中では、他の能力のないものがすることにきまつてゐる。大體近代社會で一番古風なしくみの働きと暮しをしてゐる人間だ。することとせねばならぬことが、すべて近代とちがふしくみだ。近代社會に對する無能力者だから出來るのだらう。しかしこの種の無能力者がまだ多い。

その代りに正直に生きてゐる者が多いと云はれる。しかしその「正直」は止むを得ない形からきた正直だ。くらしのしくみからくる、强ひられた正直だ。すべてが主觀的に意志的に正直なわけでない。本當の正直な生き方から、人倫道德の基礎を考へ、生き方の正しさを考へるやうな者は、一人もゐない。何とかして近代の隙間を見つけようと考へてゐる利潤百姓か、でなければ最低生活に甘んじてゐる所謂無能力者のより合ひだ。

農村はすつかり無氣力になつた。忽ちの急變だ。しかし「最低生活」と「無能力の自覺」があるから、一寸の煽動にはのらないやうだ。

供出制の廢止にも、農民は不安をもつてゐる。町の者も、細民層は不安をもつてゐる。十年近い舊制となると、いよ〳〵なくなると云はれるとその結果に對して何かの不安を感じるのであらう。これまではお互に無くなるのがよいと云うてゐたのに、今はさうは云はない。さうして自由販賣になると、米の買溜がされるかもしれない、從つて價が上るかもしれない。しかもそれは仲買だけが太る結果になるにちがひない。さういふやうなことを考へて、人に教へたりしてゐる。しかし農家から見たら、どんなしくみになつても、米價は今より下つても、上ることはないと思つてゐる。

供出か自由制かといふ問題にしても、農民も町家の人も、たゞ不安から、今少し舊制でゆく方がよいと考へてゐるのだらう。その證據には、誰も、自由制になつた上ではどうなつてゆくかといふ仔細な考へを立てて、意見を云ふ者はない。聞いても答へられない。かういふ不安を感じるやうな、心のむきが、保守といふのかもしれないが、この保守は、保守反動といふ世界の合言葉で叫べない無氣力なものだ。

日本が近代國家の仲間に一歩近よれば、その一歩だけ農村は貧乏になる。これは比較的――相對的な意味と、絶對的な意味との兩面を帶びてゐるから、救はれやうがない。日本が「近代化」する時農村は貧乏となる。實際は「植民地化都市化」する時といふわけである。農村はよくなる筈がない。近代的農村など成立する餘地がないといふことを、もうはつきりと近代史と國際史から悟る必要があるのだ。

日本の近代的な「繁榮」は、農村の超時代的貧困といふ代償なくては成立しないといふことを、しつかりと考へねばならぬ。電化や機械化が、全般的に日本の農村を救ふことなどあり得ない。さうした結果が現在の全人口を養ふこともあり得ない。我々は「近代的繁榮」の誘惑をさらりと放棄して、道義的な生産生活の「豐富」を旨とする生活を考へねばならないのだ。これは「物」をすて「精神」によるといふことである。しかしこゝで云ふ東洋風の「精神」は、近代ヨーロッパのあらゆる觀念論や唯心論にない「精神」だ。

再び顚落しつゝある農村から、一人位世界史的な正論を云ふ思想家が出て、小さくは現在の世相の救ひ主となることを、我々は期待してゐる。我々は政治に期待してゐない。自由黨にも共産黨にも、世界の現在にも——さういふものは宗教でないからだ。今日の人間に必要な——眞に今日それを必要とする者に必要な宗教とその救ひは、さういふ教團組織の中にないのだ。

むかしの云ひ傳へによれば、蓮如は、誰でも、食へなくなつた暮せなくなつたと訴へ出たら、まづ食を與へ次に土地をくれたさうである。かういふ申出を疑はず、救ふやうな神が必要だと思ふ。それはいつでも亂世に現れてくる宗教の出發點だと思ふ。土地を與へ得なくとも、分配の仲介位は當然すべきだ。しかしそれをするために、つひには例の「武力」が必要となるであらう。それが一向一揆だ。今の教團は、百姓からものをとることしか考へてゐない。とり上げたものを富裕な「近代」商人に分配してゐる——これは何から云うても宗教の形でない。

國家神道と稱した神社も、戰後「宗教」に轉身すると云ひつゝ、その轉身の代りに、この「教團」の模倣に浮身をやつしてゐる。今のところでは大體に宗教と政治と言論は、日本に無いものの三大代表である。かくして昭和初年にまだ觀念的だつた「亡國」と「植民地」が、怖ろしい勢で現實化した。だから當時の民族主義者らの使つた語彙が、そのまゝ今日では日本共産黨の言葉になつたのも不思議でない。これが「亡國」と「植民地」の今日の實相の一つだ。

約束について

「近代」と「近代生活」は、約束を守るものである。それは完全精密な機械による人工生産組織だからである。だからアメリカの如き、「近代國家」に於ては、「約束」は、文字通りに「實現」として信じたらよい。信ずべきだ。それは彼らの生活の基礎だからである。しかし今日に於ても、「約束」のできないものがゐる。「近代」から云へば古いものかもしれない。理念から云へば未來の輝しいものかもしれない。その一つは藝術家である。藝術家は藝術品の製作について約束できない。「近代」に於ても藝術家は依然としてインスピレーションを信じてゐる。しかし藝術品のイミテーションの製造については約束できる。大體戰後の文壇は藝術のイミテーションだけで動いてゐるやうである。

次に手工業家も、「名人」と「藝術家」に近いから個々の作品について、規劃的な約束が出來ない。特にその出來不出來について、「約束」が出來ない。彼らも藝術家の如くに若干のインスピレーションによつて働く。

農業國に於ても、嚴密の意味の「約束」はない。天候と降雨によつて、農作の豐年か否かは決定する。天候の順不順によつて、收穫の完了日は決定する。だから嚴密の約束は出來ない。漠然とした神の約束がこの秩序の根本である。即ちこれは、四季の順、年のめぐりといつた、大樣の定めとおきてであつて、人はそこで約束によつてあくせくせぬ、時日時刻にわたる約束、數量の微細にわたる約束は成立せぬ。云ふならば、それを必要としないわけである。

しかし「近代」國に於ては、約束は、數量時刻に亙つて、嚴密である。その「約束」を宣傳とか口上とかゝながしてはならない。日本はこの點で、近年いくどか、とりかへしのつかぬ誤りを犯してきたのである。日本人の多數は約束といふ「近代」觀念をはつきり把握してゐない。「近代」社會に於て「約束」は「道義」ではないのである。たゞ人爲の約束と天造の秩序のいづれに從ふかといふことは、將來の思想の重大な分岐點である。しかも「近代」は專ら人爲の約束に立脚し、天造の秩序を放棄してゐる。既にかゝる近代に對し人間の究極の幸福といふ觀點から、無數の疑問が投げかけられてゐるのである。

アメリカは「約束」を道義的に守る國でなく、約束といふしくみによつてなり立つてゐる「近代」的國家であり、產業組織である。彼らが約束を守ることは「道義」の問題でなく、生活と生存に結合した「組織」の問題である。一般に「近代」は約束の形でなり立つのである。彼らは約束に對し道義的重荷を感じない、それは生存と生活の現れに他ならいのである。かういふ觀點から見れば、日本人の約束觀に對比して、約束に對する態度が輕いと云へるかもしれない。日本人の生活では道義的にしか考へられない狀態のものだからだ。しかし彼らに於ては道義的でなく、生活的である點で當然として唯々必ず守るものである。生活上守らねばならない。約束はあてすつぽうな希望でない。「近代」は人爲的な約束の集積の上に成立し運轉するしくみだ。

アメリカとロシヤは、こゝで大分にちがふやうである。後者に於ては約束といふ言葉の代りに宣傳といふ語が使はれ、希望といふ語にかへられてゐる。それは後者が、「近代國家」として後進國だから、といふわけである。

しかし「近代文明」の「後進國」に於て、約束が語義を異にしてあらはれるやうに、アメリカが第一次大戰以降「近代文明」の戰後指導國となつてからは、その近代文明の擔當者——科學者たちは、單なる約束の完全な履行者ですまなくなつたわけである。卽ち一定規劃內の進行形をたどつてゐた「近代文明」の異常な變貌の必要から、その一部の先頭に於て約束の代りに、インスピレーションがいれ代る結果を來したのである。約束履行に安心してゐるだけではすまなくなつた。つまり「藝術家」と同意的意味の「科學者」が考へられるに至つた。たとへばワトソンと云ふ人の考へ方などである。こゝで約束が威力を失つて、創造力のインスピレーションが威力を恢復するわけである。「技術者」が、再び「藝術家」にかへるわけであらうか。つまり約束の出來ない「藝術家」に。兩度の世界戰爭によつて「近代文明」はアメリカに於て一變したのである。この驚異的事實について無知な一切の十九世紀的近代思想が、——マルクス主義もふくめて、迫力を失つたといふことは當然である。

（「祖國」八月號）

講和への希望

講和情報の變化とかゝはりなく、早期講和要望者らの結論は、占領狀態からの解放といふことに落つくやうである。

その原因の一は、終戰以來に出來た官僚權力と資本の組織の實力では、もう現狀の停滯以外の活路が見出せない。この官僚の腐敗と不景氣の打開が考へられないといふことが一つの原因である。

實力ある背後勢力といふ見方がある。眞の實力は背後の舊勢力の觸手によつて動いてゐるといふ。新制度的實力は生れなかつたといふ。新機構は生れないまゝに、ゆきづまつた。新圓階級は三年で終焉した。第三國人といふ言葉もなくなつた。しかし占領地の現地人公務員——下は大學教授から上は大臣になつたやうな連中までふくめて、なまじつか彼らは一時の榮位を得たゆゑに、今日ではその地位を左右からおびやかされてゐるやうな、被害妄想を味つてゐる。占領の終焉は彼らに個人的な地位の不安感を與へ薄氷をふむやうな氣持を、濃厚に現し初めた。講和を考へるに國家國民の運命といふ點に立つよりも、彼らはさういふ私的な點から考へ易い。

彼らは、客觀狀勢に順應して——上部の空白に乘じて、一時の政權についた。この榮耀を忘れ得ないだけに、今日の不安狀態が察せられる。

しかし今日は、闇のない時代、正直な者が生き殘る時代がきかゝつてゐる。實力ある者や本ものたちは、やうやくその志を伸し、安堵するに足る時代へ入らうとしてゐる。これは講和に對する國民的希望の大體のよりどころであらう。緩慢深重（?）な國民的抵抗線感覺と云はねばならない。泡沫的權勢に、實力がとりかはる時が始りつゝある。

我々は泡沫の消失することを不幸と思はない。前大臣も闇成金も、消滅して宜い。たゞ舊勢力が、その殘夢を追ふことを警しめる。

戰後數年、未だに眞の日本はめざめてゐない。めざめはまだ勢力をなしてゐない。日本の理想は少しも恢弘してゐない。ドサクサに權勢と金力を握つた者が、泡沫狀態のまゝで消滅する一幕を見せたにすぎない。

最も無力で悲慘な、卽ち自主性のない權勢が、斷末魔の狀態にあることは、悲劇でも喜劇でもない。彼らの不幸は文學にも活動寫眞にもならない。その不安は何の價値にも結ばれてない。彼らは音なしく消える運命のものである。

早い講和を求める聲には、商賣上の思惑と意味もある。政治權力に生きる者の願望も含まれてゐよう。それらは現世的欲望に立脚し、その策動も眞劍だ。學者の空理空論ではとても對抗できない。

早い講和を求める聲は、極東情勢の不安に影響される。しかし彼らは近代生活を目標にして、日本はどちらにつくのが有利か、その生活を維持し、その繁榮と幸福を高める上で、どちらにつくのがよいかといふことを、本能的にまで仔細に考察してきたのである。

情勢から云うて（これは次第に明白になつてきた）不可能な「理想講和」を唱へてゐることは、日本はいつまでも占領狀態を希望するかの如き印象を海外に與へると、彼ら（單獨早期講和論者）は云ふ。

反對派はこれに對し、果して早期講和は可能かといふ。しかしこれを唱へるものはたしかに努力してきた。反對派はその理想講和のために實際上の何の努力もしなかつた。努力の見當もないのだ。

又早期講和派は、單獨講和が實現したら、今日の反對派はこれに對しどういふ態度をとるのか、と脅してゐる。本人はともかくとして、それによつてあふつた國論分裂を、どういふ形で處理するかとだめを押してゐる。

彼らはさらに賠償といふ問題とにらみ合せて、單獨講和必ずしも不利でないと云ふ、しかしこれは目先の考へ方だ。

かうして單獨講和は、大體選擧で勝利した。これは極めて意識的な人々の支持をうけたのである。ところがもう一つ決心のつかぬ人々、實生活的思想と實力をもたぬ存在、しかも少し氣のきいた不責任觀念をもつたリベラリストら、さういふ多くの知識階級が、仕方なしに社會黨に投票した。社會黨はかうした浮動票を相當多く集めた。

普通の常識から云へば、終戰五年、尨大の地域人口がなほ占領下にあるといふことは、人倫に悖つてゐる。しかしそれについて、日本は何ら要求せぬ。

しかしそれは既存の國家とか外交といふ利害關心に於ての話である。正義と人倫に於ては、勝者敗者の別はない。世界の恆久絶對平和の論議に於ては、我々は最も積極的な發言權をもたねばならないのである。しかし我々のこの絶對平和論は、共產黨や安倍、南原一味の全面講和論と全然發想と理念の異るものである。

しかし日本の父や母や兄弟の最も悲慘な心配、さうして人倫に立脚する要望は、單獨講和の後に於けるソ聯及び中共地域在留三十數萬人口の運命の問題である。

ソ聯がポツダム宣言を何故履行しないか。日本人はその人倫を疑ふより外の手段がないのだ。父母の情、肉親の情――身に迫るおもひを知る者は、惡魔の善言にあざむかれない。我々はどさくさまぎれにこの不幸で悲慘な人々のことを忘れないことを希望しておく。

我々の「祖國正論」は、「單獨」「全面」といふ講和の技術の得失について、何らかの見解を示すのではない。我々が人倫と道德によつて要求できるといふことは、さうした利害得失を考へる尋常の考へ方や、その同一基盤から、つまり既存の近代生活論を念頭にして、國際的要求が出來ると考へてゐるのではない。

しかし我々は「絶對平和生活」の基本的な生存權は要求すべきものと信じてゐる。それは人倫にして道義だからだ。即ちアジアの道に則り、アジアの生き方をし、アジアの精神を守る生き方である。それが絶對平和の生活である。我々がアジアの理念は絶對平和であるといふのはアジアの道、——即ちアジアの生活が絶對平和だといふことである。

我々の講和論は、國際外交論ないし國際情勢論に立脚するのでなく、アジアの道德の本質論から云ふのである。（今では賠償といふことは、新らしく再興して、近代國家間で再び覇をなさんとする野望を抑へる意味をふくめると考へられる）

占領下の公務員が、占領政策に共力することは當然である。さういふ地位にありつゝ、第三勢力の進出を豫想して、それに對し色眼をつかふといふことは、如何に植民地人氣質とは云へ許されることでない。さういふ狀態に對し、例へ現制度の規律は寬大であつても、國民の道義氣質は、さういふ人間を認容せぬところへきてゐるのである。三十七萬人の悲劇が平和と道義をはゞんでゐるのだ。

しかし占領下公務員の多數は、世界は二つの思想に別れてゐると考へてゐる。さうしてある者らは近い時期に共產主義勢力が我國を風靡するかもしれないと考へてゐる。しかも彼らの多數は、本心より共產主義に共鳴しつゝ、占領下の公務員としての假面をつけてゐるのではない。

彼らは自主的な何の決意ももたない。舊い修辭で云へば亡國の徒である。日本の現在の占領下の公務員の現狀は、亡國の徒黨の狀態である。彼らは占領下の公務員として、共產主義に對し「宣戰」する「主權」を自身に保持してゐるものは殆どゐない。かういふ「自主」の「精神」と「思想」をもたない占領下公務員に對する國民の不信用は、早期講和要望の一つの根據となるのである。國民は國家を憂ひてゐるのである。しかし早期講和が具體化しだした時に、現在政府公務員は、多少その間の事情と、自身の地位の將來的不安定を痛感するだらう。これは外部事情による足ぶみでないのである。自由黨はその時氣質的に分裂するのである。

占領下の公務員、現在の官僚、それは改造官僚內閣につながるものだが――改造內閣は、技術的にその官僚的といふ意味で、對講和內閣化したわけである。さうして自由黨內の土着勢力よりも、芦田的便乘グループの方が、さういふ種類の內閣の好ましい仲間となるのだ。民主黨の唯一のとりえは、狡い便乘性の集結にある。この占領下の現地公務員閥――新々官僚の泡沫的勢力が、自由黨內部で分解する時、情勢は急激に變化するだらう。加ふるに極東情勢の激化が加勢する。

例へ世界が二分しようと、世界が第三次大戰の禍中にあらうと、民族の火が燃えてゐる限り、情勢論的服從と獨立愛國の心は並存するのである。一つの火が世界に傳るのは當然である。我々は早期講和を望む國民的願望の正當な氣持を一應了解する。その上で幾度かくりかへす警告を再びする。この願望の中で本質上の一線を劃するのが祖國の正論である。

我々の希望は舊制實力の囘復による國の再建を願ふのではない。我々は理想日本の將來を唱へ、燒土曠野の中に、僅かに己の孤影を自ら慰めるのである。我々の前途は遠い、しかし怠らず倦まない。我々の得意と自信は、政治の花々しさを考へず、神の悠遠さを信ずるところにある。

久方の天ゆ降りし朝びらき見えし島々あに忘れめや

反戰藝術の眞相

「きけわだつみの聲」といふ映畫は、極惡無慘な將校をうつし出して、それによつて「反戰映畫」を作らうとしたものの如く、作つたつもりでゐるやうである。これは終戰直後に一時流行した輕卒な「反戰もの」の常襲手段を、今時に再現したものである。

さういふ傾向——その宣傳性の無力さと虛僞と輕薄さは極東軍事裁判や、戰記小說「インパール」の流行によつて實證され、一般讀書界からはすでに影をひそめたのであるが、最も低級な活動寫眞界では、なほ殘つてゐた事實がわかつたのである。

さういふ虛僞的な「反戰」宣傳には、もう誰も贊成しない。それは虛僞であり、あまりに低劣である。職業軍人の非倫性といふことと、「戰爭反對」といふ思想とには多少の關係はあるが、それは表相表皮にも當らない。

戰爭反對といふ思想は、軍隊の非人間性に反對するのみの思想でない。まして職業軍人の中で、例外的な一人の非人倫理性を描寫することによつて、戰爭反對の思想が成り立つと考へることは、餘りにも單純素朴な頭腦の持主の場合だけに可能なことである。

軍隊は「規律」と「訓練」のもとに、その「軍紀」と「强固」を保つ。それは「自由」と

「放縦」の正反對である。「自由」の代りに「訓練」を尊ぶ「軍隊」は、それゆゑ今日云ふところの「人間」的なものの「自由」の正反對である。吾人は「自由」と「訓練」のいづれが正しいかを、今論ずるのではない。

ある國の「軍隊」が「自由」であり「人間的」であるといふことは、「比較的」の問題である。わが舊軍部に於ても、陸軍と海軍との間では、この「比較的」といふ違ひがあつた。同じ陸軍でも地方々々によつてこの「比較的」といふ差はあつた。さらに云へば、同じ一聯隊下の中でも、部隊長によつて差があり、兵科によつても差があつた。本質の問題としては、さういふ「比較的」といふことは何の意味もない。

吾人は例外的な性格破綻者的惡漢の存在のゆゑに、軍隊を否定するといふ思想をとらないのである。わが軍隊の制度組織が、さういふ惡漢を作るといふ考へ方にも贊成しない。例外は少いから例外だといふことを、誰でも知つてゐるのである。

わが軍隊に於ける「教育」の問題も、一切を否定するわけでない。職業軍人の質が低下してゐた時代には、國民教養一般も下等になつてゐたのである。終戰直後の國家の權力と社會の實相を見てゐた時、この時代に軍隊が作られず、警察が無力化させられてゐたことを國民的幸ひと思つた。さういふ時代に成立する「軍隊的組織」を想像したなら、そのやうな軍隊組織の下に於ては、我々は知る限り經驗した限りの如何なる不幸をも、なほ幸福と考へねばならぬ狀態におかれたであらう。

しかし近時やうやく國民感情も正常化し、國の各界に於て、眞の力と本物が擡頭する狀態に入つたやうである。

さうして、例外的な犯罪者や極惡人を代表として、軍部を否定するといふ如き卑怯な虚僞の考へ方は、影をひそめ、人間が、國家として「軍隊」といふ「野蠻な狀態」をもたねばならぬ事實に對する反省が濃厚になつたのである。

日本は「新憲法」に於て、戰爭を否定し、軍隊放棄を宣言したにかゝはらず、今日になつて、「よい軍隊」、「正しい軍隊」といふものを、考へねばならぬとすれば、これは「反進步」である。活動寫眞などで見る、重荷を背負つた行軍、重裝備の分列行進、それらは我々に「野蠻狀態」をまざ〳〵と敎へる。

しかし「放縱」な職業野球を見てゐた人々は、今ではその放縱な見物から一步深入りして、彼らの嚴格な「軍隊的訓練」に感動を表現し出した。近頃子供の間でよくよまれてゐる神門伯次の「あゝ熱球に泣く」といふ小說には、主として學生野球の訓練——軍隊訓練以上の猛訓練ぶりが描出されてゐて、子供らはそれに感激してゐるといふのである。神門は某私立大學の舊い野球選手だつた。

しかし少年が野球に興味をもち、そこで「自由」より嚴格な「訓練」に感動してゐる間はよい、それはさほど實害なく、せい〴〵健全な身體と健全な知能といふ格言の噓を實證し、身心のバランスはとれないものだといふ位の矛盾を示すにすぎないからだ。

しかし日本の多くのヂヤーナリズムは、野球と同じほどに戰爭に興味をもつてゐる。彼らの文章の表現や、情勢の扱ひ方から見れば、第三次大戰を危惧してゐるのでなく、興味をもつてゐる。危惧する者は深刻に深重に文章をかく筈だ、それがないのは興味だからである。この興味は、戰爭の母である。戰爭はまず人の心の中で進行するものである、とい

ふことはユネスコでさへ知つてゐるのだ。かうして一度戰火が發すると、今日のヂヤーナリズムは野球など一ぺんに忘れて了ふ。昭和十三年の新聞はこれほどでなかつたのである。

そこで話は戻つて、下等な文藝作家が、自己人格を反影した如き極惡人を、職業軍人の像として描き出して、これで反戰文藝を作るといふやうなことは、戰爭反對の思想とならないのである。軍部をさういふ形で誹謗してゐるやうな文學者や思想家は、戰時中はこの上なく卑屈に軍部に對し御氣嫌うかゞひをし、進んでおせつかいの忠勤をはげんでは、軍部を笠にきて仲間の間で威張つてゐたのである。

これは三木清や堀眞琴から羽仁五郎中島健藏に到るまで、一々云ふに價ひせぬから誰も云はないだけで、讀者が興味をもつやうになれば、「實名小說」とか「人間の研究」といふ形でいくらでも現れるであらう。

今日迄の反戰藝術は、作者の「卑屈」さの表現である。又彼らの描く極惡の標本は、彼ら自身の「本性」を暴露してゐる。例へば今日の日本共産黨の指導者共の、部下の扱ひ方、犧牲の强制法、黨員に對する非人間性といふものを見れば、共産黨員になつて世に時めかうなどと考へるものの根性こそ、彼らの御用作家の描いた「職業軍人」の性格そのまゝの持主なることに氣づくであらう。普通には惡い人間の方が少いのである。

それで「きけわだつみの聲」といふ映畫の職業軍人の性格は、それを作つた人間の性格

だと考へると間違ひない。しかし今時時節はづれの便乗を考へてゐる作者はそれほどの惡人でないだらうが、流行おくれの類型を描いて、「世渡り」しようと思ふ卑劣な根性は、眞の「大惡人」より怖ろしい害毒を流すのである。眞の惡人はなほ遇する道もあり、自身も救はれるだらうが、かういふ下等な「善人」は、最も救はれ難い、遇し難い。

　日本の職業軍人の皆が皆、さういふ惡人のみでないといふことは、大體に國民が知つてゐる。中には善良にして正しい人も無數にゐたのである。さういふ惡漢を對象にした類の「反戰」といふ思想は、今日の日本に必要ないのである。日本人は本質的に「戰爭」を考へ、これを深刻に考へねばならぬ。しかし侵略によらず自衞によらず、「戰爭」を否定するといふ考へ方は、今日宙にういた感がする。これはなさけないことだ。

　普通の日本人は、「共産黨」風な、宣傳と歪曲による「反戰」ものに對し反感をもつ。だからさういふ「反戰もの」は、今では却つて逆の效果を生み出してゐる。同時に普通の日本人は、さういふ「宣傳藝術」をつくる人間に於て、彼らの描いた惡い冷酷非倫の將校と同型の人格を考へる。即ち、最も惡辣な人間でなければさういふ惡意のものを描く筈がない、と考へる。さうしてさういふ過去のものと同じ惡意と非倫を心に藏してゐるものと、それを育成する組織が、別の形でのさばつてゐる現狀を憎むのは當然のことである。

　すべてそれらの非倫と惡意は藝術に昇華して描かれてゐない。また彼らは大方虚妄な形に形象した「舊職業軍人」といふ形に於て、自己の惡意と非倫を露骨に示してゐる。吾人はかゝる非人間を拒否するのである。

舊軍人中にも惡意と非倫のものはあつただらう。しかしそれは一部分である。この一部分の存在によつて、吾人は「軍閥」や「霸道」を排斥するのではない。吾人がそれらを排斥するのは、その最高の比類ない强度な人間を對象として、これに對決するのである。我々は血みどろに闘つて、なほ簡單にうち勝つたとは思つてゐない。簡單にうちかつたと思ふやうな人間が、「極惡職業軍人」を簡單に描き出し、一轉するとさういふ「極惡職業軍人」に簡單になれる素質をもつてゐる。我々が「革命」の一面を憎むのは、革命が「進歩」でなく、舊い軍人以上の惡人しかこれを指導して成功に導かない例が多いからである。今日迄「極惡職業軍人」を描いたやうな人間たちは、虎の衣をかせば、別の「極惡職業軍人」になる。實在せぬスパイ行爲をつくり上げてきた共産黨系の文人評論家が、終戰後スパイと密告の專門家に轉じたことは周知の事實である。

故に吾人は「共產黨」まがひの、「反戰もの」を否定する。しかしこれにむきにならないのは、それが尋常に教養あつて、正常な常識をもつ日本人から必ず排斥されることを、了知するからである。しかも今日このことを云ふのは、むしろ昨日はさういふ「反戰もの」に雷動した低度な教養人が、今日それらへの反感から、別箇のフアッシヨ心狀を形成しつゝある事實に怖れるからである。

編輯者の自覺を望む

「文藝春秋」七月號に田村眞作が「石原莞爾の悲劇」といふ文章を寄稿してゐる。この前文に編輯部の執筆した一文が附してある。これは編輯部に於ては、本文に全面的に贊成するものでないといふ意味と、石原思想に對する若干の批判を加へ、「讀者がこれをよむ場合十分に批判的であつてほしい」といふ「辯解」がしてある。

この種の「辯解」はこゝ數ケ月來しば〳〵見るところである。つまり「辯解」を必要とする文章（思想）を編輯者がとり上げだしたといふことは、讀者が要求しだしたといふことである。

しかしかういふ「辯解」はつけることは不思議な話である。卽ち讀者は、雜誌の記事に對してはみな批判的によむ。すべて存在する事實と思想に對して、みな批判的に對してゐる。これは當然のことである。さうしてそれゆゑに、言論の自由は成り立つのである。

もう少し別の云ひ方をすれば、それでは編輯者の「辯解」がついてゐるものはともかくとして、「辯解」のない文章はどういふことになるのであらうか。同じ雜誌の安倍能成の全面講和論には編輯者の「辯解」はない。さうするとこれは編輯者も同意見と讀者は見るべきであらうか。この點ははつきりしておく必要がある。

また「辯解」は、編輯者の「指導的方針」の表示とも考へられる、つまり彼らは今なほ「指導的役割」の實踐といふ思想で編輯に從つてゐるのであらうか。さういふ考へを、かう讀者に對して思ひ上つた態度であり、心の中ではフアツシヨ化傾向の萌芽である。こゝでフアツシヨ化といふのは、機構、編輯心理に卽しての謂である。

普通の新聞雜誌の讀者は、雜誌新聞から、一黨派的指導をうけようとしてゐるわけでない。編輯者は舊情報局的な氣の配り方などせぬ方がよい。

さういふ「辯解」は、恐らくは「客觀狀勢」に對する心つかひであらう。だからかういふ「辯解」は專ら無意味である。商賣上の陋劣心の表現にすぎない。怖るべきものは商賣上の心づかひである。しかしかういふ陋劣をあへてしてまで、國民の要求に報へねばならぬ情態にきてゐるとするなら我々こそ一考を要するわけである。この情態は、今日吾人の正論の見るところ、健全でない。卽ち健全なものを以て、この情態に對應することを考へるのが、正しい言論人の立場である。言論人の使命は、これを搜し出し、讀者の內にわだかまつた要求に適確に答へるにある。「辯解」の陋劣を敢へてして、正しい言論の使命を放棄することは、止める必要がある。しかしこの種の「辯解」つきの商賣も、こゝ半年位の過渡期的現象であらう。國民の正氣はしきりに恢弘し、自主獨立の氣節は漸次囘復しつゝある。さうして一切の黨派的政策論や情勢論的指導論は、讀者の方から拒否するに至るであらう。本物と僞物はすでに明瞭に別たれてゐる。吾人は今日のヂヤーナリズムの編輯者たちの心づかひの切なさを憐れむが、一般讀者はその陋劣さを嫌惡し始めてゐるのである。

なほ田村の石原莞爾論について一言する。この文章は世の中をしんしやくして、つぎはぎされたとあるが、こゝに出てくる石原は極めて下らぬ存在となつてゐる。我々は彼を、人間的にもう少し偉物であつたと思ひ、この文章をよんで大いに失望した。筆者自身が「戰爭責任者」といふものから逃避してゐるのは仕方ないこととして、文中戰時中の辯解が濃厚すぎるのはとらない。さういふ心理狀態だから、その「和平工作」さへちやちに見える。今この文章でみると、醜態なほどになさけない工作だつたとしか思へぬ。これは亡者のため氣の毒だ。吾人の思ふところでは、彼石原はもう一皮ぬいだところで、深刻な「口火」をつけ、「關東軍第四課廢止問題」など、その深刻につながる深刻さを展開し、このヤマはもつと深刻に現れてこねばならぬ筈だ。でなければ後の「和平工作」につゞかない。筆者の文章が拙いのか、當時からの思想心構へが、こゝに出てゐるほど下らぬ思ひ上つたものだつたかは、後に石原論を試みる上でよく考へねばならぬ問題だと思つた。

我々は石原の東亞聯盟思想に今も昔も反對だが、石原個人はもう少し立派で特異人物だつたと信ずる。——といふことは昔東條思想であつたといふことでない。石原曰く、東條に思想はない——これは善言だ、しかし一切の道義的思想はこの東條的事實に敗退したのだ。念のために云ふが、彼の憲兵政治に敗退したのでない。當時は戰時中だつた、本當に日本を思つた人々は、憲兵位に怖れなかつた筈だ。幾萬の青年が、事もなく死んでゆく日に己の、生命を怖れて暴力を怖れるやうなものは、初めから國運を負ふ感覺などもつてゐなかつたのだ。俗物と本物の區別ははつきりしておく必要がある。當時彈壓や憲兵や暴力を怖れたため言をまげたなどと今日いうてゐる人間は、その當時に、幾十萬の青年が生命をなげ出して死んでゆくことを冷然と傍觀してゐた人間だ。それを心から思つてゐたなら、怖ろしいものはなかつた筈だからだ。（しかしこの東條的事實にすべてが破れたことは深刻なことだつたのに、誰も本氣で考へない）

石原と無縁の我々から見て、この文章に出てくる石原はうすつぺらで氣の毒だ。しかも筆者は石原の腹心と云ふのだから一層困る。つまり石原の周圍は、かういふ輕薄の持主がよつてたかつて石原を神格化した。東條の周圍は彼を輕蔑しつゝ彼を本尊とした。演説草稿を莊重によむ聲色だけで彼が認められてゐたことを、石原閥は知つてゐただらうか。そのころこの派閥形成の事情をもつともうがつて批評したのは大阪の一軍御用商人だつた。余の陋宅へ、陸軍へ賣込む商品見本を持參して、「戰爭はやはり薩長やなうては勝てまへん」と云うて歸つたことばを、昭和十六年以來余は未だに忘れぬのである。

なほ田村の文章の中で閨室のいきさつや、酒席の駄しやれをくどく云ふのは大人氣ない。それも「辯解」に利用してゐるのはよくない。筆者に惡意はないらしいが、もつと途方もない徹定した「大善意」がなければ、あの時あのやうな「和平工作」は成功する筈がないのである。大陸人はこのやうな文章の心理分析をした時、決して安心してその人を信用せぬ。大陸人に通じるのは、西鄕のやうな大善意だ。その大善意が對手に通じたら、東條に敗けることもなからう。この文章で判斷すると、失敗の因は、石原の「人間的重量感」の缺乏といふところへ落つく、石原軍閥が出來そこなつたといふ結論になる。恐らくかうした結果は筆者の眞意であるまい。これは戰後人心の墮落の中で、筆者も往年の壯心を失つたせゐだと思ふ。もう少し重厚に、ひたぶるの熱情を回顧して、石原の最も淸醇な眞意を表現するために、（それは石原個人のものでない、心ある軍人に通じてゐたのだ）稿を改めて名譽を回復することを、（忘る、勿れ）余は筆者に希望する。これは亡者追善のための、余輩のおせつかいである。

かつての「和平工作」には、かういふ種類の回想記に一度も記されなかつた類の、「重厚」と「深刻」を基底にして動いてゐた部分が少くないのである。さういふ淸醇なあるものは「和平工作」のみでなく、色々な面にあらはれ、侵略工作をはゞみ、不幸な敗戰の最大因の一つとなつたとも考へられるものだ。これは余の記憶として、――さういふことに對する無關係な傍觀者として、しかし二三の亡者と生存の人々のために、田村の文を例として、おせつかいの口をきいておく。

文學作品に對する検閲官的干渉

「チヤタレー夫人の戀人」の發禁問題をめぐつて、好色文學と猥褻文藝の區別が問題になつてゐる。大體讀者よりも作者が下等になると猥褻なよみものが增加するのである。

しかし飜譯小說の場合は、飜譯がワイセツか、原作がワイセツかといふことをまづ檢討せねばならないゆゑに當局は、まづ第一に原作と飜譯を、文化委員會を組織し、對比檢討する必要がある。我々の立場としては、獨自の形でさういふことをして、現在日本作家（讀者もふくんで）の文學的墮落狀態の中で、「比較的」と云ふべきものや、その實態を檢討したい意欲をもつてゐる。

もし日本に眞の文化國的な翰林院があれば、さういふ原作對照の檢討をして、日本の作家が比較的にワイセツ化してゐるとすれば、それは日本文化の墮落を意味するものとして文化の向上のために、譯者と讀者に、警告と注告をなすこととなるのである。我國にさういふ藝術のアカデミーがないから、我々は獨自の形でさういふことをすべきだと思つてゐる。

誰が云うたか忘れたが、日本だけはチヤタレー夫人の刊行を許した數少い國の一つにしておきたいと云うてゐた。何を考へてかういふ阿呆なことを、この甘つたれた人は云うたのであらうか。雨のふる省線驛で「文化」「文化」「文化國」と唱歌の如くうたつて、投票を懇願してゐた選擧アルバイト學生の口から出る甘つたれ「文化」を、こんな男は理想としてゐるのである。日本は原作の頒賣を禁止しなければそれでよいのである。

我々が日本の「文化」の爲め氣にしてゐることは、原作よりワイセツかどうかといふことだ。原作よりワイセツだつたら、その飜譯は禁止した方がよい。ワイセツは美でも眞でもない、決して藝術的價値でないからだ。

しかし辰野隆の云ふところでは、特に禁止しなくともよからう、しかし自分の娘にはよませたくない、と斷じてゐる。これは良識の言だらうと思ふ。さうした良識に達した時、國民の青年子女を、みなわが子の如く考へる善良な「檢閱官」なら、當然これを禁止するだらう。自分の子女にはよませたくない、人の子がよんでもかまはない、などといふ不親切な話はないと善良なモラリストは思ふ。辰野のこの言葉を、檢閲官が十分親切心で考へた上で「禁止」といふ彼らの法語に飜譯するなら、それは正しい。この飜譯の良否は辰野に聞く必要がある。

話は異るが平林たい子といふ女の小説家は、辻政信の本がうれたことを慨いてゐる。かういふ人々――殊に左翼の連中は、批評といへば檢閲的干渉と考へてゐるやうだ。殊に共産黨になると、もつと惡いかけ込み訴へが專門だつた。平林はそれがよまれた理由を善意に解釋すれば、多くの人々が、「眞相」を知りたいと思つたからだらうと云うてゐる。

しかしこれは平林の思ひ上りである。我々の見るところでは、ともかく「眞劍」なうそのないインチキでないものを求めだした、人間の正常な讀書傾向のあらはれである。その十何萬かの善良な讀者の感想は一つも傳へられてゐないが、平林とその一味の如く思ひ上つた輕薄な本のよみ方をしてゐる者は、どんな場合でも少ししかない。多數は本といふものを大體眞劍によむものだ。しかし讀後批判は別だ。我々にも批判はあるが、平林の云ふやうな淺はかなよみ方や批判をしない。

大體に於て、辻の本が一應よまれた理由は、戰爭の眞相を知りたいといふ理由もあらうが、この特異な意志と實行力をもつた辻といふ人間の「眞實」と「眞劍」をしりたいと思ふ人が多かつたのである。今の文學のどこに「眞實」と「眞劍」があるか。眞實と眞劍をもつて生きる人間に何かを與へるものがあるか。さういふ人に興味あつたり面白いといへるものがあるか。自身の書いた小説作品のことをよく反省するだけでも、これはすぐにわかることだ。小生は小説に興味がないので、あまりよまないが、戰後の風俗小説に「眞實」と「眞劍」な人間を探究しつゝ描かうとしたやうな謙虚な作品が一つでもあつたか。辻ほどに異常な人間存在の片鱗をかいたものや、書かうとした作品でもあつたか。平林などまだしも戰前からの堅い信用できる作家だつたが、彼女の戰後作で小生のよんだのは二つ、その一つは病中の彼女が亭主の世話になる身邊話で、便器のとり方などを描いてゐるのは汚くて話にならなかつた。あとの方はやくざの世界を描いてゐたが、これは作者の「うそ」が働いてゐるので、「眞劍」さも「眞實」も小説家の「同情」も出てなかつた。この二つをよんだら、つゞいてその小説をよむ期待を失つたのである。

小生も辻の本を希望してよみ、相當よみごたへがあつた。これは文學論でないから、こちらも腹を据ゑないと、かりそめにちよつかいの批評などできない。しかし何年でももちつゞけて、折あれば對決したいといふ意欲は感じた。戰後の竹の子小説家の竹の子小説などとは較べられぬ、人生的な興味と思想上の意欲を感じたのだ。

平林の批評をみると小説の讀者はみなその小説なり作家のフアンで、よむものは無條件にありがたがつてゐるといふ錯覺をもつてゐるやうだ。これは田村眞作の「石原莞爾の悲劇」の前説をつけた「文藝春秋」の編輯者とも共通してゐるし、辻の本にわけのわからぬパンフレツトを插入してゐた毎日新聞社の考へ方にも共通してゐる。女だから錯覺でよいが、男の場合はそれを思ひ上りといふのだ。（余は女を輕蔑してゐるのでない。言葉はいふ場所によつてちがふだけのことだ）一般に小説文章の讀者といふものは、批判的によむものである、又己に攝取して己を養ふためによむのである。「小説」が阿呆らしくなつたので、辻の本がよまれる――これは讀者の批判の現れだ。普通の「文化國」の讀書人は、さういふよみ方をするものだ。最も高遠な思想をかく文人だけが、俗衆を氣にしない。

風俗小説のかく情痴や闇世界より、その實世界の方に「眞劍」があり「眞實」がある。戰後風俗作家に經驗も淺いが、實生活人とのつきあひも少なすぎるのだ。戰後闇世界の實態のおもしろさを、本當に描いた一人の風俗作家もなかつた。作家は「眞劍」と「實踐」と廣い「經驗」がなさすぎる、第二第三の辻が出てくるのが當然で、出版社は愼重に商賣を考へるから、一層眞劍に第二第三の辻政信をさがさうとしてゐるだらう。（平林は出版社は「愼重」にかまへて辻のやうなものを出版するなと注意してゐる。）

しかし辻式に世に阿らず、一層男らしく己をさらけ出して、大衆の批判のまへに立つ人間がだん〳〵出てくると、高木惣吉のやうな下等な化物は影をひそめるだらう。高木は元の海軍少將、年少から西田幾多郎の門に出入してゐた。彼の賣文口上は、「おれは太平洋戰爭の何でも知つてゐたが、責任はちつともない、」と云ふ、これだけならまだよいが、そのあとへ昭和十九年九月以來云々のことあつて「終戰工作の恩人」だとくる。たゞ唾棄するだけでよい。

彼は軍人でもない、文化人でもない、本ものの軍人本ものの文化人は少しちがふ存在だ。この男が戰爭中の陰慘な文化面工作の陰の元凶だつたのである。本人が忘れたのか、世間が忘れたのか、ともあれ賣文業は最もやさしい商賣である。

南原は吉田總理大臣に曲學阿世と罵られたが、賣文業は阿世だけでゆけるのだ。曲學などといふこけおどしの藝當さへ必要のない、よい商賣だ。南原も賣文一向に轉向して、自說を當分貫いてゐても、一變の時には賣文業の本態によつて生命をつなぐことが出來る。中島健藏なども、賣文だけでゆく方がよいだらう。たゞ本人は自分のしたことを忘れても世間は忘れない。近ごろ世間の記憶をよびさます學問が、辰野の門下生によつて發明された。

今日出海の發明した「人間研究學」は、フランス十八世紀末の啓蒙文學の方法を、現下日本にふさはしく飜譯移入したものだ。今のこのフランス學風移入は、選ぶ對手の年代と、當方の文化人情態とがぴたりと合つて、近來の手柄である。フランス文學始つて百年、初めて文化的地ならし時代から移入されたといふ感がする。上田敏がまづ象徵詩をとり入れ、不勉强な青年が、上田の註釋をよまないで化物的エピゴーネンを作つて了つたのは日本文化の悲劇だつた。余は今日出海の新學を見て、初めてフランス文學が土臺から入るらしいといふ感がした。戰後唯一の文化的現象は、今日出海の「人間研究學」にきまつたのである。フランス文學の創成時代をのみ込んだ唯一のフランス文學者は今一人ときまつたのである。

師匠の辰野が三行ほどの文章で、フランス浪曼主義を云ひ當てたのも終戰後だから、今の新學風は出色といふべきか。

アジアの悲劇

六月廿五日の日曜日、北鮮は韓國に宣戰を布告し、同日開城を通過し、早くも臨津江を渡河したが、二十七日午前九時半には京城に入城を開始したと傳へられ、米國は武器を急送し、婦女子の引揚を初めた。

北鮮はソ聯圈の承認した國家であり、韓國は西歐側の承認した國家である。從つてこの戰爭は內戰の域を出ないと思はれた。しかも國連は兩者に停戰命令を發した。

既述の如く本年度に入つて、二大陣營の戰爭準備は、ほゞその滿足的段階に到達した。しかも本年に入ると東西の危機的樣相は、今までの時間的くひ違ひが、同時的にテンポを合すやうに現れ出した。極東に於けるソ聯攻勢の步調が全面的に一定した。對抗配置はまづ完全にとゝのつたのである。そして東京總司令部の情勢判斷は、五月以來本國に對し指導的になつた如く見えた。

六月廿五日の戰爭は始つた。國連は停戰を命令し、しかも戰火は擴大し、米國飛行機はとび立ち、つひにトルーマン命令は米國出動となつて、マックアーサーは非武裝機で京城に飛んだ。英蘭等西歐軍は極東海域に軍艦を配置し、マックアーサー司令部の統帥下に入る形をとゝのへた。しかも米國は三十八度線以南に限定すると宣言し、ソ聯に對し、北鮮を壓迫することを要求し、それによつて戰火をおさへ、なほ大戰を防止する賢明の策をほどこさんとした。

一方臺灣防禦の體勢もとゝのへられ、蔣介石はこの米側の不擴大方針に應じて、本土攻撃の中止命令を出した。しかし中共側はその外務大臣の聲明で、臺灣攻撃を敢行すると宣言したのである。

六月二十九日現在、日本の數箇の都市はすぐる日のB29の音をきく中で警戒警報をきゝ、燈火管制をほどこされた。

西歐側は迅速に極東の配備をとゝのへ、本國の態度も期するものの如く一擧に決定された。今日想像される最善の場合は、韓國軍が早急に北鮮軍を三十八度線内で捕捉殲滅した場合である。しかし米軍は既に早く越境し、不擴大方針は數日にしてくづれた。

朝鮮の戰爭を中心にした情勢判斷には四つの場合がある。その一つを選び言明して八卦者流の功を爭ふことは、今日の日本人のなすべきことでない。開戰當時の最も悲觀的な意見によれば、旬日にして南鮮は占領されるであらうといはれた。臺灣の情勢も變化するであらうし、對日講和問題も、停迷しても一擧に「結論」に到達する可能性がある。共產黨以外の人々の「全面講和」論と「軍事基地反對」論も、當然腹を据ゑる必要がある。安倍能成の場合、南原繁の場合、朝日新聞の場合、社会黨の場合、それらは一層の決意を以て、この時に言論を展開し、明確になつた事實――すでに數年來「明瞭」であつたものだが、今は誰にも明確になつたといふ事實に立つて、方針を提出すべき時である。

たゞ我々日本人は今日の狀態――占領下といふこと、その狀態に於ける公私情報の所有といふことによつて、獨自の情勢判斷に困難を感ずるといふことである。我々は情勢判斷に於て、「科學的」であることを尊び、「八卦的」であることを避けねばならぬ。しかも我々は日本人であるから、獨自の日本の立場をとるべきである。共産黨員なら、彼らが「ソ聯人」であるといふ本性に從ひ、或ひは彼らが「ソ聯政府の手先」であるといふ本質に從つて、ソ聯情報のみに從つてよい。しかし日本の立場を守る日本人は、正當な情勢判斷の根據をもたない。すでに數ケ月以前に日本の總理大臣は明白に「外交官としての經驗によるカン」に從つて情勢判斷をするのみと云うてゐる。これを日本の新聞記者は非科學的だとして嗤つたのである。阿呆な記者たちは、日本が判斷の科學的基礎に立つ情報を自主的にもたない狀態にあるといふことを考へないのである。彼らこそ非科學的である。ソ聯や米國の情報に從つて情勢判斷をするといふやうな阿呆では、如何に腐つても日本の總理大臣にはなれぬといふことを、よく悟つておくとよい。

日本のヂヤーナリズムは、こゝで日本の情勢判斷が、日本の立場でなす時に、何らの科學的基礎をもたないといふことを、一應明白に認識して、その解說に於て「第五列」的なものにならない要愼が必要である。

舊來の例によれば、日本のインテリゲンチヤは、情勢判斷に於て必ず「悲觀的」である、あるひはモヤ〳〵した情態が、一擧暴力によつて一掃される時、心氣生新になつた感じをもち、次の段階に期待する。

今日も三年間の暗雲が一掃されたやうな感じをもち、もう一つ明確な次の段階に期待するといつた感を起す者が多いであらう。後は野となれ山となれの諦觀の樂天主義はまだ早い。この種の心理は、ことの解決を大戰爭にもつてゆく心理である。彼らはこゝに當つて、「全面講和」も「軍事基地」も解決されたと一人合點する傾向がある。かういふ心的傾向こそ、さきの戰爭をなりゆきにまかせたものであつた。必ず起る戰爭は、一日早い方がまだしも慘害が少くてすむといふやうな責任を冒した考へもよくない。

さて南鮮の運命を判斷するだけの科學的根據は日本にないのである。「數日で全韓占領」と國聯委員會がいふのは、彼らの情勢觀の科學的根據からである。日本人が云へば、その科學的根據の稀薄さ、科學的といへない八卦にすぎないのである。しかし何人かの學者は、專門學問の權威——金襴の袈裟で俗衆をおどろかして、別の八卦で戰爭の豫想を云うてゐる。それは座興と思つておくとよい。それ以上の何らの科學的根據もないのだ。

こゝで日本人の考へるべきことは、朝鮮が、日本及びアジアにとつて、如何になるものだつたかといふ歷史上の事實である。興亡三千年の極東史に於て、朝鮮の歸趨は日本の最大問題であつたが、近代史に入つてからは、日本の近代國家としての安全感は、朝鮮の歸趨によつて決定した。たゞこれは日本が「近代國家」を放棄した場合は別である。我々は「新憲法」の究極精神は「近代國家」としての日本といふ考へ方を放棄せざる限り成立せぬと考へるのである。しかも三千年史を通じて、朝鮮は自主獨立の國家をなした例がない。それは、つねに交通路にすぎなかつたのである。

さて我々は、この「突發的」な重大事に面して、希望したいのは、心ある人だけはもう少し思想の執拗さを持續してほしいといふことだ。

これでもや〳〵したものが一掃されたとする如き「樂觀心理」を反省せねばならない。我々は執拗を尊ぶべきである。

對日講和問題の結論を急いで諸說を霧散させてはならない。これは諸說の說者とヂヤーナリズムの兩者に希望する。自身一己の生命の危險に於て說を貫くといふ位の決心は、戰爭による國民戮殺を考へると何ほどのこともない。またそれほどの決心がなければ、單純な壯士が一箇の腕を振ふことを、暴力として恐怖せねばならぬのである。

言論は實力である。これをなし得ぬ者からみれば、これをもつことは巨大な力である。時に暴力であると見られる。言論の士は暴力を怖れてはならない。一ケの暴力は一ケ所の人々、一人の人を殺すにすぎないが、言論は所々數々の人をよろこんで死なし得ることもある。一刀は全軍を慴れしめるが、時に一本の白扇も全軍をふるはしうるのである。

言論と暴力の對決に於て、言論が暴力を怖れてはならぬ。それは一對一の對決であると考へる方が、氣樂である。暴力を口實にして、言論を停止するなら責は言論人の側にある、特に非常危急時に於ては、言論人に必ずこの自覺がなければならぬ。

霸道世界に於ては、言論も暴力も、霸道性に於て、暴力性を共通にしてゐる。暴力が人に長じ人を從へる能力である如く、言論も人に長じ人を從へる作用に働く。俗に云へば目糞鼻糞にすぎない。だから霸道の言論が、暴力を怖れ、これをあらかじめ抑壓せんとする如きことは、武士時代のわが士節强固な言論人の考へなかつたところである。彼らは理論上から卑怯を嫌つたのである。

我々は八卦的な見通しを排斥し、暗雲一掃といつた樂觀心から、一段階の既成といふことを考へるやうなことを止め、なほしばらく執拗に、國の運命を共に案じ、口舌なほ痛切の論陣をはらんことを、一瞬に變化したり、沈默したりする舊來よりのリベラリスト諸君に要求する。これはかつて昭和十三年六月に我々が經驗し、彼らの一朝の變節とその後の奉仕ぶりに愕然とした事實である。

我々は今年初めに自由主義者の變節時期を陽春危機八月危機と唱へた。今度は前例にこりて、八月迄は日本の爲めに憂ひを憂ひとされよ。これは特にヂヤーナリズムに希望するのである。わが日本の情勢論に八卦をうたつたり、ソ聯風情勢解説を細部でうけうりすることを止めよ。今日では政治的に西歐的傾向に傾いてゐる日本のヂヤーナリズムが、はつとした瞬間には反つてソ聯情報を信じてゐるのである。これは彼らの外從內報の現れでなく、日本のヂヤーナリズムはつねに「悲觀の形態論」によつて安心する。日本の「少女小說」と、それを愛好する幼い女性心理は、日本のヂヤーナリストとリベラリスト的インテリゲンチヤに共通してゐる。これは戰爭中のインテリゲンチヤ心理を硏究した我々のみが知つてゐるところであつて、今日の國際情報機關はこの機微をまだ知らない。しかも彼らはそれによつて萬一にもソ聯が有勢になつた時には、必ず自身らはソ側だつたと名のり出ることも出來るのだ。

日本の言論は重大な時にきたのである。臺灣、佛印、朝鮮と、このアジアの悲劇――過渡期的な悲劇を類似として並べて、これを何かの牽制策戰と考へるやうな「政治的世界觀」

は、今日の日本人さうして本質的な日本人はせぬ方がよい、又これが第三次大戰に入るだらうかなどといふことを問はれても答へない方がよい。問題の本質と日本人の考へ方を教へるべきだ。國際的な霸道世界の興味のみを云つてゐると、戰爭は野球や將棋より面白いのだから、大切な本質の問題をおき忘れて戰爭そのものの渦中へ入つてゆく怖れがある。日本人は今日、本質論を忘れてはならない、さういふ點で世界中で一番責任ある國民である。世界の良心を示して、例へ何人でもよい、外から來た者を影響し感化し、本當のアジアの文化と良心を教へる義務がある。この點でこれからの日本人の責任ある行爲は、これこそ戰ひと云へば眞の戰ひである。それは誰も知らなかつたやうな戰ひだ。この戰ひは未だ終戰してゐない、その日に宣戰されたのだ。

我々の使命は、良心と道德とを世界に與へ得るか否かといふことである。この精神と人倫は、如何なる正規軍隊も暴力組織も、これを占領したり侵略したり出來ない、さういふことを考へもせぬ。未だに存在してゐることをさへ知らないだらう。日本はこれを教へ、影響せねばならぬ。これは一片の破壞、一箇の殺戮さへともなはない戰ひである。心の中を戰場とした戰ひである。

獨立と自由と自主を願望するアジア人の悲劇を、着々具體化してきた、不幸な朝鮮の人々の間にも、アジアの悲劇の過渡期的性格を了知する精神は殘つてゐる。この日本と共通する道德と人倫は、今も脈々と流れてゐるのである。

しかも「アジアの悲劇」はアジアを忘れ失つた者が、アジア人の願望を利用して、手先となつて實現してゐるのである。日本がさういふ「悲劇」の進行におくれてゐるのは、日本のもつ「近代」性と同時に、それとは全然別箇の理想——アジアの理想に生きるものを抱含するからである。道はたゞ護る者が傳へ、相知る者が知らせ合ふのである。この道徳と人倫の本質は、しば〳〵くりかへし述べたアジアの道である。西洋倫理學書のどの一頁にも見えない、岩波書店で一度も上梓されなかつた思想である。

（「祖國」九月號）

第五回終戰記念日を迎へて

五回目の終戰記念日を迎へて、國内の情態、世界の情勢を顧みる時、一きは感慨を禁じ得ない。わけても近く朝鮮に勃發した戰爭狀態は、わが國情と民心に影響するところ甚大にして、つひに來るものの來れる感を起させる。

この日に戰爭は終焉しなかつたのである。僅かに日本のみは、戰爭と軍備を離れて、「幸にも」戰爭終焉の幻覺を見る生活を享樂した。しかも昭和二十四年以來、國内の生活は平靜に歸し、一方國民生活の「近代化」の囘復は急速に進んだ。しかし戰爭介入の危險は、實にその間に、人心に食ひ入つてゐたのである。口を開けば平和を云ひ、頭に於てもつねに平和を考へてゐる。だが國民生活、特に、都會地の「近代生活」の囘復は、結局戰爭介入の危險を防止せず、むしろある時には積極的にそれを進行せしめる樣相を示すものもある。吾人はこれが根本に怖れ、その根柢を警める急務を意識した。「祖國」の使命はこゝにあつた。

日本は終戰の詔敕によつて、戰爭から絶縁した。かくて日本人が「終了した戰爭について」考へてゐた時、世界はなほ終結せしめねばならぬ戰爭狀態の持續下に煩悶してゐた。戰爭狀態を早く終結せしめねばならぬと考へねばならぬ狀態にあつた。その日以來この狀態は少しも好轉しない。日本人は戰爭にあきたと云ふ。しかし世界はあき〳〵しつゝも、なほ終結してゐない戰爭狀態の中にゐた。

今日の日本人は次の戰爭のためにはなほ數年の人心上の準備が必要だと考へる。戰爭を知らない子供の成長を待つ必要があると考へてゐる。しかし日本を除外した國々ではまだ戰爭は繼續してゐるのだ。繼續してゐる戰爭を一擧に終了したいとの考への方も多い。

彼らは戰爭狀態下の平和の持續を願ふか、一擧にこの冷戰狀態を、戰爭によつて打開せんとするか、いづれをとるかに煩悶してゐる。勿論今日の日本人の氣持では何の斷定もない。戰爭に倦いたから再度の戰爭は起らぬといふほど、一般戰爭から離れた生活をした國民は、この數年間、日本人の他にゐないのである。これは極めて驚くべき事情である。

我國は戰爭を放棄したのである。それはかの終戰の詔敕に示された願望に卽するものであつた。「武器によつて世界の平和は招來しないだらう。勝つた國に於ても、敗れた國に於ても」といふ勅語をその直後に我々は傳聞した。こゝに示された理想に、我々は愕然とした。しかしこの理想は宗教的なものではない。戰爭から離れんとする國は、戰爭をつくり出す生活から離れる必要がある。世界平和は武器によつて拓かれない。その平和の基礎となる生活の恢弘によつて初めて成立する。それはアジアの人倫とその生活の恢弘以外にない。我々はそれを考へ、その信條によつて、「祖國」に一年の努力を重ねた。最高の武器――近代文化最高の産物、かの原子爆彈もいたづらに近代文明の破壞と人命の大量殺戮に暴威を發揮するのみであらう。近代文明最高の産物は決して戰爭を防止しない。しかし原子爆彈がその暴威を振ひ得ない文明を我々は捧持し、それを唯一文明としてゐるのである。原子爆彈は農村を破壞し得ぬ。原子力は都會の破壞のために出現し、結末に於て農村への奉仕を看板としてゐるのである。

終戰の詔勅に「五内爲に裂く」とある。しかも「堪へ難きを堪へ忍び難きを忍び以て萬世の爲に太平を開かむと欲す」とある。武器を以てする戰ひの否定はこゝに始る。我は「近代戰」に敗れたのである。「世界の大勢亦我に利あらず加之敵は新に殘虐なる爆彈を使用して頻りに無辜を殺傷し慘害の及ぶ所眞に測るべからざるに至る」。我は「近代戰」に破れたのである。既に我に於ては、戰爭の目的と理念に於て、根本的に分離するものがあつた。それは國の使命感に於ける分離に原因してゐた。我の竟極の目的は「近代」の繁榮を願ふもののみでなかつた。されば國家の危急に於て、國の崩壞敗亡を守る一念に於て、一致したに止る。この一致は絕對的な理論的對立を呼ぶ弱い統一體であつた。

かくて我は「近代戰」に破れたのである。近代戰の「武器」に於て敗れたのである。「近代文明」に於て破れたのである。「而も尙交戰を繼續せむか終に我が民族の滅亡を招來するのみならず延て人類文明を破却すべし」と詔ふ。わが民族存立の理念は、わが國及び東洋の理想の實現にある。東洋の道義の恢弘にある。「人類文明」は彼の言に非ずして、我がものを指すのである。アジアの理想を世界として人類として恢弘せねばならない。

近代史に於て何故東洋は不幸であり、アジアは悲劇であつたか。この問題を根本的に解決する上で、日本人も支那人も印度人も、その優秀敏感な大多數が道を誤つた。日本の文明開化期以後の「近代文明」の指導者らは――大久保利通、福澤諭吉を代表とする彼らは、その富國强兵策によつて、日本をヨーロツパなみの「近代國家」とし、それによつて國の統一と獨立を實現しようとしたのである。これが誤りの源であつた。我は急速に擬似「近代國家」と「近代兵備」を完成した。我は「近代國家」に伍さんとした。かくて運命的な「近代戰」に破れ去つたのである。

「文明開化」の方針のさすまゝに、日本は、「列强」に伍すことを目標とし、それを達成した時、「列强」なみに、アジアに於ける「植民地」を必要とした。思ふにこれはアジアに於て我がアジアの唯一なるが故に、最も不當な罪惡的行爲であつた。しかし我が「文明開化」の人々はその罪惡性を自覺しなかつた。ガンヂーはこの狀態を望見して、日本は「日の丸」をかゝげてゐるのでない。よくみよあれはユニオンジヤツクだと叫んだ。この時ガンヂーは日本を憎んだのであらうか。彼は日本を憐れんだのであらうか。されどわが「文明開化」

の指導者らは、その「富國强兵」の完成途上、我の「近代化」を「自衞」と考へてゐた。しかし眞の日本人の道義的目標は「列强」に伍すことではない。「列强」の上に立つことでもない。眞の日本人の魂は福澤の徒を否定したのである。福澤らの「軍國主義」——それが近代に於て眞の「軍國主義」の名にふさはしいものであつたが、それを否定した。我が道義の目標は、日本を「近代國家」とすることでない。眞の日本は、アジアの道義と人倫と文化理念を守り、「近代」を否定する。「近代」と對蹠的な精神である。

「擧國一家子孫相傳へ確く神州の不滅を信じ任重くして道遠きを念ひ總力を將來の建設に傾け」とは、その日本とアジアの道義を傳へる祈念を現し、その道義の存在するアジア的生活實體の不滅永遠を信じる意味である。しかも時艱に當つてその任重く困難なること、くりかへし道遠しの感に耐へないものがある。我は絶望せぬといふことを賴りとする。「萬世の爲めに太平を開かん」、とはアジアの傳統の理想の恢弘である。「文明開化」が選んだ道はこの恢弘のためには謬つてゐたのだ。それはつひに「自衞」にならなかつた。由來「侵略力」を保有せぬ「自衞力」はあり得ない。しかし今日に於て眞の日本は、なほ絶望せず、永遠の信を失つてゐない。それは武器をすてた戰ひである。「武器」とは今日に於て「近代」の一切の機構と產業と組織を云ふのである。

今や、その日以來我が鬪ひは「近代」をすてるための鬪ひとなつた。武器をすて武裝を放棄するための鬪ひである。それはどんな戰ひよりも、困苦缺乏に耐へねばならぬ激しい鬪ひである。すぐる八月十五日にそれが始つたのである。我々は道義と精神に於て、「敗北感」をもたない。道義と精神はむしろ「個々」のものである。しかし我々は、一國の一民として、國民的責任に問はれる時、我々は無實を甘受して十字架にのぼりうる。その時我々は新しい時代の「聖者」として遇されてゐるに他ならぬからである。

五年前のこの日、廣漠とした人倫と道義と愛情の世界に對し、勇敢な武士の如く宣戰したのである。「近代戰」に於ける敗北は、多數の人々に己らのもつ道義への反省を思はせた。「近代」に對し反省したのでも謝罪したのでもない。

一般に宣戰といふことの第一資格は、物の世界に於ても精神の世界に於ても、自主獨立を持すことである。思想の自主獨立は、八月十五日以後の日本に於ても、何ものによる制約もうけてゐなかつた。むしろ思想と精神に於ては、「近代」に對し我は何であるかの自覺をまざ〳〵と知つた。それは「近代戰」敗北の啓示天惠と云ふべきものである。日本人は永遠と自立と自由と道義と理念のために、「近代」と異る道を見ねばならない。これが八月十五日の大詔を奉戴する所以であつた。眞の生命とそのための努力、そのための戰ひ、日本人は勇氣をもつて慄然と反省したのである。

近代史に入つて、アジアは隈なく分割狀態に入り、隈なく植民地化せられた。アジアの悲劇は、その狀態からの自己解放の苦惱に始まる。或ものは「近代」的裝備を以て、それを反撥し解放を完成せんとした。これはまづ自國を「近代化」せんとした。そのための最も大きい過失は、日本の文明開化派が犯した。東條個人の罪ではなかつたのである。

今もアジアの諸民族は、ただ眞の獨立と自主と統一を望んでゐる。彼らはさういふ願望のために、つねに第二勢力―反對勢力を利用せんとし、或ひはそれに頼り、結末の悲劇を倍加するのがつねだつた。支那に於て、東南亞細亞に於て、今又朝鮮に於て、さういふ淺はかな「悲劇」は幾度繰かへされるだらうか。そして彼らが再び日本の錯誤を犯さぬとは、日本人の見るところでは、今日特に保證できない。アジアに於ける動亂の根本原因は、共產主義への信從でなくして、獨立と自主と統一への切實な願望のもがきの現れである。今日の朝鮮に於て、それは明瞭である。彼らの民族的願望は、その三十八度線撤回民族統一に集中されるのである。東南アジアに於て、動亂をはらむ根本因は、みな自立と獨立と統一に歸決するのである。ヤルタ協定ポツダム宣言に始り東西の軍事裁判に至る間、世界平和の現實は一歩も進まなかつた。今日世界はその「進步」を反省すべきである。アジアに於ける共產主義猖獗の因は單純である。

五度八月十五日を迎へ、新しい朝鮮の兵火に直面した今日殊に感慨に耐へない。この隣邦の動亂は、我が生活の隅々まで影響しおびやかす。然も我は今日、これの細部を報道する一人の特派員さへもつてゐない。然り、我々は大局を見て、永遠のものを謬らぬ努力を爲せとの意を掬むべきである。五度八月十五日を迎へる日、終戰の大詔を貫く戰爭放棄の憲法はなほ嚴然とある。「萬世の太平を開かん」との信念は、不動の方針の一片をこゝに示すと云ふべきである。

しかも五度迎へる記念日にあたり、夜空には往年のB二九の爆音がうなり、韓半島は同胞相殺の戰場と化した。この時五度八月十五日を迎へ、その日に我々は感得した信念を實現するために、「近代」樹立のために日本人が闘つた以上に、幾倍もの困難な闘ひを日常に經驗せねばならぬことを悟らねばならぬ。されどこれは愛と聖と人倫のための闘ひである。「近代」を拒否し道德を恢弘する闘ひである。「物」をすて「精神」に生きる闘ひである。近代の繁榮と便利を放棄する精神上の闘ひである。

我々は勇氣を以てこの日を迎へ、敢然の決心を以て、かの日の大詔に拜した眞精神を各人に於て闘ひとらねばならぬ。一毛の隙や心のゆるみは必ずそれを不可能とする。「近代戰」に敗亡したことは、我々の「精神」が敗亡したことでない。我々のアジアの「精神」は、その眞に「精神」と云ふべきものは、未だ一人の天才によつて「近代」と對決することさへなかつたのである。「近代」に誘惑されたものらが、我々をまきぞへにして、我々を最大の不幸に陷れた。されどその結果の悲劇は、我々が「近代」を見出した時、既に我々の上にかぶさつてゐた「悲劇」と變りない狀態であつた。むしろこの悲慘の實感によつて我々は却つて我々の「道義」と「精神」を明確にする機緣となし得たのである。

新歸朝者の茶番劇

各界諸方面の人々でアメリカへゆく者が多いが、彼らの多くは、たゞ渡米といふことに目的があるだけだから、安易な氣持でゆきかへりするらしいが、若い留學生などになるとさうではない。さうして彼らはその貧弱な語學力や戰後秀才型の弱氣や、その他いろんな原因から、神經衰弱になつたり、中には自殺したりする者さへ現れてゐる。

事を了へて歸つた連中にしても、一年や二年の留學で、得るところ何ほどのこともない。言葉の理解にまでゆける筈もないし、彼地の文物を學びかへるにしては、あまりにも短期な上に、表相をみて底を悟るにしては、こちらの側の學力教養經驗がなさすぎるといふのが現狀である。彼らはアメリカ文化のチンドン屋となる可能性があるだけだ。

殊に精神や文化の面で云へば、概して學校英語などが人並以上に上手といはれるやうなものに、日本や東洋の文物を理解してゐるものはあつた例がない。本國の文物を解さずして異國のものを學びとり得るといふことは、大體あり得ないのである。といふのは、未開野蠻の放牧民族の留學ならともあれ、連綿三千年ないし五千年と傳つた文化文物のよどみの中に產れ生ひ立つた人間たちに、三百年の歷史をもつ新しい植民地地帶の文物の長所を選んでうつすといふことは、かなり深く原有の精神文明を理解し、東西の優劣を比較しうるものでなければ不可能なのである。

しかし不幸にも文明開化以來西洋文物の移入を計る者には、さういふ固有の精神と文化を理解し所有する者がなかつた。つねに「世界の進步」におくれるといふ論理を以てするか、もしくば利害問題を楯として、新寄追從を押しつけようとする。それは一種の暴力的行爲である。

「世界の進步」が果して「人類の幸福」といへるものであるか、といふことを根本的に考へるところから、二十世紀のアジアの最高の智慧は始めてゐるのである。二十世紀の日本の悲劇や、おしなべてアジア全般の悲劇といふものの、最大原因は、さういふ「近代」に對する根本的批判に胚胎するのである。

ともあれ、東も西もふかく知らない、近代學校教育上の認定した秀才にすぎない、さういふ年若い青年が、ことばさへ殆どわかりかねる土地で、一年二年の短期間に學んできたことを、こちらへ傳へねばならぬと思ふのは傳へる者の重荷感よりも、傳へられるものが迷惑な場合が多い。もつとも學ぶ方も氣の毒な事情がある。自殺者など出たりするのも無理ないことであらう。これは「近代化」のためのアジア的悲劇だ。

結局本質上の何の見識もない者が、何か變つたことを云はうとするから、その見聞はたゞ外見の變異に傾き、しかも洋行を世渡りの資とせねばならない。彼らはすぐにアメリカではどうかうといふが、アメリカにも色々な生活と、色々な高さの精神段階があるであらう。外觀皮相の見聞の押付けは、實行することは勿論、たゞ考へてゐるものにもあまり役に立たない。先進國とか後進國といふことばが、何に基準をおくかさへ、自主的に考へ得ないやうな人々のことばが多すぎる。

日本の一部の文化の「植民地化」といふことは、かういふ本質上の内容をもたない者の洋行談に原因してゐる。彼らの多數は、日本の貧困といふ明瞭な事實さへ考へることなく臺所のアメリカ式や鑵詰生活や自動車や圖書館や活動寫眞を云々する。それらは世界が得意先となり植民地化した時に成立する商業機構の現れだから、今日の日本でまねられぬ。吾人は口をひらけば「アメリカでは」と云うて、出來もしない贅澤を煽動する人々に、長塚節の「土」を一讀することをすゝめる。「土」の生活こそ、なほ半分以上の日本の生活實體だ。その中の自然と人倫と道義のあり方は、その後に各自で考へることである。東洋の良心と魂はそこからめざめるであらう。日本の貧乏を考へないで、すぐに「アメリカでは」と口にする者らこそ、おそらく日本の將來の「侵略的思想」の擔當者となる者らである。これはアメリカを始め世界中の人類の希望に反する人々である。

「アメリカでは」といふ話をきいてその憧れを現すために、一部の下等な女はパン〳〵になつたが、男の方では却つて上流層にそれが多く、國民平均線はなほ冷靜である。

國が貧乏してゐるのに、金持の國の眞似をしようと思ふことは、極めて危險なことである。つまりそれは戰爭を考へることになるからだ。國が貧乏してゐるのに、金持の國の贅澤のまねを煽動する人間は、今日最も危險な存在である。國民生活が贅澤であるといふことは、富國强兵の結果であつて、これはローマカルタゴ以來變りない眞理である。

何を危險といふか、心のもち方では、平和に反し戰爭に誘ふ考へ方をまづ云ふのである。生活としては平和より戰爭が危險に極つてゐる。道を歩いてゐても、夜ねてゐても、農村より都會が危險に決つてゐる。

そこで多くの人々は、眞にその文化といふものを理解する迄は、「アメリカでは」と口にすることをつゝしむべきである。見聞した皮相を、無智の群衆に强制し、植民地文化地帶をアジアの一角に作つてはならぬ。植民地文化といふものは、さういふ自他の皮相見解より生れる。今日の文化移入狀態は、植民地文化形成の方をむいてゐる。しかしこれは決して成功してゐない。その一つの證據は、都會の風俗が若干おちついてきた。

今年は三人の著名な人物が渡米した。東京大學總長南原繁、活動寫眞女優田中絹代、それに代議士尾崎行雄である。志のある多數の日本人は、近年來、下等や變節や不快に對しじつと耐へる努力をしてきたので、(これが我々がこの五年に渡つて努力した最大のものであつたといふことを、さういふ結果として示されることを、余は日本のために祈る)モウロクした老人に對し寛大である。

南原は歸朝の時に、自分の演説が如何に多くのアメリカ人を感心させたかといふことを語つた。全面講和と無軍備中立論のことのやうであつた。新聞もこれを支持し、賞讃した。なほ南原は終戰後の日本の代表人物の一人となつてゐる。

田中絹代は戰前からの日本の一流人物であつた。彼女は羽田に着陸した時、かけつけた新聞記者たちに向つて、歸朝の第一聲として、「オー・ワンダフル・フジヤマ」と語つたさうである。この時東京の新聞記者の中で、この名優の名せりふに泰然として應待し得たものは一人もなかつたさうである。彼らは以來彼女を憎み、彼女を輕蔑する策略をめぐらし、彼女がアメリカで如何に無視されたかを宣傳することに、配給下の貴重な紙面をさくことを惜しまなかつた。

しかし田中は戰前から二十年に互つて、第一流の名聲を持續した有名人である。最高の流行人物である。南原は戰後の流行兒、戰後の一流人、兩者のせりふの異りはつまり戰前と戰後の異りをよく現してゐる。彼女は若くなる化粧法を學び、若がへりの手術をうけてきたとも云はれてゐる。しかしこの女のぬけ〳〵としたせりふは、皮肉と大様さを以て、戰後の植民地的洋行者を、一蹴した感がある。東京の新聞記者が、彼女のこの堂々とした態度を憎むのは當然だ。彼女はアメリカのことばで、富士山をほめたのである。彼女の第一聲は、英語で演説したのである。そのては、まだ一人の留學生、一人の歸朝者もしなかつたやうだ。この大女優は、由來大諷刺家だつたのであらうか。余の寡聞はこれを知らない。

金閣炎上と文部大臣の責任

京都の金閣寺が放火によつて燒失した。放火者は同寺の青年學僧で佛教大學の學生であつた。古來著名な社寺の燒失例は少くないが、戰亂を伴はないで、今度の如く故意に放火された例は稀有である。かういふ類の放火は防ぎやうがないのである。

近年は美術的に重要な古建築の燒失が特に多い。戰爭末期には名古屋城が空襲によつて燒かれた。法隆寺金堂炎上の原因は未だにわからない。京都でも近年智積院が燒けて、その障壁畫を失つた。智積院は桃山繪畫の粹を殘し、その美術史的意義から云へば、法隆寺壁畫につぐ。終戰後五年の間に、日本は史上最も傑れた繪畫の大作を二つ失つた。それは戰後の人心のすさみに原因するのである。

しかし今度の金閣の場合は、事情が少し異つてゐる。これはその寺の青年學僧によつて燒かれたのである。さうして彼は、「この作品が、古い封建の遺物で、今日ではブルヂヨアジーの玩弄品にすぎない。自分はその作品の美しさに腹が立つ、殊にこれを見物にくるブルヂヨアたちに憤りを味ふ」などと理窟を云うてゐる。本人は正當な革命的理由を以て、これを燒却したつもりでゐるのである。その異常心理に氣づかない。

金閣は大體に云うて、これを建てた人物が人氣がない上に、作品も法隆寺や智積院と比較しうるものではない。しかし他國から京見物にくる人には、その金箔作用の點で人氣があり、消失した後では殘念に思ふ。最も普通の遊覽バスを利用するやうな觀光客が愛好したものだから、ブルヂヨアがどうかうなどといふことはない。

しかし放火者の云うてゐる理窟は、今日一般に一部では流布してゐる理窟である。さきの法隆寺炎上の時に、ある新興大學の教授はこの炎上といふ事實こそ古い階級社會の藝術が消滅し、新しい階級の文化が出現する前兆だと云うた。つまり文化が前向きになるさきぶれだと、得々と語つた。かういふ人間の考へは、放火學僧と同じ考へ方である。さうして同じやうに自身の非合理と異常心理に氣づかない。

その違ふところは、放火學僧は、その考へ方を實行に移す勇氣をもつてゐたといふところにある。しかしこの狀態に入つて初めて異常心理と決めることは、今後危險である。初めのものからして、異常心理として警戒しておかないと、三度國寶は燒かれるだらう。かういふ教員を公務員としておくことは、文部大臣の責任問題である。かういふ人間の煽動がある限り、消火器の設備の如き何の役にも立たない。薪がないと云うて、古建築を燃やしたり、家がないと云うて住み込んであらしたりする氣持も、思ひやりから云へば輕いが、型は似てくる。

さきの法隆寺炎上の時は、文部大臣の責任が云々され、その引退が問題となつた。公職者や公務員が責任を負うて辭職したり切腹したりすることは、それによつて責任がのがれられるといふやうな安易感を與へるといふ者もあるが、世情を仔細に見るとさういふことはない。切腹できなければ辭職するとよい。それは責任を感ずるものの當然のことである。さうして一般の責任感を養ふに足る。切腹したり辭職したりして責任を逃避することの方が、切腹も辭職もしないで責任を逃避するよりもずつとよい。再び公職につけないとすればはるかに責任を感ずる氣風を生み出す。

文部大臣の責任を云々するなら、法隆寺の場合よりも、今度の場合の方が、責任があるといふことになる。金閣の場合は、これを燒却した學生が、一定の理窟を云うてゐる。彼は理窟に從つてこれをしたのだからである。しかもその理窟は、今日の教育界に於ても、かなり勢力をもち、多くの人をひきずつてゐる考へ方である。維新の奇人は等持院の足利將軍の木像を鞭つただけだが、マルクス主義の理窟をきゝかじつた終戰後の青年學僧は、建物と像を燒却したのである。

明治の文明開化初期にも、城を毀ち、古美術を塵芥視した。奈良の興福寺五重塔を五十圓で賣りに出したが買手がなく、金物だけとるため燒却しようとしたといふのもその時だ。今日一部には多少似た風潮がある。多少異るところは、階級だとかブルヂョアなどといふ點である。マルクス主義と稱する者も、過去の文化遺產などといふが、實際には、精神の面で「金閣」や「法隆寺」や「智積院」を、日夕をおかず、うちこはしてゐる。精神の面と云へば、共產黨の群衆にかぎらない。一般の戰後風潮だ。

日本にとつて最も大切な精神と傳統上のものが、無視され滅されてゐる。さういふ破壞の努力が急激に行はれてゐる時、金閣寺といふ三流藝術品の燒失の如き大して問題でもない。あるひは日本人の精神上の反省材料となれば、これを作つた日本の古い藝術家は滿足するかもしれない。

しかし今度の燒失を痛恨した連中こそ、精神上で金閣寺以上の第一級の日本の精神を滅却することに、日夜努力してゐる徒である。この道理の上から云へば、金閣寺炎上について、一番責任を感ずべきは文部大臣である。

この度は法隆寺以上にそれがはつきりしてゐる。法隆寺の場合は不用意不注意のせゐだつた。しかしその場合でも文部大臣は當然責任を負ふべきである。

しかし今度の事件で、文部大臣は國寶保護の嚴命を出したにとゞまる。それは防火見張りを嚴重にし、消火設備をよくせよといふ意味である。しかし今日「國寶」は、多數の精神と合理を失つた人間の心の中で毀たれ燒かれてゐる事實を、彼は思ひ知らねばならない。この點に文部大臣が氣づくなら、責任のありどころは自ら明確になる筈である。

放火學僧の師僧で直接の監督者だつた金閣寺の住職は、佛教徒としては、金閣の燒失といふことよりも、さういふ學僧をつくり出したこと、卽ち彼を正しく導き得ず、彼を罪人にしたことに對し第一に責任を味ふべきである。しかし新聞紙でみると、彼はさういふ點には少しもふれず、たゞ必ず金を數千萬圓集めて金閣を再建するといふことばかり口にしてゐた。なくなつたものは仕方ない、再建や復興よりも、さういふ學僧を生んだことに於て、學僧を通じて佛に對する責は重い筈である。その罪人となつた學僧に對し、まづ己の責を感ずるのが、宗教家の氣質だと小生は思ふ。しかし彼は再建を完了してから、その眞の責任をとる處置をするかもしれない。それは正しいゆき方だ。

ところが放火犯人の母は、息子の罪を感じて自殺してゐる。この母は元來僧家の人で、早く父を失つたわが子をよき僧とすることを念願とし、師僧の教へを守つて、わが子に里心が起らぬやうにと、五年の間吾子を訪ねずよせつけず、ひたすら修業の完成を待つてゐたといふやうな古風の人であつたが、息子の犯罪をきいて田舍から京都にかけつけた。しかし警察では息子に面會もせず、その夜の歸途の車中から、保津川に投身自殺した。世間への申譯けとともに將來への絶望といふことも作用したのであらう。新聞はこの母の古風な教育態度を非難したが、それは當らない。僧家の風を守る者は、僧家の戒律を守るのがよいのであつて、今の世の風に染みたくば僧にならないのがよい。僧は祖師の教へと戒律を守るのが第一義である。一つの稀有の事件に對し、三人各々の責任の示し方をみて、上よりも下に於て、清醇がなほ維持されてゐるのを知つた。これは善政の結果の人倫狀態でなく、國を支へてゐるおのづからの事實である。我々はこゝにも一つの國民的抵抗線を見る。これを見てなほ安んずるものがある。

なほ餘事ながら、法隆寺の場合は、解體修理中で、直接文部省の管理下にあつたから、文部大臣に責任があつたが、今度の場合はさういふ形の責任がないといふことは、小生が文部大臣の責任と云つたことと何の關係もない。小生はさういふ官僚主義から責任論をしてゐるのでなく、教學の思想と組織と現狀を考へ、專ら道德と人倫の秩序に於て、今度の事件との關係といふ上から、精神の問題として、文部大臣の責任を明らかにしたのである。それを誰もしなかつたからしたまでのことである。むかしなら大臣自身が、さういふ教學上の大事を必ず聲明し、責任を明確にするが、近來に於ては大臣の格が低下し、政治感覺が消失し、道德と道義がなくなり、その地位は獵官亡者の對象にすぎなくなつた。大臣が道義と道理を解することは、國の道義を維持する上で必要である。それが政治といふことである。さういふ點では儒教の教へは實に正しい、適切なことをのべてゐる。今日官僚道德の上で必要なことは、大臣が儒教を學び、その教へを守ることである。國民の底邊の自然道德はなほ皆悉消滅してゐるわけでない。

前年法隆寺の場合には、大臣の責任を云々し、今度はせぬといふことは、國寶の重さ、精神道德の問題としてそれをするのでなく、たゞ政治的な企みが、大臣の責任を云々するといふ卑怯な政界事情の現れである。さういふ根性では國寶は守れないのである。また燒けるのである。またさういふ企みの責任論に對しては、第一義にものを考へる者は、誰でも無關心であるべきだ。

文教根本策の樹立に就て文部大臣に云ふ

政府は今般國際情勢にかんがみ、文教根本策を樹立して、青少年の思想動搖を除く決意をなしたと傳へられる。北方の侵略に切實に直面した今日、むしろ遲きに失すると評すべきほどに、緊急必要事である。

これについて、戰後施政の一般に於て、左翼的風潮に押され、或ひは左翼的風潮に媚を呈するために、種々の變革がなされた中でも、文部省一部の官僚は、自ら率先して、共産主義の徒に媚びるために、衆議檢討をなさずして、變革のことを行つた。何を如何になしたかは、吾人がこれを一々指摘せずともそれら擔當の文部官僚の最もよく了知するところであらう。文部大臣も亦了知するところと信ずる。從つて今日眞に必要に迫られて、文教根本策の樹立を考へるならば、そのなすべき第一のことは、終戰以降に行はれた「僞せ國史教科書」を一排することである。何故文部省編むところの「國史」を心ある國民が非難するかは、編者の自ら最もよく知る所であらう。「近時端無く文部省編むところの國史を一讀した。驚くべしそこには何等の感激もなければ情熱もなく、宛然異國人の記述せる外國史の一卷に過ぎない。これがわが國史かと思ふと、最早余輩は現代に寄生する餘計者と言はざるを得ない」と元一高校長杉敏介は嘆じてゐる。今に當つて文教の根本策の樹立を考へるものは、日本人が自身で描いた國史を年少兒童に教へる覺悟を立てねばならない。これ北方の侵略に備へる自覺を與へる第一の課題である。

次に終戰の混亂に乘じて、强行專斷して施行した新假名遣を、卽刻停止すべきである。これは學界の定説でないものを、左翼の壓力と結托して强行し兒童に强ひたもので、何らの實益ない敗戰遺物である。亂世の源は、言葉の紊るゝにある。その强行に當つては、その强行者らが最もよく知る如く、たゞ左翼的謀略と、左翼的暴力を背景とせるのみ。一般的な自由な學者文人有識者間の何らの討議をも、うけなかつたのである。かゝる大事を「何故學者や文學者の充分の論議の歸着を待つこともなしに倉皇として決定したのであるか。日本の文化の爲めに心配するものは、この急ごしらへの既成事實の前に恐縮し沈默すべきではない」と元慶應大學總長小泉信三は慷慨してゐる。新假名遣は學問の眞の自由の確保のためにも、卽刻停止すべきである。

次に兒童の國語教科書より、下等なイミテーシヨン文章を一排すべきである。文學的な文章をのせるなら、そのオリヂナルをのせるがよい。詩歌に於ても、オリヂナルは決して低學年者にも難解でない。英文學をのせるなら、英文教科書にのせるがよい、止むを得ぬ時は、眞の文學者の手になり、定評既に一定せる名飜譯を拔萃するのはよい。現行の如く、多少文才ある文部官僚が、詩文學を兒童文學化すると稱したイミテーシヨン文章を、兒童に與へることは、たゞいかゞはしい文學兒童を作る結果を起すのみ。兒童大多數にとつては無味乾燥、美しい魂をもつ子供にはその大人の「模倣心の汚ならしさ」に耐へきれぬものを感じさせる。特に現行教科書のイミテーション文章が、地方の農村地の子供によろこばれないのは、彼らの魂が生れつきのオリヂナルな美しさをもち、もしくは自らそれを了知してゐるからである。

即ち文教の根本策は、基準の低年度より及し、順次高年度に及すべきである。但し高年度に及ぼすとは文部大臣を始め、顕官諸君の品性と公的行動の、嚴正さを以て自ら範を示すを以て、第一とすべきである。

亂世の弱小國にあつては、嚴正の君子人の德性が辛くも國を支へるのである。されば文教の長官は、肅然として「春秋」の筆を振ひうる人たるの必要がある。不幸今の文部大臣は、學問の人たりしにかゝはらず、昨今の公的行動に於て、嚴正の君子人たらず。この時大悟一決して、右三條を實行せば、今からでもおそくはないのである。緊急大事の時に當つて邦國の君子人たるの實を示し、吾人が子孫をして感謝禮拜するに價する人たれ。君に與ふるは信長の言「人生五十年」、この眞意を邦國のために嚙みしめよ。君が好んで云ふ「死して生きる覺悟」に死すことである。今からでもおそくはない、時は今、今ならそれをなし得る時である。

文部大臣がかつて戰時中及終戰後にしるした文章を見るに、つねに美文であるが、自ら覺悟せぬことを、かりそめにしるす傾向がある。「汝その如くなし得るや」と反問された時に困る如き文章が少くない。文章は覺悟を定めて云ふべきである。今や一方に文教根本策樹立の聲をきく。これは北方共產主義者の侵略にそなへるものなること、論をまたぬ。

されば備へ防ぐものの常として、事のなりゆきのまゝ、時に當つては大臣は青年に死をすゝめねばならぬ事態に至らぬとは誰も保證できない。それを怖れること、欲しないといふことは、吾も汝も然り。されど事に當つて、欲せざるをなさざるを得ぬ可能性は無きにしもあらずである。こゝに於て、文部大臣は舊來の好戰的美文（例へば彼の「死して生きる覺悟」といふ如き、覺悟のしかと定らぬ最大限度の表現をさす）を、深く反省し、眞に腹に据つたことを語り（己の實行し得る限りのこと）眞の思ひやりを表現する修養に努むべきである。彼の舊來の文章を知る故にこれは吾人の老婆心を現す苦言である。

新假名遣を停止せよ

毎日新聞社は谷崎潤一郎の小説をのせる時新假名遣を用ひず、本當の假名遣に從つた。これは作者の頑强强情な文人的な良心に壓倒されたものであるが、この事實は新假名遣制定以後、これを守る左翼的壓力を無視した最初の行爲であつて、これにひきつゞいて、毎日新聞は五月二日反共の態度を闡明にし、朝日新聞社と對立した。しかし六月朝鮮事變にひきつゞく國內外情勢に影響され、過半の新聞は、毎日新聞に追從する結果となつた。

新假名遣は美しくないとか、不用意だとかいふよりも、第一の缺點は正確でないのである。言葉の正確さと、美しさと、ニユーアンスを尊ぶ文學者は、一人としてこれを使用しないことからみてもすぐわかる。

毎日新聞社が、谷崎の小説をけいさいするのに、新聞社の申合せを破つてまで作者の氣持を迎へたのは英斷である。齋藤茂吉などが、歌を朝日新聞にのせてゐるのをみるに、新假名遣になつてゐる。これなどは茂吉ほどの人物だから、ことさらに間違へた文法にしてまで新聞如きものにのせる必要もないと思ふ。のせない方がよいと思ふ。彼ほどの文人の場合、それはまことにつまらぬことだ。たかが一新聞にのせるのせないといふだけのことだからだ。

毎日新聞の論説記者の中には、國語に關心をもつてゐる者がゐる。彼は共産黨議員の國會での下卑な言動をとがめたり、放送局の國語に對する不謹愼さを責めたり、新聞の用語の卑俗化を批判してゐる。一々論旨正確で、感覺もよい。その主張を進めて、彼は當然、新假名遣を否定すべきである。

新假名遣を終戰後の左翼横行時代に、左翼勢力と結托して、强行して了つた文部省吏僚は、かつて戰時中にも、功利主義をふりかざして軍部革新派と結托し、この新假名遣を强行しようとした。當時これをつぶしたのは民間勢力であつたが、敗戰の混亂時に、彼らは左翼と結托してつひに宿望を達したのである。

新假名遣を使用して都合よいのは、新聞など活字を扱ふところ位である。これによつて起る現象は、まづ國語の文法の一貫した正確さが失はれる。文法が正しくなければ、文意は通じない。中頃戰國の世に入つて、國語文法の亂れたのを難波の契沖阿闍梨がまづ出で、相つぐ國學者の努力によつて、漸く文法古にかへり、國語は整然と體系づけられたのである。この文法に從つて、我々は千年前の人のかいたものを正しくよみ、古人が如何に正確に國語をしるしたかを知つたのである。この戰國亂世の時代の隱遁詩人――連歌俳諧師といはれる人々は、この亂世に國語の紊る、をうれひ、「俳諧の益は俗語を正すにあり」との信條をたて、俗耳に入り易い俳諧を以て諸國を廻遊し、正確な國語を民衆に教へんとした。これが芭蕉時代まで、すべての俳諧師の意識にあつた彼らの生成の信條である。

新假名遣を子供に教へることによつて、古い古典は申すに及ばず、漱石鷗外といつた最近の文人らの作品さへ、すでによみ難い親しみ難いといふ結果をひき起す事實が、すでにいくらか現れてゐる。

戰時中、當時六十前後の老軍人の吾人に述懷したところであるが、「我々は少年時代にボー引の所謂新假名遣を學んだために、年長じて後も少し表現内容の複雑な本だとよみ難い感がして、結果さういふ面倒なものをよまず易きにつく傾向が多い。つまり外國語は職業上習得してゐるが、肝心の日本の本だと、尊徳や松陰といつても、讀めはせん、だから講談や捕物帳を愛讀してをる。大體にいうてこの年配のものは、和漢の古典をよんでゐないから、知能上でどこかに缺けたところがあつて、それがこの大事な時に世の中を動かしてゆくのだから、心配だ」といふやうなことを云うた。新假名遣は末端でない。一般的な勉學心を下降させた時代の象徴である。この老軍人の語つた、その時の新假名遣は間もなく止まつたのである。

今度の新假名遣も、かういふ現象を起すにちがひないと思ふ。子供には氣の毒だから、本當の假名遣といふものを、同時に教へておくやうな細心さと愛情が、家庭になければならない。家庭にはその心はあるが、時間の餘裕はなく、子供の能力も過剩負擔に耐へない。新假名遣の强行によつて起ることは、日本の次代は、ある程度廣範圍に、祖先と切りはなされるのである。過去の文物からひき離して左翼的出版物だけをよめるといふやうにしようとしてゐたわけである。これは誰が考へ、どういふ連中が結托したか誰でも知つてゐることだ。

小泉信三は八月十日毎日新聞紙上で「新假名遣を一旦元に歸すべし」と主張してゐる。新假名遣を施行するについて、學者文人の十分の論議をまたず、一部文部省關係の者らが行つた、專斷的行爲を憤慨してゐるのである。これはその强行當時に諸々で放たれた聲であるが、當時は左翼の言論的暴力をたのみとして、文部省はこれを默殺したのである。(小泉の毎日新聞にのせたこの文章は勿論正しい假名遣に則つて書かれてゐる。)

新假名遣を一應廢止せよといふことは、時宜に適した提唱であつて、吾人はこれをあく迄支持するものである。

言葉の紊れることが、亂世の始りであると、かの北畠親房も論破してゐる。新假名遣は一部文部官僚や文士では山本有三などが結托し、學者文人間の一般的論議をへずに專斷强行した左翼的謀略である。これは今さらいきさつを云ふ迄もなくそれをした連中が最もよく知つてゐることである。

小泉はその文章の中で、露伴が蝸牛庵日記明治四十四年二月二十六日の條下にしるした一文をひいてゐる。「南北朝論一世囂々。……當時學者皆定案（定說）を翫すを以て功名のごとく心得、終に起らずもがなの論をひき起すに至れり。喜田氏（貞吉、歴史家）勝つことを好むに近き性質なれども、さりとて暴戾なんどいふ人柄にあらず、其說蓋し據るところあらん、たゞ先づ之を學界の問題とせずして教科書に翫案（定說をくつがへすの義）の言を戴せたるはよろしからず、教科書は世の定案に從ひてものすべし。異議あるべきやうのことは先づ學界に相爭ひて黑白を決し、全勝を得て後、定說と認めらるゝに至りて、はじめて之を兒童に課すべし」

學者の學說は自由であり、私案も自由であるが、「異議あるべきやうのことは先づ學界に相爭ひて黑白を決し、全勝を得て後、定說と認めらるゝに至りて、はじめて之を兒童に課すべし」といふのは、鐵則である。これに則せぬものは——新假名遣制定の如く——專斷暴擧である。小泉はそれをフアツシヨだと云うてゐる。

露伴は生前新假名遣强行のことをきゝ、それに對して何らの意見も述べなかつたが、たゞ一言、「この第二の東條め」と呟いたと傳へられてゐる。

人海作戰とヒユマニズム

北鮮軍の進擊を見るに、討たれても〳〵後から〳〵、無數の人數をくり出し、戰線の間隙に浸透してくるさまが、さながら人海の形容にふさはしいと云はれてゐる。米軍は北鮮てゐる。

軍が一月に費消した彈藥を、一日一局地戰線に注入して、辛くも彼の進擊を壓へたと傳へ

この人海作戰を、わが言論關係で、ヒユマニズムに反するものと評したものがある。恐らくその反近代的な戰術は、背後に暴虐無比な壓力が加つてゐるものと想像したのであらう。或ひはその無數の人數が、彈藥兵器の代用とされてゐることを、さやうに評したい感じを與へたものであらうか。

しかし彼らは、竹槍をもつ人海作戰が反ヒユマニズムであつて、過大な彈藥を以て一網の下に數萬の人間を、有無なく殺戮する近代爆擊はヒユマニズムだといふのであらうか。この感覺は「近代」のものとして間違ひでない。

この人海作戰を可能にしてゐるものは、必ずしも強暴な權力の壓迫とのみは考へられない。我々はそこにアジアの民の數百年に亙つてもちつゞけた、完全主權恢復への、熱病的な狂奔を感ずるのである。上に立つものは、野望と非倫の權化であり、ソ聯に結托する謀略者であらう。しかし人海をなして戰場に赴く民の情熱の中には、さういふ完全獨立への狂的な願望が必ずあるにちがひない。

彼らにあつては、共產主義理論の如きは第二義的である。現在の自己を支配する現政權に反對立場のものを信じ、これに依存するのである。この願望を狂的にした民は、人海をなして戰場にくり出すのであらう。

アジアを考へる者は、まづこの事情を念頭とせねばならない。この狂的なものは、現在

に於て、アジア的なものの最も皮相な現れである。この不幸なもの、近代兵器の餌食となる人海こそ、アジアの眞の道をめざめさせる犠牲となるものであらう。不幸なアジアはいつまでその犠牲をくりかへし、いく度同じ型の悲劇を、くりかへさねばならぬのであらうか。アジア人は人命を輕視すると云はれてゐる。しかしアジア人は生れながらにして今の世界組織の中に於て、人命を安價に評價されてゐるのである。アジア人は同じ國の同じ軍隊内に於て、共に戰場に立つて、半額しか支拂はれない——このやうに事もなく考へられてゐるのである。

人海作戰を反ヒユマニズムなどと評する、おもひ上つたわが新聞論説家は、人海作戰からヒユマニズムの傷いた姿を見出し、アジアへの愛を思ひ起すべきである。この愛のめざめによつて、虐げられた者を、共產主義の犠牲から救ひ出し、アジアを「近代」から解放する聖なる戰の緒をみいだす可能性が現れる。汝もしアジアの民ならば、つねに愛と同情を保持すべきである。宗教的原理となつた愛と同情の思想——この二千年間の世界の人心を有形無形に影響した國際宗教は、みな東方アジアの原產であつた。

アジアはかつて「愛」を宗教の觀念として世界に教へたが、その二千年の周期をへた今日に於ては、「平和」を生活の原型として世界に教へねばならない時に來つてゐる。

近頃の三つの事實

ワシントン・ポスト紙は、八月十六日社說で日本に對する無條件降伏政策は、アメリカの失敗であつたことをのべてゐる。（AFP）その論旨は、アメリカの政策はアジアに於ける中心勢力を喪失した、元國防長官フオレスタルはこの政策に對し極力反對し、時の國務長官バーンズも彼を支持してゐたのだと述べてゐる。その結論は、第一に日本を「極東のスイス」たらしめるといふ中立化の構想はなり立たない、次に、極東に實力ある國家を必要とするといふ事實から、（これが朝鮮事變の教訓である）多少とも過去への復歸を意味するやうな對日講和を結ぶべきである、といふにある。

アメリカがアジアに於ける北方の侵略を切實に痛感して以來、舊來の大東亞戰爭觀が根本的に變化してきてゐる。しかし日本の行つた戰爭の原因は、北方の侵略に對する防衞と共に、アジア解放といふ理想的な目的をもつてゐたのである。アメリカもやがてこの二つを同時に考へねばならなくなる時にあふであらう。彼らがその時どういふ結論を出すかは、今日占領下にある日本人として、我々の云ふ必要のないことであらう。

戰後の日本人が、たゞわけなく、日本の戰爭とその目的を一面のみから罵倒して、聯合國軍の氣に入らうとしてゐる時、却つて先方では、種々の現實問題に出合ひ、その見地から回想と考察と反省を細密にしてゐるといふことは、變妙なめぐり合せである。

アメリカの一部には、前記のもの以上に、多數の日本人の滿足するやうな見解も示されてゐる。日本の行爲を殆ど認める形の見解である。しかしこれは彼が日本人を戰爭にひき入れようとする謀略ではない。アメリカ人は大體正直だから、本當にこのやうに考へるやうになつたのであらう。かういふ風に考へ出したアメリカ人から見ると、聯合國軍にたゞ媚びへつらふために、ものを云うてきた日本の文人や評論家は、却つて彼らから、その智能を輕蔑され、心情を信用されない結果となるであらう。事大主義や便乘はなか〳〵難しい世渡りである。

道理に從ふアメリカ人は、謀略的に云ひ出したのでないから、日本の立場としては、こちらが納得する迄は、決して向うのことばに口を合せる必要はない。それは向うの欲するところでないと思ふ。向うは合理を愛して、正しさを求めてゐると思はれるからだ。しかし、今までわけなく媚びへつらつてゐた戰後評論家の徒は、忽ちかういふことばに口を合せて、國内に軍國調を流布する可能性はある。さういふ恥しいことを、彼らがせぬやうに、國民は十分に警戒せねばならぬ。戰後派の缺點は人格的な點にある。志節なく恥を知らないといふ點にある。

提督ニミツツが、北鮮軍の中には多數の日本人がゐるといつたことも近頃驚くべきことである。それ迄日本の新聞社は、あらゆる方面から、この種の流言を否定してきた。北鮮軍は反日抗日の永年の同志を中心にして成立つてゐるから、反日感情が強い、そこに日本人のゐる筈はないと云うてゐた。ところがこんどは人もあらうにアメリカの提督の言明だから、日本の新聞は驚いて、朝日新聞社などは、「北鮮軍の強いのは日本人がゐるからでな

く、優秀な武器をもつた歴戰の兵士が多いからだらう」とニミツツに反駁してゐる。（八月十八日夕刊社説）

朝日新聞社といへど戰場へ特派員を出してゐるわけでない。朝鮮の戰局と戰場については、日本人の眼は一つも働いてゐないのだ。北鮮軍の使つてゐるソ聯の武器が、アメリカより優秀だといふことを云ふだけの證據もない。あてすつぽうの判斷である。つまり朝日新聞社はニミツツはあてすつぽうを言うたのだと主張したわけだが、これらはどちらがどちらか、讀者にはわからない。

しかし朝日新聞のかく云ふのは、一つの辯解したいことがあつたからだ。それは「世界の人々が、いつでも日本人は戰爭に強いといふ印象をもちつゞけてゐるのが困る」といふのである。更にそれを聞いた日本人自身が、「やはり日本人は強い」といふやうに考へることが、一番困ることだといふのである。

我々はニミツツの言明が信用すべきものかどうかを考へなかつたが、朝日新聞社は、ニミツツは日本人は戰爭に強いといふ印象に從つて、北鮮軍には多數の日本人がゐると考へたと斷定したがつてゐるのである。それで日本人がゐるからでない、武器が優秀だから、アメリカが敗けてゐるのだ、と説明してゐる。アメリカの軍部の首腦の一人は、情勢や證據によらず、印象やあてすつぽうでものを云ふものだといふことを、朝日新聞社は日本の讀者に教へてゐるやうに見える。

これは日本人が、これからの情勢をあれこれ考へてゆく上で、大へん大事なことだから

「事實は分らぬが」「信じたくない」「日本人がゐるからでなく武器がよいからだらう」などと、あやふやなことを云はずに、まづ先方へ問ひ合せてくれるとよかつた。さうすると事實が解決する。文章や觀念の操作から起る、曖昧な疑ひをもたなくてすむ。我々は朝日新聞がこのやうに批評してゐるのをみると、事實に對する曖昧さを解決せず、曖昧に觀念を語る態度に影響されて、事態そのものが非常に曖昧になり、どちらを信じてよいかわからぬ。無駄ことばかりをあれこれ考へても判然とした結論が出來ない。さういふめんだうな結果はどこから起るかといふと、質すべきを質さず、たしかめるべきを確めず、二つの全然相反する假定を同時にとりあげて二つの解答を用意するからだ。これでは實踐的結論は出てこない。外國人なら、誰も朝日新聞などのいふことを信用しないだらうが、吾人は日本人だから、本能的に日本人に同情する。

さうして我々は、こんな明白な、質せばわかることに於て、一方の方を「信じたくないことだが」として觀念の上で否定し、他方自分の都合に合せたいことの方では、「武器が優秀だからだらう」と觀念の上であやふやな肯定をし、結局つじつまの合はない二つの結論を出し、不安定狀態を持續するやうなことから、一體現實判斷と實踐の信念が出るか、といふことを云ひたいのだ。朝日新聞社說がインテリ的といはれるのは、かういふ不安定狀態の言論だからだ。便乘と事大主義の怖るべき危機はかういふところにある。かういふあやふや論が犯した犯罪を、五年の歲月をへて未だに氣づかず、これを警戒するものもないといふことが我々には嘆しいのだ。

こゝに解説した如く、問題がやゝこしくなり、疑はしくなつた以上、（主として情勢時務論の論理として）我々が當局に質問しても、明確に解答してくれると思ふが、望むらくは、新聞社のサーヴイスとし、新聞はもう少し深重に、質すべきをまづ正した上で論じ、讀者が、社説に迷はぬやうにといふ親切心をもつて、報道評論に努力して欲しい。大衆は議論を議論として弄ぶのでなく、くらしと生命と運命に結びつけてよみとるから、大多數は無意味な社説の中で、時たま切實な問題に合ふことが少くない。ともかくこれも時局情勢評論の論理とセンスの低下を提示するものとして最近驚いたことの一つである。

　新聞紙上でアメリカの對日觀の變化に驚いてゐる時、毎日新聞社の雜報記者は、訴願審査に關係して、追放といふ問題を論じ「何しろ一網打盡的に掃き捨てられた形になつてゐる、これら輝しい戰前型の人物には」殊に「内外情勢が世紀の變化」を見た今日、期待すべきものが多いと云うた。「戰前の第一線に活躍した人物やその仕事の再評價が行はれてよい理由は有力方面に感じられてゐる模様だ」と云うてゐる。

　今まで「追放」を絶對的に畏怖し敬遠してきた新聞が、かういふ社中意見をのせるのを見ると、さすがに「新聞といふ化物」といふ感が深い。これが「世紀の變化」の日本的反影といふわけであらう。しかしアメリカの日本觀や第二次世界大戰觀の變化をみ、これとそれを照らし合せると、新聞はみな一本筋みちの世渡りしかせぬものだといふことがよくわかる。

　毎日新聞は一見途方もないことを考へる傾向があつて、これを機を見るに敏といふのであらう。戰爭の初め頃に、國民一日戰死といふ獻金運動を起した、これは一日戰死したつもりで、飮み食ひを止め、これを軍に獻金せよといふ運動で、これはさすがに物に動じぬ軍人を顰蹙させた、憤慨した軍人も少くなかつた。自分の部下を戰場で死なせた指揮者が、こんなものに憤慨するのは當然のことである。さういふ新聞は、一番初めに和平運動にも加擔したのである。

僅か五年間、その短年月を、一貫してものを考へ、辛くも理想を守つて、外界の影響をさばいてゆけるといふことは、今日の日本では稀有のことである。日本の自主獨立の立場に立つて一つの思想を持して、現象の變轉をすべてうけとめ、つひにゆるがないといふことは稀有の事である。平時の學理では、さういふ普通のことが、亂世軍國の日には、實に稀有である。

それは稀有であるから、今日になれば奇人變人狂人として遇されるだらう。しかし無數の「幽靈」と「化物」の世の中だ、この妖怪變化を退治することなくしては、自主獨立の一歩はふみ出せぬ。まづ國の思想を確立せよ。我々はたゞ國本來の思想の確立を云ふ。さういふ人は、英雄でなければ出來ない。英雄はまづ妖怪變化をあくまで求めて、これを退治する人である。里人の流言をきいても、必ずその化物の本據に立寄り、已の生命の危險などつゆかへりみず（理窟をたてたり、考へたりしてから生命を輕んずるのでない）之を退治し、かゝることをつんで英雄となつた者が、彼の究極の目的を達成してゐる。

芥川龍之介といふ大正時代の文士は、岩見重太郎傳をよんで、この豪傑が、父兄の敵討といふ究極の大目的をもちつゝ、ことさら求めて、輕々しく化物退治に赴き、生命の危險を冒したりすることを、智能が足りないと評してゐるが、重太郎の念願とした究極の目的は、英雄豪傑でなければ達成できないものだといふことを、わが國の古の傑れた文學者――講談師たちは承知してゐたのである。

（これは歴史と人間と精神を根氣よく究めると判明することだ）だから重太郎は、その究極目的を達成するために化物を次々に退治せねばならない。（觀念の幽靈も變りない）もし彼がそれをしなければ、英雄になれないし、英雄でなくてはその究極の目的を達成し得ない。目的達成は、まぐれあたりの勝利に僥倖を期待するものでなく、出會の瞬間に勝敗は決定する程に合理的なのだ。（この種の霸道と力の世界に於て、それは一層自明である）

だから岩見重太郎がもし途中で死んでも、それは止むを得ないのである。そこを通らねば到着せぬ目標に向つて進んでゐたからだ。そこを通らなければ（もし途中で死ねば）目的にたどりつかぬ。――つまり芥川は、さういふ條理を解し得ない、講談師以下の人間學しかもたない淺薄なインテリ好みの作家だつたのである。

天災と天譴

昭和九年以來といはれる颱風が京阪神地方に、甚大な被害を與へた。現代の我々は人の一生に一度しか經驗しないといはれてきたやうな天災や災難を二十年間にくりかへし〳〵うけてきた。どこまでつゞく不幸の時代だらうか。

今度の被害は農村にとつてよりも、都市工業面の方が大きかつた。それだけに今の日本にとつては傷手なわけである。これが影響するところは廣範圍である。

天災は防ぎ得ない。風に倒れた家屋も、今の狀態では建てやうない。もはや今日の狀態では、個人では風に倒れぬ家を維持することさへ非常な困難である。國が貧乏すると、民も貧乏するのは當然かもしれない。

國が貧乏だから、富んだ國のまねをして、誰でも鐵筋の入つた家屋に住むなどといふことは出來ない。暖房も不十分なコンクリート家屋は不健康であらう。その上濕氣の多い我國では、一層暮しにくい。結果、風のまにまに倒れては、その翌日には建つてゐるやうな家をつくるのが一番ふさはしいのであらうか。眼をひらいてよく見るなら、これが正しく日本の今の姿である。

爲政者は無數の不幸な罹災者に對し、水を防ぐ工事を約束してゐるだけである。水も潮も防ぎやうない。今の政治と經濟のしくみでは、不安地帶からの立退きが一番手輕である。しかしこれも生活の上から出來ないことだ。仕方ないことだ。倒れると、その翌日はもう、何も考へないで無造作に自身で建てかへてゐる――さういふ生活力の旺盛な人々がゐるから、復興も可能となる。しかしこの「生活力の旺盛さ」といふことは、深く考へねばならぬものだ。災害豫防の出來ないのは結局貧乏だからだ。他に理由がない。さうして倒れても流れても、簡單にあきらめられる家をつくつてゐる。かういふ人々は生活力に強いやうに見えるのだ。

しかし今度の大災害に對し、一人としてこれを天譴と呼ぶものがなかつたことは、舊來のわが國の風習から云へば、奇異の感がする。天譴と云ふが如きものはないと云へばそれまでだが、時に當つては天譴と考へる方がよい。「神人ともに許さぬ」といふ類の言葉は、あくまでに文學の上でのこさねばならぬ。

さらにこれを天がさらに艱難を與へるのだといふ者もゐなかつた。しかしこの思想も、文學の上で殘さねばならぬものの一つである。

しかし天譴は、天譴を感ずるものの上に働くのである。これは神を信ずる者の恩寵である。損ではない、恩寵である。艱難の感も亦、國を負うて艱難を實感してゐるものの上におひかぶさるのである。これも亦神の恩寵である。神罰は、神を信ずるものだけがうけるのである。國を憂ひてゐる者だけが、日夜心安からぬのと同じことである。

いづれもそれは神の公平な恩寵である。そのまゝが恩寵である。これをよけいなことを信ずる者の負擔だとか、よけいなことを思ふものの損だと考へてゐるのは間違つてゐる。さうした感じをうけず、思はず、實感せぬ者は、つねに空虚な欲望にあくせくして生きてゐるにすぎない。

天譴はある。完全無缺な建物や土木はない。人爲の自負は、必ず罰せられるのである。人間はつねに何かを怖れてゐなければならない。怖れるもののないのは、幸福でなくて實に不幸である。近代はさういふ不幸な時代である。近代人はみなあへぎ〳〵働いてゐるのである。さうしてこの時代に人は、未曾有の「恐怖」の中で、人はくらしてゐる。

オリムピック選手派遣を中止せよ

オリムピックに多ぜいの人々を派遣するやうなことは、國が貧乏になつた時だから止めた方がよい。國が富んでゐる時なら出ていつてもよい。

一秒の何分の一を爭つたり、身長の何分の一の前後を爭つたりすることに、何か重大な意義があるとおもふのは、近代の興行意識と賭博心理を根據とする、おそろしい近代の迷信だ。封建の武術仕合なら多少重大な意味もある。しかし今日、スポーツに意味があるやうに思ふのは、「近代の迷信」か「植民地政策への追從」かのいづれかだ。

近代の迷信として以外に、近代スポーツには何の意味もない。人間本能と考へられてゐる、支配欲、勝利欲、優越欲を、さういふ形でみたさうといつたことは、「植民地政策」の方便としてか、ないし「爭鬪心の養成」の意味しかない。この二つの相反する目的をふくむから、今日の日本が國際オリムピツクに參加することを、我々は好かない、今は國が貧乏してゐる、國として國際爭鬪に加りたくない、さうして國としての自主權をもつてゐない。我々が優位優勝を考へるなら、先祖以來傳へられた東洋の理想とその文化によつて、つまり精神に於て考へるべきだ。この精神は近代スポーツの中に宿らぬ。近代スポーツは爭鬪の場合の契約と、その履行を精神と稱してゐるのだ。

暗い狀態にゐる國が、遠征して、勝利を得るといふことは、ある氣分を昂揚するためには大へんよいことだらうが、競爭選手に便乘して、多數外國にゆくことは、納稅者の負擔として耐へきれない。商賣上の國際うけがよくなるといつたことも今ではないのだ。今日日本を知らない國はない。

政治家や代議士は、人氣商賣だから、スポーツの惡口はせぬ。かういふところに衆愚政治の本體がある。我々はスポーツを憎んで惡口するのでない。然し世間では、馬鹿とスポーツが結びつき、低腦と健康が結びついてゐるやうに見える。馬鹿に健康がともなはなければ一層不幸だといふ攝理であらうか。

しかもオリムピツク派遣費用に困難して、競輪の親分にたのみ込んで、競輪バクチのテラ錢で、オリムピツクに參加しようといつた考へは、如何に戰後派の考へ方とはいへ、彼らの常に口にするスポーツの明朗性を自ら否定するではないか。しかし彼らはさういふ矛盾や僞瞞を何とも思はない。これが馬鹿とスポーツが結びつき、低腦と健康が結びついてゐると云ふ證據だ。

猥褻本の發禁

明治以來の嚴重な檢閲制度がなくなつてから、どんなよい作品が出たか。今日あるものは下等になつた作家の汚ならしい作品ばかりだといふ狀態は、所謂「文化國家」の絶好の標本である。

文學に必要な好色文學的要素に於ても、誰一人明治の作家に及ばないのはぜひもないとして、これからの時代の人間が、文學のよみ方を忘れて了ふやうなさびしい氣がする。文學の全然わからない者の作つた「文學入門」、詩のわからぬ者の作つた詩語コレクションが詩作品として通行してゐる。

檢閲制がなくなつても、一人のよい作家もでなかつた事實は嚴然としてゐる。かういふ狀態などを當節では「文化國家」と呼ぶのだらう。心ある文士は檢閲や發禁を問題にせぬ方が當然だ。

戰時中の平和運動と稱へられるものは、大體に於て反戰運動か敗戰運動である。もつと意識的に濃厚な形では敵國の第五列的行爲である。――かうした事實が普通である。「言論の自由を守るたてまへから、「發禁」それ自體の方がいけないと云ふことは空論である。人倫道義に於て檢討し、正しいか正しくないかを判定することが、「言論の自由」を守る上で肝要事である。

「發禁」それ自體がよくないといふことは、「自由」を守るかの如く見えて、却つて多數の反感を生むであらう。のみならずさういふ「政治的謀略」は、「誠實な正義觀」によつて行はれる主張でないから、一人に於て守りぬかれる筈もない。第一誰もさういふ無目的な無主義無誠實なことに、熱情を感じないからだ。

だから猥褻本は、發禁のまへに、作者が拒否するやうにしたいとおもふ。それは汚ならしいからだ。他に理由はない。主義主張をもつ者は、發禁になつても、なさけない理由を云はないことだ。闘ひならくりかへせばよいからだ。

言論の彈壓は、猥褻本の禁止と同一でない。「彈壓」者の「文明」に期待するのがよい。期待がはづれたなら、亦止んぬるかなと嘯けばよい。

「言論の自由」は謀略では守れないのだ。「言論」はさういふものでなく、最も眞向正直な誠實な熱情の發露でなければならぬからだ。陰謀政治に言論は入用ない。

「發禁」そのものを否定することによつて、言論の自由を守らうとおもふ如き、卑怯な根性は、何ものをも守らないだらう。さういふ考へ方を卑怯といふのだ。言論は卑怯を最も好かない。

今日普通に云ふ言論とヂヤーナリズムは、終戰以來みな暴力化してゐる。終戰後の「自由」は「暴力」だ。小暴力が今日ほどはびこつた時代は、日本の三千年史上に例がない。言論も一方的暴力行爲と化し、對手の言分は何一つとりあげない。時代の風儀に従つて、つねに強いものの味方となつてゐる。その強いといふのが、いつも少しづゝずれた時局便乘判斷に立脚してゐる。

新聞紙がこの五年間、如何に一方的に言論を封鎖してきたか。如何にそれが暴力的であつたかをしづかに反省するがよい。言論の自由は、彼自ら封鎖してゐたのだ。新聞紙上で言論の自由に關する論をきくのは、今や新憲法的所謂「文化國」の皮肉以外の何ものでもない。

日本の運命と歴史に關する基本思想に於て、日本のヂヤーナリズムは、自らその言論を拒否し封鎖してゐるのである。外國人がもつ學術と人道上の「自由」を、日本人がもつてはならぬやうに、わがヂヤーナリズムは考へてゐるのである。

日本の最も不幸な狀態と、想像を絶した悲劇が始らうとする時に、すべての日本人が沈默してゐるのではない。ヂヤーナリズムが沈默を强ひてゐるのである。これは植民地風景の最も特異な現象の一つである。彼らは正直と淡白なものを失つた僅少の日本人の集りである。彼らはたゞ事大主義、便乘主義の集りにすぎないのである。

軍人の犯した害惡

終戰以來、さま〲の形で軍人に對する惡口がされてきたが、巷間に行はれてきた左翼的な反軍人思想は、今では却つて軍人に同情する感情の增大に役立つてゐる。

その理由は、それらが、みな個人的な性格に關する非難であつて、殊に軍人は殘忍惡虐の者と決めてかゝることが、一般の反感をかふのである。誰でも知つてゐる周圍の軍人の中には、個人的にさういふ悖德漢は殆どゐないからだ。

第二には、國際狀態が變化し、國民がやゝおちついて既往の功罪を考へるやうになつたからである。もちろんこの「おちつき」は、國家の前途をおもふ切迫感にみちびかれてゐる。さらに終戰雰圍氣に對する一種の反動である。終戰直後の左翼的時代に對し、批判的になつたからである。

第三には、今日の官僚が極端に墮落してゐることに對する反動である。

かうして最近軍人は急速に名譽を囘復した。これに盡力したものは、第一に反戰藝術である、第二に情勢の切迫である、第三に官僚の墮落である。決して軍國主義者らの宣傳煽動の結果でない。

しかしこゝでもつと緊急必要なことは、この狀態と條件にてらして、軍人の功罪を、機構組織――一般には「近代論」として、改めて冷靜に判斷する必要がある。しばらくの間に、舊軍人の近代戰思想を肯定し、大東亞戰爭の構想を、全面的に唯一の道として肯定する人々が、多數現れてきたからである。さうして再び我々は悲劇をくりかへしてはならない狀態にゐるからである。

當時日本は、物質の近代戰に對し、我々は道義聖戰だと宣言した。しかし舊軍人の最高幹部の中で眞にその「道義」を占領地で行つた英雄は一人もゐなかつたのである。これは我々の道義の立場、アジアの立場から云へば、犯罪である。しかし「近代」の立場から云へば、何の「犯罪」でもない。

我々は近代の立場から云うて、犯罪でないといふ判決によつて、大東亞戰爭を肯定する立場に反對するものである。世人がそれを悟るのは、一つの進歩である。しかし我々の念願するものは、その奥にある考へ方の發見である。それは「近代」を否定する立場、つまりそれが道義聖戰の立場である。本質的には戰爭を認めない立場である。

我々は何らかの「近代」の立場によつて、舊軍人を否定したり、犯罪の判決を下すのではない。我々は、我々の道義の立場から、舊軍人の思想と行動を、あくまで否定するのである。

昨今の軍人肯定の機運に對し、我々は左翼的な反對をするのではない。我々はわが道義に立脚する批判を示すのである。我々はこの思想を戰時中を通じて貫いてきたのである。

今やわが民族の有爲な無數の青年たちは、死の命令の危險さの中に、一歩も二歩も入つたのである。言論の士も亦、この事實を正視し、ものに怖れてはならない。ものに怖れることは今日辯解とならない。言論はかゝる非常の日にこそ必要のものである。若者が命令によつて死に赴く時、それを不當と判斷した言論人が、死をおそれることを言訣として、言を曲げることは、神人ともに許されない。眞の言論人は、死の危險を思はないから死を怖れないといふ平常心の昂揚状態に、今こそ入るべきだと思ふ。

虎の威を借る狐

戦時中、虎の威を借りた狐どもの列傳を、思ひ出しておく必要を感じてきた。戦時中は虎の威を借り、戦後は狼に、その威を借りかへた人間の、記憶を明らかにすることが、必要だと云ふ程に、時代が混迷してきた。

大體さういふ人間は、小人物であつたから、今までも正論の對象とならない場合が多い。特にわが「正論」は、徒黨の言でなく、又個人的憎惡感をもたない在野言であるから、さういふ末流碍道どもを批評する機會がなかつたのである。

例へば中島健藏の如き人物である。かういふ下級のものを論評することは、評論の權威に關すると思ふ者もあるかもしれない。しかし虎の威を借りる人間は、最も害惡を流し、國民を害するのである。

中島は戦時中徵用せられた。當時の彼は帝國大學の助手をしてゐたので、その地位を軍人に吹き込み、(由來軍人ほど官僚的存在はない)特別に一室に納り、腹心をスパイに使つて、同僚の文士を壓迫して、その地位を守り、同僚の上に立たうとした。この事情は北川冬彦が書いてゐる。

この中島は終戦後いち早く左翼同調者になつた。今日戦争は嫌だと云うてゐるさうだが、戦争になると、今度は助教授位になつてゐるから、「虎の威」を借りて威張るにはもつと都合よいだらう。彼ほど「虎の威」を借るのに得意な人間が、どうして戦争が嫌なのだらうか。つまりこれは下等な人間には、自分のしてゐることが、客觀視し得ない證明だ。

かういふ人物は誰の味方でもない。要するに同僚や同胞を害するために、虎の威を借る狐といふわけである。彼は同僚の文士から憎まれたが、敵として遇するには餘りに大人氣ない人物だから、無視してもらつてゐた。しかしかういふ輕佻浮薄の人物は、それをよいことにして、低級な便乘的言動で、大衆を謬り、友人に害を及すのである。

世の中にはかういふ大學教員を尊敬する人種が少くない。この心理は官僚、軍人、岩波書店、有閑少女に共通する。最も岩波は、さういふ肩書を商賣に利用して盛大をなした書店で、舊制高等學校教授以上の肩書だけが、商賣上最も尊重すべき對象だつた。これは朝日新聞社も似てゐる。岩波と朝日新聞は、最も肩書に魅力を感じる出版業者だ。これも一種の狐の類である。

このことは、日本の現實文化を語るものが、よく考へておかねばならぬことだ。實になさけない話である。

政治家と記者會見

吉田首相が新聞記者會見をきらふといふので、十日に一度位は、どこの新聞でも吉田に向つて、記者と會見することは、民主主義政治家の任務だといふことを、例のアメリカのことなどを例にして教へてゐる。さういふことを嫌ふのは獨裁主義だと説いてゐる。これはさうかもしれない。

しかし冷静な第三者からみると、公開された記者會見は、首相が記者に對して政治機微の常識を教育する讀書會でないと思ふ。冷静な第三者から見ると、本當の政治家なら、今の新聞記者に、政治機微常識を訓練せねばならないとおもふだらう。本來の政治家は、第一に國家國民を思つてゐるものだ。その點で欲得も考へない。しかし日本は今いたつて忙しいから、近頃の本當の政治家ならさういふことをしてゐる暇がないといふかもしれない。本人にそれ以上のゆとりがないのだ、そのゆとりがあるほど偉大でないのだ。

もつともその政治家が、獨裁主義者なら、獨裁主義を教育するだらう。それはせぬ方がよい、さういふことをせぬから獨裁になるのだといふが、これは論理的に不明確である。

我々は吉田を今日最も必要な政治家とおもつてゐるわけでない。戰前の三流政治家が、戰後の世の中でどれほどえらいかといふことを我々はまざ〳〵と知つた。戰ひには敗れるものでないのである。

しかし我々は冷靜に見て、吉田と會見して、一問一答、火花をちらす言論のやりとりの出來るやうな、一人の記者もみないといふことを、一層殘念におもつてゐる。國家國民を思ふ念とその深慮とで吉田より劣つてゐるのだから、話にならない。

しかし政治的會見は眞劍勝負だ。阿呆なことをもつともらしく聞くから、大抵の人は忍耐できないのであらう。しかしさういふものを大様にあしらつて、心ある正義の士を感動させる程に、吉田はまだゆとりのある大人物ではない。だから責めても仕方ない。吾人は吉田の肩をもつのでないが、吉田が阿呆問答を嫌がるのは當然だと思ふ。責める方に資格がないのだ。

吉田に記者會見が民主主義だ何だといつたトンマな講義をしてゐるひまに、吉田位の人物と對當の勝負の出來る程度の人物を求めることだ、さういふ記者を養成することだ。まづ自らが勉强することだ。

政治家の一流二流の如きは、相對的なものだ。思想に於て人格に於ては、無數の段階がある。吉田はたゞ相對的にえらくなつて了つたのであらう。本人には重くてならないだらう。これは氣の毒なことである。誰も彼もが。

再武裝論者に云ふ

再軍備論については、講和會議をひかへて、わが國人は、これを自ら云ふについて、多少の遠慮を示してゐるが、都下新聞紙上の外電を通じて、今や一つの氣運をなしつゝある。我々はこゝに於て、わが國內の同調者に對し、これに今日贊成するものは、昨の竹槍戰術に贊成する必要が起るといふことを一言しておきたい。だから今から、昨日迄のことばをとり消して、改めて贊成しておくのが正しい。

わが再武裝は、要するに再び竹槍戰術に復歸することである。わが近代武裝は、必ず竹槍に至る運命のものである。竹槍戰術に至らぬものならば、自衞の意味を完うしない。自衞は竹槍に至つて、始めて落着するといふことである。今度はその時期が早いといふだけの違ひである。

たゞ近代武裝をもつことは、その最惡の日に於て、近代戰の過程を日本人に經驗せしめるにすぎないのである。日本の事情として、事實の上で結局近代戰兵器は、日ならずして後援つゞかず、竹槍におちつく。だから、道理を知るものは、初めから竹槍を唱へるがよい。それは又日本のアジア的事情にふさふものだ。

されば、日本の自衞を考へる者は、始めより竹槍でよいではないかといふ議論を堂々と認めるべきだ。それはさらに云へば、近代裝備が必要ないといふことである。純軍事上の計算に立脚して、戰略上日本がほゞ安定する裝備といふことにすれば、尨大であつて、內外の事情より不可能に近いと考へられる。

今日の日本がその完全な近代武裝を自主的に出來る筈がない。武裝の費用と自主的貿易の利益勘定や軍需工業の利益計算とのバランスも、もつと考へる方がよい。これは戰時平時で趣き全く激變するからだ。その勘定の最後の決濟を忘れてはならない。

由來竹槍といふものは、十六世紀の日本の農民の發明した自衞武器であるが、それが二十世紀の戰爭に現れ、今日北鮮軍に於ても、武器として使用せられてゐる。近代戰爭に於て、近代兵器に對する竹槍といふ對照が、最もアジアとその「主權の狀態」を象徵してゐるのである。

恐らく近代に對するアジアの抵抗とその自衞戰の樣相は、近代兵器に對する竹槍といふ形が、ふさはしく現してゐるであらう。これに同情する者は、再武装の空しきを悟るべきである。これを輕蔑するものは、再武装の無意味さを痛感すべきである。それ以上の意味ある再武装論を吾人は未だ聞かない。

アメリカの一上院議員の私案として、日本人の義勇軍を募集し、彼らにアメリカ兵士の給料の半額以上は必ず支拂ふと解説してゐる。たとへ給料はアメリカ兵の半額でも、さういふ軍隊に志願する日本人は、無いとは云へない。今日の日本人の中には、人間の誠實とか道德とか節操とか品位といつたものを失つてゐる者が多いからである。意氣も氣概も忘れられてゐる。しかしこれは無智な血氣者だけを責め得ない事情にある。

「朝日新聞」の捏造記事とその責任

九月末某日朝日新聞は夕刊に、つゞいて朝刊に、捏造記事を大々的トツプ記事としてのせた。朝日新聞社は直ちに社告でこれを取消し、記事執筆記者を解雇したが、記者の身柄に關しては、プレス・コード違反として現在司直の手に移されてゐる。

この事件は、單なる誤報でなく、推慮の誤りでもない。完全な捏造記事であるといふことに於て、近來稀有の事件である。

またこれは朝日新聞社の普通の信用に關する單純な問題でない。故に一記者の責任のみに歸して、これが解雇を以て事終れりとなすべき筋合のものでない。

事がらの大略は、元日本共産黨中央委員伊藤某が、關西に潛伏してゐるといふ情報が世間その筋で行はれた若干日ののち、一朝日新聞記者は、この人物と某所にて會見したといふのが、その記事である。先方の指示によつて某所より某所におもむき、その間乗物をかへ、つひにある地點の山中に至つて、目かくしされて、目的人物のまへにつれ出されたといふ。そのいきさつが記されてゐるが、會見は五分間位、話題としては何一つ意味あるものが語られてゐない。

ところがこの記者は、伊藤某と會見などしてゐるわけでなく、その夜はこの架空會見記を某所某旅館でしたゝめたのである。それを警察が調べ上げて、検擧の緒となつた。しかし警察の云ふところでは、彼はその當日、社の幹部にひかれて共に警察署をおとづれて、一應の了解を得、陰ながらの警戒を依賴したとある。

この空想記事を作つた三十歳の朝日新聞記者の心理は、精神鑑定を必要とするものである。單なる特ダネ――出世といふ意識としては、餘りに突飛すぎてゐる。

司直は新聞機構に「反省」を與へる意味で、この記者の空想が、現實化し、のつぴきならぬ形で捏造記事となつた經過の事實を、科學的に公表するがよいと思ふ。これは必ずすべき一つの任務である。朝日新聞もこれを發表して、以て天下に陳謝する心もちの一端を示すべきである。それは必ず戰後の新聞の傾向を是正する一助たるに足るであらう。

吾人は、舊來も、少くとも朝日新聞だけは、中庸健全な國民的常識を維持する新聞たらしめたいと念願し、號を重ねて、その細部に於ける「眞相もの」的興味や、その誘惑に陷つた狀態を指摘し、そのニユースセンスの不十分さを往年の朝日に比較して歎いてきたが、つひにこの未曾有の大失敗をしでかして、信用を完全に失墜したのは、吾人の老婆心にとつても、極めて遺憾である。

我國には新聞を公的に正面から批判する機關も人物もゐない。このこともこの機會に反省する必要がある。公正な新聞を國民が作るためには、かういふ問題をあらゆる角度から論ずることが必要である。

一、架空會見記を捏造した三十歳の朝日新聞記者の心理は、精神鑑定を必要とする。彼の功名的空想が嘘に轉じ、これが捏造記事に化した事實は、一種のアプレ・ゲール的なものだが、その精神鑑定とは別に、その記事を信じて採用した朝日新聞社のヂヤーナリズムセンスの鑑定を一層つよく必要とする。

一、朝日新聞のこの數年のヂヤーナリズムセンスの內實が、不健全な「眞相もの」的であることは、本誌にこの年初より必ず毎月の如くに指摘してきたのである。その外面の氣どり方が、內實をかくしてゐることが、一層の弊害を及すのである。

一、この捏造記事を描いたものの心理を鑑定する時、こゝには情狀の斟酌されるものもあるが、この記事を採用した朝日新聞社のセンスに於ては、根本的な立て直しを必要とする。

一、かういふ記事を信用する人間の心理は、今日のデマ情報をそのまゝに信じてゐるのである。朝日新聞の一部社說は、共產黨系のデマに、つねに深くとりつかれてゐる。その心理は、かういふ捏造記事を、事實と考へる心理と同一物である。(それを作る心理の方は、もう少し積極的といふだけで、捏造記事を作る心理とも基底は一つである。)吾人のこの機會に要求することは、一記者を追求することでなく、この日本の最大新聞の、不健全なヂヤーナリズムセンスを一新せよといふことである。

一、かういふ記事を採用する心理は、もはや、百遍ころんでも「正確な報道」に縁遠いものである。この捏造記事に現はれた如き、無意味な會見を伊藤某といふ人物は、何を考へて試みたかといふことを、あの記事を見た時、朝日新聞幹部は、瞬間的にでも考へなかつたのであらうか。その事實としてありうべからざる記事を、事實ありうると考へる「しくみ」と「機構」についても、朝日新聞社は反省する必要がある。

一、もしそれを事實と考へたものならば、健全な新聞の使命によつて、この記事によつて、自分らは何を報道しようとしてゐるかを考へるべきである。(しかしこの記事を事實と考へるやうなセンスの者には、さういふ公正な新聞人のセンスを求める方が無理であらう。)この記事によると、伊藤某は會見を求めながら何一ことも喋らなかつたのである。

一、今からでもおそくない、朝日新聞社幹部は、この記事を見た時、何を考へたかを思ひ出して反省することである。(朝日新聞の全幹部は自社の夕刊を讀むものと思ふ)

一、しかるに月を越えた十月初め、朝日新聞社は、共産黨の大阪の紛争を座談會で扱つてゐる。この記事をみると、さきの捏造記事を「眞實」と考へた同じセンスが、依然として一部に於ては濃厚に出てゐるのである。それは共産黨の煽情的デマをまつさきに信用し、彼らを英雄化する上で、申し分ない仕事をしてゐる。たゞ彼らは積極的意識的にその役割をしてゐないだけである。

一、朝日新聞ほどの日本の一流紙が、「眞相」雜誌と同じセンスで、多數の「記事」を扱つてゐるといふことは、國內外の情勢解說に亙つて、我々がしきりにくりかへし指摘してきたことだが、今度は最も明らかで露骨な形で、萬人にそれが明瞭になつたであらう。

しかし、これは日本にとつて大へん困つたことである。日本の一流新聞が、自主性の缺如と精神上の不安定から、「眞相」雜誌なみのデマを信じ、その機構と機能が、その種のヂャーナリズムセンスで動いてゐるといふことは、彼らが共產黨でもなく、その責任ある同調者とも見えないから、これは日本の運命にとつて、また世界の人權とその自由にとつて、今や極めて危險なことである。

故にこの揑造記事の責任は、單に三十歲の一記者にあるのでない。朝日新聞の一部の社說はこの種揑造記事的なものやデマに完全に支配されてゐるといふことは、我々がくりかへし指摘したことである。しかも彼らは正直に、後日どこかで、それをもらしてホツとして了ふやうな、不安定さを暴露する。これによつて我々には、その心理的いきさつの一切がわかる。

國聯軍の仁川上陸の社說をかいた人物も、デマの八月說を完全に信じてゐたのである。さう信じつゝ、彼のかいた記事は、その以前に於ても指摘しうる。この「彼」は一人のみでない。

我々は捏造記事の責任が、一記者にあると考へる者でないことを、明瞭に斷言するのである。天下の人は、このことを了解して、表からくるデマを警戒すると共に、朝日新聞の他の記事の場合の如く、その記事のうらにあるデマ、筆者を支配してゐるデマの作用を、十分に注意すべきである。

この捏造記事は、大衆に警戒と反省を與へるといふ上で、甚大な寄與をしたわけである。卽ち彼は朝日新聞再興の氣運をかもすかもしれない。卽ち一人の犧牲者。さうしてこれは喜劇である。「喜劇朝日新聞社」は、一部の朝日新聞社員にとつては、深刻な「悲劇」である。

朝日新聞は今こそ戰時中の傳統を守らねばならぬ。眞に心ある同人は奮起すべきである。その時我々も亦、日本の言論機關確立のために、ひそかに支援することを惜しみはしない。日本には今や自由な言論機關は喪失しようとしてゐるのである。朝日新聞は健全な新聞に立かへつて、國民の最も溫健な保守的精神にいくらかでも卽せんとする態度を、一刻も早く示すべき時である。でなければ、朝日新聞は、自滅するであらう。

朝日新聞甦生の機緣となることを、我々は待望する。その間我々は批判の筆を休めない。日本には新聞を批判する權威ある言論機關がない、又それをする權威ある文人評論家も一人として存在してゐない。我々は、誰もしない、しかし誰かせねばならぬ、さういふことは困難と危險を一排してこれを行ふ。日本に必要な役割は、困難や不利を無視してこれを果さうと決心してゐるのである。

天皇陛下の御祕蹟

岡田啓介の二・二六事件回想記の中に、その當時、陛下が特に叛軍の歸順を希望せられたいきさつがしるされてゐる。その時、陛下は、もし戒嚴司令官が歸順せしめることが出來なければ、「みづから赴いて説明してもよい」と仰せになつた。司令部は恐懼して、聖慮に則せんとしたが、そのやり方で、聖明を一枚のカーテンで覆つてゐる。(この敕語のあつた當時の軍首腦部では、十五糎榴彈を放つて議事堂を碎破してもよいといふところまで決心した狀態だつた。)

今からとりとめないことを思ふやうであるが、もし叛軍鎭壓の第一歩で、陛下の御意志どほりに行はれ、陛下が叛軍のまへに出御遊ばされたなら、といふことを我々は考へるのだ。おそらく日本の歷史は變つただらう。陛下の出御を最も怖れたのは、重臣たちである。しかしそれは官僚的な保身感情のさせたものにすぎぬ。叛軍首腦はむしろいさぎよい青年らしく、自盡して陛下の御馬前で罪をわびたにちがひない。この聖旨がさへぎられたのは、この青年たちに不幸だつたのみでなく、日本の不幸となつた。もし出御あれば、日本の歷史は變つてゐたのである。かの叛軍の中でも、心純情なものは、たゞそれを希望して身を殺したのである。この系統をひく軍人が、その後の陰氣な日本の歷史を側面から動かした脇役だつた。さういふ人々はその時迄に考へてゐたことと全然別箇の考へをもつただらう。その事實によつて、自ら彼らの云ふ君側の奸を掃除し得たかもしれない。叛軍の指導者はみな純情な人である。陛下の親臨があれば、恐らく我々の歴史は變つただらう。

しかしこの時、陛下は御意志を相談する如くに表示されたに止つてゐる。それが最善であるにもかゝはらず、たつて思ふまゝを行はうとの御考へではなかつた。陛下は獨裁者でなかつたのだ。當時の官僚的な責任感から、かういふ御意志を阻止した者はあつただらうが、特に深く考へておし止めたものも多分無かつたと思ふ。日本の大局を考へ、陛下の聖慮を實現しようとする左右の忠臣もなかつた。これが實現したら第二の王政復古である。日本の歴史も世界の歴史も今とは變化してゐただらうし、日本の大きい幸福となつたと思ふ。

結局若い軍人も不幸だつたが、日本も不幸になつた。しかし誰の責任でもない、たゞかういふ三すくみの狀態で、陛下の意志が何ら現れないといふことを、若い軍人は第一の遺憾としたのである。

かうした時に、君臣一體の實が緒につけば、その後の例の陰氣な氣分は恐らく一掃される氣運を導いたと思ふ。しかしさういふさき〳〵のことを考へた上で、陛下の御意志を阻んだ者もなかつたやうである。所謂「君側の姦」は、姦雄でなく、善良な出世主義だつたのだ。

「鈴木貫太郎自傳」と稱する本に、上海事變の白川大將が薨じた時、陛下が白川家に賜つた御製が出てゐる。

白川は軍司令官として出征する時、敵を長追ひせず、早く事變を終了せよとの内命を承つてゐた。白川はそれを忠實に實行した。當時南京迄進擊せよといふ陸海軍兩方面の共通意向を——これは根本的に事態を解決せよといふ意見である。これは一度は必ず當面するにちがひない、今しておかねば何どでも同じことをくりかへさねばならない、こんな氣持から出た考へだが——さういふ軍及び幕僚の意向を、すべて自己一存の態度で、斷乎として制して、南京進擊の中途で、有耶無耶に軍を收めた。

かういふ場合に一擧に禍の根本を制しようとするのは、普通の考へ方である。しかし王者は感情をまじへずに、氣長に對象療法をくりかへすといふ考へであつた。そのうちに王道行はれるなら、こゝに始めて根柢は治る、といふのがその考へ方のやうに思へる。

少くとも陛下の御考へはかういふ、大樣で平和的なものが基礎になつてゐたことは明かだ。それで陛下は、白川がよく御內意を守つたことを、深く叡感されたやうである。後に白川が上海で不逞な鮮人に爆彈を投ぜられ、そのため薨去した時、陛下は深く悲しまれ、その御製一首を賜つた。入江侍從が謹書し、鈴木（當時侍從長）が白川家へ傳達した。その御製は、鈴木はこの自傳口述當時失念してゐたのであるが、後に編者が注してゐる。左の一首である。

をとめらの雛まつる日に戰をばとゞめしいさを思ひ出でにけり

上海事變は三月三日に終つたのである。この御製は非常になつかしい、やさしい、王者豁達の風格を持つ名歌と拜さる。しかし今よむと涙がにじみでる。

ところで當時何故この事實も御製も一般に公表されなかつたのだらうか。この聖慮は阻まれた。これが公開されたならば、日本の進路を變へる一つの機緣となつたかもしれないと思ふ。しかしこのことは大東亞戰爭がよくないとか、所謂革新軍人が惡いといふことのために、申してゐるのではない。もう今では想像されないやうなことだが、一切が救はれ、處を得て、正氣をとりもどすやうな、本質的な道が、これらを機緣にして開かれたのでないかとおもはれてならない。

鈴木の自傳によると、この御製の公開をとゞめたのは、本庄武官長だつたといふのである。十年間祕密にしてもらはないと「滿洲方面や支那陸軍部內に於ても不滿を生ずるかもしれん」と本庄が鈴木に云ひ、鈴木も白川家で祕密にするなら、自分も祕密を保たうと約した。

「正しい事の御仁慈の事を內證にしなければならん、戰々兢々としてやる、何か狂人の世界に入つた樣な氣がして、軍紀が紊亂してゐるなと直感を受け歎いたことである」と鈴木は云うてゐる。

小生はこれをよんで慨歎したのである。鈴木は陛下の御信任を得て、國の重職を拜し、身は軍の長老である。しかもこの一句に現れてゐる卑怯未練の處生語は、凡そ仁者に遠い存在である。國を亡すもの、つひに少壯血氣の靑年將校に非ずして、これら臆病未練な軍長老にあつた事實を、こゝにまたもあり〳〵と知つて、余は懷慨悲憤を禁じ得なかつたのである。

靑年將校は己が生命を殺して革命を志し、重臣長老は一身保全のために、局面の糊塗に汲々としてゐたのである。國の亡ぶ時の實相は、岡田、鈴木の兩者が、自身の行動の上で證しつゝ申し分なく述べてゐる。

（「祖國」十二月號）

學生の低下

一般的に云はれてゐる大學生の學力の低下は、憂慮すべき問題である。その理由を云へば色々の云ひ分はあらうが、終戰以來すでに五年、戰時中のことはもはや本人の言訣とならない。又目下の時勢のことも、遁辭にすぎない。いやしくも學に志して、大學の門をくゞつた以上、必ず學問に專念すべきである。この一點では、低下を合理づける辯明は許されない。

又新しく大學教員となつた人々の、學力の不足も憂慮すべきことである。これもさきの學生の場合と同樣、すでに五年の今日辯明は許されぬ。まづ學問に努力すべきである。第一に信念を確めるべきである。

學問を思ふものは、金錢よりも學を愛さねばならぬ。金錢は非情であるが、世間の實相をみると、必ずこれを最も愛する者の懷に集る。學問と金錢を共に愛するといふことは、この辛い世の中では難事である。故に學問を志すものは、まづ金錢の方をあきらめるべきである。

好適な近代生活を樂しみたい者も、學者をやめて、日本銀行員にでもなることである。今さら銀行員にも實業家にもなれぬと思ふものは、自分の初めの志望に當つて、不敏にして一生の大事を謬つたことを反省し、あきらめるより他ない。學者は眞理を愛するのであるが、今日の日常の好適な生活は、多分に眞理と節操を犧牲にせねば出來難いやうな仕組になつてゐる。眞理と共に好適な日常生活を同時に愛するといふことは、今日の辛い世の中では矛盾か不可能かである。

今年あたりから、一般家庭の狀態が、舊風を囘復してきたので、地方の普通家庭の子弟は、多少好學の心をもち出し、これに應じて、教員の間にも、舊風の學力を漸次囘復するものが出てきた。

都會地の小中學校の教員の間には、言語道斷の徒輩も少くないやうであるが、地方に於ては、小學校教員は未だ墮落するもの少く、まづ小學校の教育が、一歩確立の狀態にある。これは慶賀すべきことであるが、これに應じて、上級學校教員の方も、漸次學力を増加する心構へをすべきであらう。本分を盡せば、天必ずこれに酬ゆるであらう。

この秋の休暇まへ、第一期の試驗をうけることを嫌つた學生が、東京大學に集り、試驗を逃れるために、共産黨員と合同して、幾日か騷いだことがあつた。この事件はおそらく學生の學力低下の最後を象徴する事件と思はれる。これを新聞紙が物々しく傳へて、彼らを革命の英雄の如く思はせるのは、最もにが〳〵しいことである。

二十年三十年前の東京帝國大學には、試驗期になれば、試驗の意義如何と自問自答し、その解答を見出し得ないで、五年を過したやうな哲學學生がゐた。出席しないで代りの返事を人にしてもらふやうな、今の下劣な學生は昔はなかつた。出席せねば受驗できないなら、せぬがよいし、ぜひ受驗したくば出席するのがよい。これは當り前のことだ。

要するに學生は、淡白に、餘りいそがず、物欲を去ることが必要である。それが出來ないといふなら、もつと理想にいそぐがよい。人を僞瞞して卒業證書のみを入手するといふやうな、「僞瞞」を思ふ心がよくないのである。一人二人がさうだといふ時は、仕方がないが、皆が皆、さういふ氣風になつて了つたことは、慨しいことである。さういふ「僞瞞」によつて得られる地位の如きに、あくせくすることはない。しかしかういふことは、大學とその教員がよくないことである。

卒業證書を、就職に利用せぬつもりの者なら、これは「僞瞞」とは云へない。むかしの一人二人の「卒業證書」は、さういふ「僞瞞」のためのものでなかつたのである。

學生は少しばかり淡白になるべきだ。世の中は物欲だけで動いてゐるのでないといふことを、心の底からさとるべきだ。むかしは九十人の人は、おのづからにさう思つて、學問に志し學生になつたものだ。今でも世界中の物のわかつた人々は、みな立派な人格と精神を第一に尊敬してゐるのである。ところが、この頃の民主主義時代とは、人の行爲を惡しく推慮し、ことに日本人のことを惡く〳〵云ふ時代だと考へてゐるらしい。さういふ若者が多いのである。

戦時中は日本及日本人のことを極端によく云ひ、軍を謳歌して時代に便乘した人々が、終戰と同時に、日本人及日本の惡口を云ふことが、時代便乘の方法だと考へた結果である。戰後派人物は多かれ少なかれさういふことを口にした者らである。

しかしいづれにしても、方今の學生の行ふ無軌道などをさして問題にすべきでない。特に大人の新聞では誇大な報道をせぬことだ。記者はもう少し冷靜になつて記事の扱ひ方を注意することである。今度は追放解除で、若干戰前の新聞人も復活すると思ふが、彼らはせいぐ\元の新聞へ歸つて、少しでも今の新聞をよくするやうにしてほしい。

學生には社會的な何の特權もない。たゞ學問をするといふ點で、與へられてゐる特權の如きものは、すべて大人の與へる恩惠である。この點に於て、學生は謙虚でなければならぬ。謙虚といふことは、自主の精神をもつ者にのみ附き從つてくる德性である。

大學の騷擾と教授の責任

共產主義の教育者で、政治的に日本共產黨に加はり、或ひは同調し、その國際革命の陰謀に加擔するものを、「國家公務員」から追放するといふことは、極めて當然のことである。

ところがこれに反對する共產黨系の學生が、この反對を政治運動に導き、同盟休校をして、教室を占據し、校外の人間を教室にひき入れ、「自由主義の擁護」といふスローガンで騒いだ。彼らは自由主義教授一般を對象として、やがて追放は彼らの上にも必ず來るといふことを唱へて、彼らを追放から擁護するのが、この運動の目標だと宣言してゐる。

これに對し、日頃學內自治を唱へる大學教授たちは（彼らはみな、共產主義者か、その同調かないし自由主義者な筈だ。）直ちに警官を呼んで學生の運動を抑壓し、後にその主謀者を退校處分にした。勿論「學內自治」は、學生と教授とで、交々ぶつこはしてゐるのである。勿論さういふ言葉は、彼らが自分らの黨閥的利益を擁護する時に使ふ言葉だつた。今後かういふ言葉は、大學で口にせぬがよい。それを口にするのは、御都合主義といふものだ。或ひは「僞瞞」といふものだ。

しかし戰後の大學教授の多數は、一通りは左翼同調者らしい口をきゝ、戰爭中も自由主義者だつたと宣言し、まだ二年まへまでは、その自由主義は共產黨を許容する立場だとのべた筈だ。さうして多少とも保守性をもつた人々や、たま〳〵追放にあつた同僚の惡口を云ふことによつて、己の保身の策としたものだ。しかし彼らは保身といはず、「學問」に於てそれを語つたものだ。

今日さういふ人々は、明らかに態度を決すべき時だ。「自由主義と民主主義を擁護」するといふ學生を、一應の訓解も與へず談合もなく、放校に處す如きが、「自由主義教授」の態度とはうけとれない。

教授たちの中で、現在も共產主義に同調する者は、「國家公務員」の身分をすてるべきである。過去に同調したものは、その理由と現在の心境を告白すべきである。學者は淡白でなければならない。その身分を棄て、世の中へ出て、本當に一人立ちして、世間の風をうけてみることは、「學問」のために決して惡いことではない。しかし戰爭中の自由主義學者や左翼教授で、さういふ普通の潔白な生き方をした者を、我々は一人も知らない。この潔白は、國と民を思ふ心に通ずるものだ。

どちらにしても、今日「自由主義教授」といふものは、自分らで、さういふ考へ方に教へ育てた學生たちが、「自由主義」の危機を呼んで、その「防衞」に立ち上つた時、これを無下に退け、警官をよんでこれを壓迫し、その跡始末に於て、放校處分にしたのである。

我々は、事の善惡を問はず、かういふ「師」の態度を嫌ふのである。今や彼らは潔く教壇を去るべきである。去つて信ずるまゝを行ふものは、別の部位を発見するがよいし、改めて反省したものは、それを公明に口にすべきである。

つねに曖昧な處生をなし、自己のもつ曖昧な情勢判斷と步調を合せようといふ如き態度――わが國の「自由主義者」と稱するものが、この二十年間の世渡りの方法としたものは、今日の國際情勢の中では認められてゐないといふことを知るべきである。今や日本人もさういふものを認めない。これは賢明といふべきだ。

教壇の方も、追放解除で、以前の學者がだん〳〵歸つてくる。そこで、教壇の低下はもう心配することはない。半分の教員がやめても困ることもない。「良心」をもち「僞瞞」を憎むものは、そしてその五年間の過去の言行を記憶してゐるものは、潔く「良心」のために教壇を去る方がよいだらう。

共産黨員の學生も、今の情勢では、大學生が一日二日さわぐことなどその「革命」に何のプラスともならないことを知る方がよい。三流新聞記者（今日の所謂大新聞の記者はみな三流記者になり下つてゐる）のふる提灯に身を寄せて、そんな人集めを、「革命の演習」などと認められて、それで煽てられてゐるのは、花やかだつた二十年昔の眼から見ると、なさけない。

下らぬ教授と卑怯な學生が大學から半分ぐらゐゐなくなると、日本の新興大學も、多少大學らしい風貌をもつやうになり、この機會に、大學の數が減少した方がよい。これは稅金を拂つてゐる國民の希望だ。さうしたなら大學教授の待遇も少しよくなるだらう。

國民は「大學」とか「學生」といふ名前を必要としてゐない。その實質が欲しい。今日は教育者と文部省が、「名分」を紊してゐるのである。

中産階級の問題

日本の中産階級は、今日消滅しようとしてゐるといはれてゐる。さうして一部の論者は健全な國家の構成といふ見地から、これを憂慮してゐるのである。

しかし中産階級とは何かといふに、近代的な好適な生活をなし、自らは教養をもち、子女に最高の教養を與へうる、しかもその收入は半恆久的に保證されてゐなければならない。

卽ち財産による收入である。

我々はさういふ中産階級が消失してゐる事實は、十分に了知してゐる。しかしこれを以て、國家の健全さを云々するには、多少の注意が必要である。

舊來の中産階級といはれたものは、專ら都會の宅地地主と借家持、地方の地主と山林家、これが中産階級の主體であつて、彼らは恆産はあるが、必らずしも「近代」生活を理想とし、それを實行してゐたのではない。しかしこの階級は、確かに今日崩れ去つた。その頃の都會の高級社員や株式所持者、活動性の商業家——中産階級的收入をもつ——を、この健全な中産階級に入れないのが、「中産階級」の常識だつた。これは社會意識と國民の心理的な問題として解釋すべきところであつた。

今日我國の社會に於て、一通りの教養をもちつゝ、「近代文化」を享受し「近代生活」を快適にし得る階級がなくなつたといふことは、別の表現をすれば、我國に於て、「近代文化」の持續が、すでに危機にあることを意味してゐる。

もつとも終戰協定の原則に從つた場合、日本の「近代生活」の基礎は、前世紀の社會狀態に他ならないのだから、今世紀の「近代」生活を享受しきれぬことは當然のことである。のみならず今日に於ては、日本のアジア的條件と環境に於て「十九世紀的」近代を享受することさへ不可能だといふことは、決して論證上の手間を要さぬ。

しかしこのことは「近代文化」の奪取への傾向が、當然であるといふ證とはならない。つまり今日の狀態で當然アジアに於て、特殊な狀態にある日本の貧乏の中では、國際共產主義を急進せしめる餘地は少いのである。この特殊な日本の貧乏の、目下の狀態については多數の問題をふくんでゐる。危機はしきりにくりかへしておそつてくる。しかしなほ破滅しないのは、一切が自體の中で抵抗してゐるのである。單なる外援によるのではない。外援によつたアジアは蔣政權も李政權も一應みなつぶれたのである。

わが中產階級の復活は、今日期待できない。又期待すべきでないであらう。それは終戰後の社會主義政策によつて、地主の土地を放し、宅地賃貸料を有名無實化し、借家賃を解停止したことは、一應國是の如くとられた、この國是は變更し難いであらう。

要は中產階級的生活の基礎をどこかへ築かねばならぬといふのが、中產階級の必要をいふ人々の考へ方と思ふ。これは恆心のために恆產を重んじた舊時の人々と異り、近代的快適生活の保證によつて近代持續の希望を形成せしめようとするのであらう。しかしさういふ今日の「近代」生活の基盤となる機構組織は、日本に許されてゐないのである。この終戰以來の苛酷な現實を、それらの人々は十分認識すべきである。

また恆產的なものをもたない時、最も健全な中庸を現す保守主義、所謂中產生活的雰圍氣の生れるわけがない。さらに浮雲の如き不安定な收入保證では、その享樂生活も浮雲の如くにしか現れぬであらう。この現實は終戰以來今日につゞく享樂の實相である。

この意味で、「近代生活」を快適に文化的に享樂しうる程度の收入保證を要求することは、要求する者の勝手であるが、このことはたとへば英國や舊日本にあつた中產階級の國家的存在といふことに結びつけて、中產階級の必要といふ國家的立場から、さういふ「程度の收入」の保證の説をなすことは、實に勝手極る言ひざまである。それは「必要な中産階級」と何の關係もない主張である。

「近代」の體制を日本に維持するために、又その持續の側へ國民の希望をよせるためには、何らの産（恆産）をもたない「中産階級」を作ることも一派の人々にとつては必要と思へるかもしれぬが、健全な國といふ考へでは恆産上の「中産階級」を殘すことが、一層必要にちがひない。

しかし、我々は、近代的「中産階級」の消滅を必ずしも、絶對的に悲觀しないのである。我々は、わが國家の見地に立つて、「近代生活」を安心して享受し得る如き階級を望まないのは、彼らを國家觀の見地から、決してたよるべき人々と考へないからである。我々の見地から云へば、さういふ「近代的」な新しい中産階級の出現は、反つて日本とアジアの本質とその念願の反對者となるものと思はれるからである。

追放解除

九月上旬公職資格訴願委員會の審査を通過してゐた約一萬名の追放解除を、總司令部では十月中旬、委員會の審査通りに全部の解除を認めた。これは終戰以來の大事件であつて、今後日本の各界に甚大な影響を及すものと考へられる。

公職追放者の概數は二十萬六千名で、これは中央地方を通じて、戰前の第一線人物を網羅するものであつた。

このうち訴願を提起したものは三萬二千八十九名。約七分の一である。うち訴願通過は約三分の一。

七分の一しか「訴願」を提起しなかつたといふことには、いろ〳〵の理由があらうと思ふ。

新聞紙はこの解除者を大げさに迎へた。これについて總司令部では、聲明を出して、追放は全部總司令部の謬つた決定であつて、これを解除したのは吉田內閣の善政だといふやうな印象を與へたのは遺憾だと云うてゐる。

總司令部はさらに、解除者を迎へる日本の輿論の動向が、あたかも凱旋將軍を迎へ入れるやうだつたと評してこれも遺憾としてゐる。しかしこの風習は、ソ聯に於ける監禁者を迎へ入れた時以來、戰爭關係によつて、自由を奪はれた人々を迎へ入れる日本上下の風である。事情に少し異るものがあるだけである。

今日の政治の無力さ、經濟界の不安定、官僚の墮落にこり〳〵して了つた國民は、多かれ少なかれ「戰前の筋金入りの人物」の復活によつて、日本の安定が一歩地につくだらうといふ期待はもつてゐる。誰も合理的に云ふのでなく、さう信じてゐるのだ。

元東京帝國大學教授安井郁、前新日本婦人同盟會長市川房枝などは、「追放」は承認できなかつたから解除が當然だと、その發表の日に新聞紙上で語つてゐるから、「訴願」といふ

と辯解してゐたのであらう。「訴願」といふ言葉は、日本語では封建的な感じを持つた言葉であるから、この場合少し異常な感がする。封建時代以來、わが國では、役所に對しては、何ごとによらず「願ひ出る」といふ樣式しかなかつた。解除發表者で新聞紙上で前非を悔いた人は一人もゐなかつた。みなたゞうれしいといふか、不當に追放になつてゐたと辯解してゐるのも、變な話だ。

日本共産黨はこの解除に反對してゐる。彼らは本心から、自分らが追放になり、人が解除になるのがたまらぬ氣持なのだ。追放の當時特に力を入れて當局に密告したり、追放者名簿を勝手につくつて暴力を以てこれを當局に强要したのは彼らである。しかし彼らの密告によつて追放になつた戰前の一流人物の中には、この機會に復讐的に彼らを密告したり、その追放の運動を策する者は、一人もゐないのである。さういふ下等な復讐心は「日本」にないのだ。これは戰後にのさばつた共産黨の者らと、戰前一流人物の心がけの違ひである。

しかし共産黨の暴力と陰謀の政治工作によつて追放になつた人々、それ以外に理由のない人々は、さういふ理由をあげて「訴願」し得るのであらうか。これは氣の毒で、出來ないと思ふ。それは審査當局を輕蔑することとなるからだ。日本人や東洋人はさういふことを自他に對する失禮と考へるのだ。

發表當日の日本の大新聞は、この解除を、「反共陣の强化」といふ言葉で歡迎してゐるのである。言論思想文藝の面に於て、特に反共態勢の必要な面で、この「强化」氣分は少しでも動いただらうか。實際實質的には何ら强化されたわけではない。新聞の云ふことは、今日は單純すぎるので、反つて人を迷はせる。

訴願者が、七分の一にしか達しなかつたといふことになほ問題があると思ふ。すべての人々が追放によつて、言動上の不自由と生活上の不便に耐へてゐるといふことは、當然のことである。しかもそれでゐて「訴願」者が、全體の七分の一にしか達せず、第一流の人物が多數「訴願」手續をしなかつたといふことは、機微な問題である。これは「訴願」しなかつた人々だけの問題ではないのだ。

かういふ機微なわだかまりを解決することは、講和問題の一項目であらう。これを解決することは、日本の心持を確立することとなる。これは最も大切なことの一つだ。日本の自主的な生産力と、精神的組織力を確立するために、高所より美事に解決すべき問題である。日本の體勢を物心兩面で防共に組織する思想は、まづこれを解決することを考へねばならない。

「朝日新聞」は編輯部の責任で二つの無署名記事をかゝげ、一つには「新しい人々の得た地位を荒すな」と喋らせ、今一つには「この機會に迎合主義を反省せよ」と云はせてゐる。これは同紙社說と步調を合せてゐる。社說では、追放はすべて聯合軍の手で他力的に行はれたから、自身は自己反省することなく國民もこれが追及に寬大だつた、このことを今日反省せねばならぬ、と彼はのべてゐる。どう反省するかその大切な點では何ものべてゐない。たゞのべてゐる一つのことは、解除者が舊來の實力にものを云はせて、戰後の人々の得た地位を荒すことのないやうに注意してゐる。

彼は又、戦後の新人でなければ、終戦直後の政界財界はきりぬけられなかつただらうと云うてゐる。これは多少當つてゐると思はれる。さういふことは卑屈と無恥を意味するだけだ。日本の自立的權威を若干でも確立するといふ方では、彼らは一つも働いてゐないのである。切抜けるために働いたが、これは己の物慾の充實のためであつて、彼らは卑屈と恥辱を意としなかつた。彼らが國家社會の自主獨立のために働いた例はないのである。

このやうに朝日新聞社説が、解除者に反省を求めたのに、「追放解けた喜びの人々」（同紙記事）の中で、反省の語をのべてゐるものは一人もゐないのである。かういふ點とひき合せると、この社説の裏の意味がよめる。日本の虚榮の社會、物慾の社會には、戦後初めての「大不安」が起つてゐるのだ。すべての戦後派がその「地位」と「繁榮」の不安を感じだしたことは、一朝日新聞記者の告白（社説）に十分よみとられるのである。

のみならず舊來や〻不遇だつたものは、この「一流人」の復活に最大限の歡迎の辭を惜しまない。これは發表以來、毎日の新聞紙にみるところだ。さらにまた舊來「追放者と同罪」といふ名目のもとに、多少阻まれてゐた人々が、この機會に無爲にしてその障害を一排して了つた。謀略的にさういふことを世間にふれ廻つた連中（共産黨の者ら）が、今日はわが身のものとなつた「追放」によつて、さういふ陰謀的策動をなすことが出來なくなつたせゐもある。

從來も今後も「追放」にならなかつた人々は、何の遠慮もいらない、「追放」はなつた者だけが「追放」だ。「潜在追放」といふやうなことばは、陰謀の手段であり、權威を害せんとする者らの謀略である。しかしその陰謀の主體となつた共產黨は、今や實際的に失墜してゐる。彼らの密告を誰も相手にせぬだらう、（早くさうならなければいけない。）たゞ今度解除の者が、非解除者を犠牲にして自分らの「無罪」を云ふやうなことはよくない。さすがに小說家たちは若くても人物が出來てゐるので、「たゞうれしい」と阿呆のやうなよろこび方だけを公表して、追放が間違つてゐたとも、解除が當然だとも云はない。本人の代りに、追放にならなかつた友人が、本人が「追放」に當らぬ理由を辯じてやつてゐる。しかしこれは「後から」でも、惡い嫌なことでない。

社會には、戰後初めての「大不安」が起つてゐるのだ。日本内部も、この點で多事になるだらう。これを嫌ふ者は、今しばらく物慾界にふれず、精神の忍耐を試みる時である。

日本の內部では、今はげしい爭ひが始つてゐる。戰後に地位と現勢的な繁榮のより所を得たあらゆる人々に、「大不安」の分身がおそつてゐるのである。精神を持し、志をもつ者はかゝる俗世界の爭奪戰に、しばらく關係せぬがよい。新しい「訴願」はひかへる方が精神の持主のゆき方である。さういふわづらはしいきたならしい爭ひに加へられることは、これによつて避けられる。しかしその無關心を持すためには、十分な忍耐が必要だ。同時に絕對の自信が必要だ。しかしさういふ人々は、日本が必ず立上ることを信ずべきであり、又信じてゐる人々にして初めてそれは可能だ。それと同じことを無言で信じてゐる無名の國民は、實に强大な數をなしてゐるのである。三千年の日本歷史を顧みて、日本が何事によらず如何に優秀な民族であつたかを、改めて反省すべきである。

解放者諸君が、今日の戰後的人間より、數段數倍、何れの面に會ても、秀れてゐることは、萬人の認めるところである。且つ五年間堅忍自重の生活より得た人生觀は、必ず加ふるところあつたであらう。

彼らは今日戰後派の得てゐる如き物慾生活に、元來より第一の關心をもたなかつたといふことも、多分間違ひない事實であらう。戰後派と同一關心で、彼らと爭ふことがないことも、われらの望みたいところである。我々が彼らに期待することは、すでに現れてゐるさういふ世俗的な爭ひの誘ひを一排し、低い戰ひを一蹴し、人生の高い意味に、戰後派の知らぬ「理想」があることを、さうして人間は「理想」に生きるものなることを、今日具體的に示すことである。さういふ心境に達してゐることを信じたい。

新假名遣は自主的に停止すべし

戰後の文部省は、左翼の暴力の示威によつて、民間學者を入れると稱して歴史科を「唯物史觀」にゆだね、一方新假名遣を採用した。さうしてこのゆき方を「民主主義」と稱した。

しかし民主主義の本義は、それの生れる生活機構をつくり、その共同利益を享ける住民の合議によつて、ことを自主的に解決するにある。

その間一國一民族の傳統と習俗とモラルはこれを一片の政治論や政策論によつて左右す

べきものでない。それが權力「獨裁」と異る「民主主義」の立まへだ。

新假名遣の缺點は、第一に正確でないことである。第二に古典と傳統のモラルにつながらないことである。第三に美しくないことである。

この故に正統的に日本文學に志をむけてきた文學者は、誰一人としてこれを採用してゐない。谷崎潤一郎の如きはこれを採用する新聞紙に執筆を拒絶してゐる。

文學者のみならず、多くの文學と美に關心をもつ學者も亦、新假名遣を拒否してゐる。日本民族が永續する限り、必ず正統假名遣は永續するのである。これは日本を一貫する言葉の天造のおきてだからである。だから國語を學的に考へる立場に於ては、新假名遣がなくなることは、太陽を見る如き事實である。新假名遣の實施は、「政治的」なものである。

我々は誤つた文法で、日本民族の永遠に傳へる詩文學をしるすことはしない。後代の校訂者を患すことは、彼らのために勞力の無駄だからである。

この國字國語問題は、外國から來た多くの學者文人、それに教育技術者も問題にしたところである。しかしその中で我々が尊重するのは、學者文人の説である。教育技術者は、どこの國でも同じであつて、彼らは學者文人の範圍にとゞかぬ政治的存在である。

しかし國語國字問題といつた、一民族の永い久しい傳統と、習俗と、モラルに卽したものは、政治政策的に決定すべきものでない。さういふ民主主義は世界中にないのである。これは政治問題でなく、學問上の検討を經ねばならぬ問題である。（ユネスコもさう考へてゐる）

英國からきたブランデンといふ詩人と、フランスから來たグルツセといふ美術考古學者は、國語を簡單にしようとする考へ方は惡い考へ方だと批判してゐる。この二人はこの五年間にきた外國人の中で、學者文人といへる二人きりの人である。

グルツセはさういふ問題は日本人がきめたらよい問題だと云つてゐる。その説に對し、ブランデンは、「それにちがひないが、美しいものがなくなつてゆくのを、じつと見てゐるといふことは惡いことだ」と、積極的な意見をのべてゐる。(これは米國人グレン・ショーが示唆して斷言させたのである。)ブランデンは、保守的で謙虚な詩人と思はれる。

今日の世界の有識者の關心は、新しいものを作ることより、すぐれた古いものが失しなはれたり、破壞されてゆくことを防衛する方に多くむいてゐる。新しい建設といふ掛聲は破壞と喪失しか結果しなかつた。これは二十世紀の文明の事實である。日本の五年間を見れば、その標本のやうなものだ。

三千年の歴史をたゞ一みちに「くに」をなしてくらしてきた民族の生活とモラルは、八百年、六百年の歴史しかもたぬものに容易に理解できない。まして三百年二百年の國家の歴史しかもたぬ市民に理解できる筈がない。

これは觀察者が善意であるといふことと無關係である。むしろ善意が負擔となる。古い老大國の習俗の禮儀として、相手の善意に對しては極めて弱いといふ性格をもつてゐるからである。

新假名遣は他人の忠告をまたず、自主的に停止すべきものである。それは一民族の當然の處置であり、恥辱を重ねぬ所以である。

昭和二十六年　祖國正論

（「祖國」一月號）

昭和二十六年を迎へる（アジアの希望）

二十世紀の最大にして中心の問題は、アジアの解放である。二百年の植民地史は、二十世紀の前半に於て變貌した。過半のアジア地帶が、ヨーロツパの植民地狀態より獨立したのだ。これは昭和の第二次世界戰爭の生んだ成果である。そのために日本と世界は、無數の大犧牲を拂つた。

アジアの自覺は、日本に於ては、明治以來、その政權の外におかれた在野浪人の世界の熱情として、うけつがれてきたのである。その思想は一部の軍部に協力したのでなく、國家が戰爭狀態にあることに共力し、且つ自らは、元來の信念と情熱を燃したのである。吾人は、これを愛國心といふ。この二つの方途を、昨日も今日も明日も否定しない。

しかし吾人は、「近代の繁榮」をアジア人の手に奪ふことが、最終目標だとは、夢にも考へない。アジアの獨立とはさうしたことの謂ではない。又アジアの恢弘せんとする理想は、さやうな「近代の繁榮」を指すのではない。しかるに一九四〇年代の日本は、その戰時體制として、この懸絶したもの、矛盾したものの綜合一體化を策してゐたのだ。このアジアの深刻な矛盾は、日本に於て最も深刻であつた。しかし日本の目的を「近代繁榮」の自主管理において考へた軍一部の思想は、決して今日も否定されてゐない。戰爭した軍人個人の野望だけが罰せられただけである。

しかもその野望の罪とは何か。人々は己の良心にきくべきだ。アジアの歴史の聲にきくべきだ。この野望を歴史の言葉で云ひかへ、それを絶對罪惡と斷じうる者は、どこにゐるか。我々は「絶對平和論」をかゝげ、その絶對罪惡性を歴史の言葉に戻したのである。我々はその人を憎むのでない。我々はその人々の誤りを悲しむまへに、「近代」そのものの罪惡と不正を摘發する。

二十世紀後半の時代は、アジアの理想の恢弘する時代である。その間に必ず大戰爭は起り、「近代」社會は、自身のもつ原理に從つて自滅するであらう。されば東方の光りは必ず輝くのである。

昭和二十五年後半期は日本に於て、切迫した形で、アジア的自覺の緒が再び軌道にのつた時代である。その寸例は一二にとゞまらない。朝鮮に起つた兵火と、その人海作戰の生々しい狂的情熱は、日本人の良心に、アジアの情熱が虚無化と絶望化とを形象する原因は、どういふ世界史的構造の中から生れるかを、ありありとおもはせたのである。

かくて國内にアジア的言論は恢弘せられ、自主言論は復活の兆を見せた。しかも眼をアジア各地に轉ずる時、その地域の指導層の間に、舊來のアジア的人物の續々とした再登場をみるのである。第一期の植民地官僚の時代をへて、その民族の不平は、その下層官僚の獨立運動に轉化し、それが共産主義者の手に移る時期をへて、今やその混亂の中へ、自主的なアジア的人物が、大きく立ち現れてきたのである。

東洋の風雲は、すでにその狂濤の周期をちゞめつゝある。狂濤の間に味ふ波の靜寂は、限りない怖れをおもはせる。髪の毛の落ちる音さへ聞えるやうなしゞまが、その瞬間に世界をつゝんで了ふ。かゝる狀態の中で、我々は安逸な一切の日本の平和論の棚上げを求める。今や通俗の平和論は、たゞ絶對反戰論としてのみ通用する時が來ようとしてゐる。しかし絶對反戰論者らが、アメリカのクエーカーの徒らのC・O運動（良心的非戰論）に模して、さういふものの存在權を、日本政府や國聯に向つて希望することは、止める方がよい。さういふ安逸は、戰爭より罪惡である。卑怯は戰爭より罪惡である。

昭和二十五年後半期は、止むを得ざる事態によつて、日本の言論界は、都市地方の刊行物や言論を通じて、その細部斷片に於て、アジアの問題へ囘歸したのである。その事態とは朝鮮で起された戰爭である。さうして、この年を越える日本の態勢の中には、おもむろに、アジアの自主的言論の囘復の兆がみられる。それの正邪良否の討議はともかくとして、さういふ傾向に十分の注目を怠らず、警むべきものを必ず警しめねばならない。

昭和二十五年を送り、來る年を迎へるに當つて、この點に於て、過去五年間にかつて見なかつた多事がおもはれる。されどこの多事は、光榮であり生甲斐である。云ふ迄もなく困難には細心でなければならない。

我々は大なる犧牲の末に、すでに希望と理想を一段と明らかにする年、これはヨーロッパの思ひ得ぬ壯大な「希望」である。一般に「近代人」は、誰一人として、この心の中を貫く光を知らない。かつて東洋の光の實體を語り、アジアの光をくりかへし口にした者も、殆どそのすべてが、この全構造とその根柢を、史的に現實的に捉へることに成功し得なかつたのである。

アジア五千年の精神文明の傳統と、二百年のアジアの民の血涙は、すでに我々に榮光を祝福した。

「時」に抗する子らよ
「運命」に無關心を表明する子らよ
封鎖のおのづからにくだける音を聞く恩寵の子らよ
新しい年は來らん。

二百年間誰も覺えなかつた新年の新しさを十分に享けよ、幸ある子らよ。

新年に當つて、我々は生命を尊び、魂を尊び、精神を尊ばん。己自身のもの、日本のもの、アジアのもの。人々は「希望」のなほもアジアとアジア人にあることを知り、それがアジアとアジア人のみにあることを悟り、さらにそれを知つた者は、誰でも必ず「希望」をもつことを、了解すべきである。

自給自足體制を緊急に考へよ

中共の大軍が南下して戰爭は再燃した。今日國聯軍は敗退をつゞけてゐる。現在の見透しでは、一、米國が敗退するか、一、ソ聯が敗退するか、一、第三次世界戰爭に入るか、の三つの場合しかない。いづれかの「敗退」なくしては、「妥協」はない。

この切迫した狀態に直面して、國内外の治安維持のために、日本は第一に何をなすべきであらうか。まづ右の三者のうち日本は何を望むかである。

第一に警察隊が國内革命軍に對し無力であることは、革命史の研究者のくりかへし指摘した通りである。警察隊は、「治安」安定を眼目とし一つの政治機構に隷屬する組織である。治安には原則として、軍の本義とする理想、その理想のために最後の一兵まで戰ふといふ信念の遂行感を與へる本義がない。これは一般の治安確保を使命とするからである。それはつねに相對的判斷となる。

故に今日の國内治安問題に於て、心ある者は、國家の建國の理想を守る實力を求めてゐる。さういふ實力の實體はとりもなほさず軍隊である。警察は建國の理想を守る組織でない。治安維持の組織にすぎない。

しかるに建國の理想――軍に於ては、建軍の理想となるものは、戰後の世間にも亦民主主義憲法の中にもない。故に建軍は、不可能である。建軍の理想となるものが無いからである。つまり以前は統帥權に象徴されたものだ。さういふ理想のない軍隊は、人民に對しては最も惡い武力の集團であり、敵に對しては最も無力な烏合の衆と化す。

日本は戰爭が擴大した場合、ある終末時期には必ず介入するのである。國の內部からさういふ自衞が必要になることも想像されぬわけでない。介入の惧れは日本の復興狀態、都市と產業の狀態の當然の結果であつて、日本の復興した近代設備を停止せぬ限り、不介入や中立や平和といふのは、空念佛である。

すでに日本は近代戰に介入しなければ生存しきれぬ組織下の多數人口を擁してゐる。東京都の如き大都市、阪神地帶の如き四つの工業地帶が、戰爭に介入せず、中立を守る上では、それがどのやうにあるべきかを、中立論者はまづ云はねばならない。

しかし日本には大體に於て、等分される位の人口が、戰爭に介入せずにすむ經濟と生活を依然として守つてゐる。つまり戰爭介入不可避な日本と、可避の日本があるのだ。

ゆゑに建軍の理想を立てる時は、いづれかに立脚せねばならぬ。不可避の側は再軍備に着手してゐるであらう。しかし彼らは、建軍の本義と理想を、日本の內部の眞なる日本——介入可避の日本、本質生活を營む日本に對し、解明する必要がある。

されど今日さし當つて必要なことは、新聞報道に國民が一喜一憂せぬことである。これは新聞社自身が國際情勢に對し、斷固たる自信をもつことであると云ひたいが、これは現狀としてもてない。當然もてない。それゆゑ己の將來の念望に信念をもつことである。さうして知的浮動者風な購買力をあつめる類の戰爭煽動記事は、非講和日本の現狀として謙虛につゝしむべきである。

しかし國民があげて靜穩を持すためには、まづ自信をもたねばならない。しかもこの自信は、たゞ自給自足體制の確立にまつのみである。これは難中の難事業であらう。されどいつかは必ず來る時の用意である。自給自足の必要な日は必ず來るであらう。自給自足になつて、五ケ月で戰亂が治まるといつた、甘い前例を考へることは禁物だ。

今日緊急に考へるべきことは、自給自足體制である。我々はこの體制の合理的根柢的運用の結果として、日本の平和が守られる所以を、本誌上にくりかへしのべ來つた。（「絕對平和論」を見よ）

日本の緊急問題は、近代生活を自覺的に停止し、自給自足體制を確立するにある。これは世界の戰亂の渦中より、身を避けるたゞ一つの方法である。少くともその方法の端緒と骨格をなすものである。再軍備論も、中立論も、平和論も、眞に國と民を憂ふるものは停止せよ。まづ自給自足のあり方を考へよ。それはわが「絕對平和論」が、一年にわたつて叫んできたところである。

「近代」の消費生活の囘復を喜ぶ代りに、これを返上せよ。それをなすことが日本の平和生活の恢弘の原則である。わが「絕對平和論」が、近代の批判として一年にわたつて叫んできたところである。

ともかく我々はすべての國人によびかける。我々は自給自足體制について考へようではないか。それを考へねばならぬ日が必ずくるからである。さうなつた日がつまり戰爭なのだ。

歴史に回顧せよ

今日の日本の言論人は、十年前とその後の十五年間の、己の經歴と言行を回想する必要がある。人文上の今日の危機を痛感するものは、必ずまづそれをなすべきである。

未だに戰爭を始めたといふことをうらむ口吻のみで喋つてゐる者がゐる。戰爭阻止に作用し得なかつた己を回顧し、同時に戰爭に向つてゐた狀態を考へるべきである。

自分一人の言行だけのことでない。國そのものの組織、經濟のしくみを深く考へ、新しい方略を立てねば、戰爭反對の論はできても、實は成立せぬ。「近代」が戰爭に入る時、戰爭をのがれるためには、「反近代」の生活原理を立てねばならない。

戰爭に入らないで一九三〇年以前の生活を持續するといふことは、不可能だつたのである。日本がアジア人としてアジア人を搾取し、それによつて日本の上層階級のみが、「近代生活」を營むといふことは、虛僞であり犯罪である。さういふ一部の氣持に對する反感が、戰爭遂行の氣分の一部を形成してゐた事實を、戰後の自由主義教授團は改めて了知し、今からでもおそくはない、了解して以て明日の言論を明らかにすべきである。

戰爭に敗れたといふことを未だに懸命に殘念がつてゐる者も、不敏である。敗れるものは初めから敗れてゐたのである。しかし眞理は破れない。且つ結果は誰も事前に知らない。戰爭に敗れたことを殘念がるものが、もしも勝つた場合には何をしたであらう。それをおもふと、斷腸の思ひとはこれを云ふか、我々には敗戰さへ、神慮の畏さと思はれる。日本の失つたものは、光輝ある名譽の他には、不義の榮華のみである。光輝ある名譽は、その不義の代償かもしれない。日本が失つた代りに、アジアの民は廣範に、有形無形のものを得た。それらのアジアの史實は、必ず二十世紀を今後に亙つて性格づけるものであらう。

しかしその直後に戰爭に敗れたことを喜んだ者は、今はもはや後を斷つたであらう。今日の情勢を見てゐると、さういふ浮雲の如き喜びがあり得ないといふことを、誰だつて、大體の低知能者でも悟るからだ。だからその果敢無い喜びは人によつて差あり、四月ないし三年しかつゞかなかつたのである。

さて十五年前、日本を戰爭に導いた言論機關もなく、言論人もなかつた。新聞紙の散發的現地記事の煽動より、内地の議會政治記者の反戰論調が、はるかに有力に紙面を支配してゐた。議會の政治言論は、今日の如く低調ではなく、新聞人の言説は百倍の勇氣をもち、民間言論家は今日の教壇時事解說者の千倍の迫力をもつてゐたのだ。

戰後の人間はこの戰前の空氣を知らない。しかし一部の努力と關係なく、事は重大となつた。それは一人の責任でなく、國民の欲するところだつたのだ。

今日の新聞の言論は低調化してゐる。これは戰時中は軍部に追從し、戰後は民主主義に追從する、教壇評論家を主體としてゐるからである。この現狀をみて、明日がどうなつても、誰も後悔することは出來ない。心ある青年は、十五年前の新聞雜誌をみて、そこには如何に元氣よく、國論國策について、討論されてゐるかを知るがよい。

彼らの多くは半分は理づめで、半分は追從で國策に共力せざるを得ざるところへいつたのだ。その理づめの部分が生々と討論されてゐる時代を回顧することが、今日必要なのである。

今日の青年が、戰爭中は言論が彈壓されたなどといふ傳說を信じて、今日の言論家の無氣力を認めてはならない。それは彼らの今日の卑怯な處生のための逃口上にすぎない。戰前戰時中、言論で彈壓されたものや、言論の氣魄で間髪に生命の間を處してきた錬達の言論人は、みな戰後には追放になつてゐる。彼らは愛國者だからだ。愛國の言論家は大切な所で逃げたり沈默したりしない。

日本は今日、卑怯を最も憎まねばならない。今日言論は少しも彈壓されてゐないのである。これは十五年まへと同じである。今日の戰後言論人が、十五年まへの言論人より卑怯なだけである。さうして世相は、物情騷然として、おもむろに十年十五年まへ以上に危機をかもしてゐる。往年の國民は一錢きざみの煙草値上げの騷ぎで、その期間の怖ろしい危機を忘れてゐたやうなこともあつた。

修身科と社會科は一つでない

修身科は社會科に一つにし得るといふ議論は間違ひだ。社會科といふものと修身科は、性質がちがふ。殊に日本のやうな長い傳統を以て國家となす國では、二三百年の約束國家の式で考へては間違ふ。社會科があれば修身科はいらないと考へてゐる人々は、社會科といふものの本質やなり立と、修身科の本質の、どちらをも了解してゐない人々である。

修身科を國語科や歴史科にとり入れよといふのと異る。こちらの方がとり入れ易い。修身道徳といつてゐるものと、今日社會道徳といつてゐるものとは、第一に歴史がちがふのである。構造もちがふ。人間の品性に卽して生成してゆく場所もちがふのである。人間に於けるあり方もちがふのである。つまり別箇の性質のものである。

例へば東大總長の南原繁が、東大生の騷動を、總長室からマイクでなだめてゐるのを見た新聞記者が、何故學生の面前へ出て教訓しないのかを聞くと、彼は憤然として、學校の許可せぬのに無屆で集會してゐる學生の前、かりそめにも總長は現れるべきでないと威張つたといふ話があるが、これを人間の德性、品格、志節といつた點で、どのやうに間違つてゐるかといふことを判斷することは、社會科といふ學問では出來ない。社會科は「辯解法を敎へるが、「修身」は「辯解」が德なりや否やを命令するものを硏究するのだ。

つまり傳統を敎へるものと、契約を敎へるもののちがひで、契約の原理を云ふ時、その外相の歷史を云ふか、歷史の傳統を云ふか、これは大へんちがふ。社會科では出來ない。又「人間」といふ見地からみてもちがふ。舊來の「修身科」の理想をなくすることは、自立自主の人間をなくし、社會契約を守るといふ以上の何らかの道理の批判をももたない零的國民、獨裁に適應した人民をつくる結果となる。

元來の本義に從つて修身科は復活すべきである。例へば普通云うてゐる政治道德といふものさへ、社會科の中には入らぬ。社會科の理想から云へば、天野貞祐が決死的平和論を唱へつゝ、一轉して單獨講和派の內閣に入閣することを、德性の問題としてのべる原則はないわけだ。それが果して正しいか、どこで正しかつたか。かういふ問題を系統的に研究する學問の必要なことは、天野文部大臣の云ふ通りだ。かういふことは社會科で扱ひきれない、學科として一項目を立てるのが當然である。

かういふ專ら「人間」の德性に關する研究と訓練をかねた學問が、一項目として必要だといふことは、天野貞祐は痛感してゐると思ふ。それは全く正しい。

社會科があれば修身科はいらないなどと考へてゐる人間は、終戰以後のアプレゲールといふ徒である。彼らは人間の德性について、何らの自覺さへもたないのであるから、かういふ人間を理窟で納得することは容易でない。だからかういふ人間をなるべく少くするやうに、兒童の間から、人間の德性の諸相を研究しておくことは、緊急必要事の一つである。國旗、君が代、修身科は文部大臣の三つの善政となるだらう。

國歌君が代

國歌君が代に變る國歌はない。何を新しく作つてみても、流行歌として永續する筈がない。何もくよくよと云ふ必要がないことだ。そのまゝ歌つてゐるとよい。

この歌詞が非科學的だなどと阿呆なことを云ふ者は、文藝の趣味も美も解さぬものだから、彼らには大體歌など必要ない。口出しする資格がないのである。本當の歌といふものは「非科學的」なものばかりである。

次にこれは天皇の治世を讃へるから民主主義憲法の今日はいけないといふ者は、「君が代」といふ語義を正解してゐないのだ。君が代とは天皇の御齢を云ふのだ。寶齢といふことだ。天皇は日本の象徴だといふ、ありがたい文句を發明した今日、その考へに最もふさはしい國歌は「君が代」の歌詞である。

近いむかしから日本では、天皇陛下にも君ととなへ、親しい友達にも君と唱へてきた。今日でも陛下を莊重に稱へ奉る時も「君」と申上げ、仲間を呼ぶのも「君」、下僚をよぶのも「君」、先生が生徒を呼ぶのも「君」、夫が妻を「君」とよぶ家もある。「君」にこだはるのはよくない。

山口誓子といふ俳人は、この歌詞を文學的に正しく解釋しないで、「君が代」は天皇の治世を云ふから民主主義の今日よくないと云うてゐる。山口も俳句雜誌經營を職業とするなら、文學の片隅の者だらう。少しは歌學をたしなむ方がよい。古典を學ぶ方がよい。「治世」といふ思想をつけることは、あとから出來た考へ方だ。俳諧は俗語を正すものだから、字句の正解を教へるのが俳人の役目だ。君が代と出て、千代に八千代にとつゞけば、この代はとしに決つてゐるのだ。これは文藝の正調の見解で、間違つて治世などと解釋するものを、語の本義、文藝の精神に從つて、たしなめるのが文學者の役である。明治の人が代と云ふのを治世のつもりにしても、古典の語法はさういふ恣意を許さぬ。しかし山口は語の本義を知らないのだから、仕方ない。つまり無知にして、ものごとに追從の理窟をつける性質が、最も下等である。これが今日の民主主義の缺點だ。

次に「君が代」を歌ふと、侵略戰爭を思ひ出し敗戰を思ひ出すからいけないと云ふ連中は、當時自身が侵略を願望し、侵略が成立しなかつたことを憤慨してゐる連中であらう。我々は君が代を歌つて侵略を思つたことはない。歌つた我々は、昨日も今日も、絶對純粋だ。それを歌つた瞬間だけは、むしろ惡事を忘れたといふ者の方が多い筈だ。戰爭中の神社參拜も同様、あゝいふ形式主義はいけないと云ふと、座中の最も惡人と自稱する者が、否、靖國神社の鳥居をくゞる時だけは、自分でさへ惡事をわすれる、これはよい氣持だと云つた事があつた。

「君が代」から侵略を思ひ出すほどの心的構造をもつ人物なら、「毎日新聞」といひ「朝日新聞」といふ名を見れば、もつと思ひ出す筈でないか。「君が代」は多くて月に一回だが、「朝日」「毎日」は毎日見てゐたのだ。勝手なことを云ふものでない。「朝日新聞」などには、かういふ言ひがかりがよく出るが、戰爭中の自身の名前のことを思つて、不遜な謀略的言論を口にすることをつゝしむがよからう。もし「君が代」に新聞の億分の一のいやしさがあれば、「迷惑したのは私だ」と辯解するだけのことだ。

さらにさういふ心的構造の人物なら、どんな歌を與へても、「侵略」の歌にして了ふだらう。五年十年でわかることだ。彼らに歌など必要ないのだ、いらない。止める方がよい。これ以國歌は「君が代」でよいのだ。よい心で正しく解して歌へばこれ以上の何もない。これ以上の何ものも考へられぬ。父も祖父も歌つた歌だ、よい人ばかり歌つてきた國歌だ。講和もすめば、自ら國民の間で決定することだ。

民衆の文藝観と道徳囘復の兆

今日まともにものを考へる青年にふさはしい文藝書がない。彼に志向を與へ、正義観を養成する文藝書がない。

家庭を樂しませる文藝書もない。家庭に慰安と秩序と新鮮な感情を注入するものもない。思想の生れる人心の場所と時を教へるやうな文學もない。考へ方を健やかに強く培ふ類の文藝もない。

勸善懲惡の生新な氣風を與へ、神の恩惠の義しさを、それとなく教へるものもない。だから魂に糧と慰安を與へない。

今日ほどに義しく正直で眞面目なものが、虐げられてゐる時代はないのだ。彼らはその人間として尊い德性と氣品と志節のゆゑに、貧乏と不幸と悲慘から見離されない。彼らは病患と鬱結と共に住んでゐる。

この狀態は、最もすなほな民衆の場合も異らない。彼ら自身のもつて生れた德性を、現代の猥褻文藝によつてごまかすことが出來ない。すでに一時はつとめて己をごまかさうとしてきたものも、今や立なほらうとし、こゝ數ケ月は（朝鮮戰爭以後特に）、さういふ氣配が、舊來の文藝市場をしめ出して了つた。

戰後に起る道德囘復の氣風が、新しい大戰爭の風向によつて、何倍か强固にかたまつたことが、現狀にその一端を示し、やがて新しい年と共に、躍進することは必至である。浪曲のもつ悲壯感と壯烈感は嗚咽と慟哭の民衆版だ。民衆がその勸善懲惡性を喜んでこの五年に亙つて、ます〳〵旺んにしても、決して拒否しなかつたといふことは、驚くべきことである。浪曲は新曲がよろこばれず、古い義理人情ものが愛されてきたのも、この事情を示す。

教養ある文藝愛好家が如何に奮鬪しようとも、この浪曲の壘はゆるがないのである。飜譯小說は半ばでよみあきられたが、川べりのせゝらぎの聞える小屋の浪曲は、誰一人として聽衆を失はない。

民衆藝術の世界では、古いものの囘復がおびたゞしいのである。

リーダースダイジエストは、都會の「知識階級」から忘れられたが、田舍ではなほよろこばれてゐる。それはそこに描かれてゐる、開拓者的な立志奮鬪の成功談が、古の講談社の代行をしてゐるといふわけである。その成功談に附隨した、明るい氣分、勸善懲惡が、浪曲と同じ型で喜ばれるのだ。

科學者の發見物語でも、森林家の植林事業でも成功談に變りない。さういふ題材は、そのまゝ浪曲に直通するのだ。浪曲の勸善懲惡は、ボスと官僚と稅務署が、世上を横行してゐる限り、衰へる日がない。

憲兵が威張つて生命の危險を感じたのは、本當の日本の一部の比較的上層部の話だ。憲兵が民衆の巡査に對する鬱情や官僚への不滿を、民衆の代りにはらしてくれたといふ話を、戰爭中一時代の日本の民衆は全國中で、土地々々に合せて作つてゐたのだ。

しかし今日は暴力以上の暴力をもつて威張るものが、民衆生活の上に、三つも君臨してゐる。浪曲が流行し、赤城山の忠次や、黃門漫遊記がよろこばれるのは當然だ。けれども、民衆にたゞ浪曲だけを與へておくのでは、あまりにもわびしいではないか。深奧な思想はあり、高貴な文藝も、なほさがせば見出せる。同時に平淡で趣のある文藝を、心ある文藝家は考へるべき時である。

今や我々は了知した、國民はそれを心の底で待つてゐる。さうして來る年――今年といふ年には、必ずそれが聲として要望されるだらう。恥しい行爲を嫌つて陋巷山蔭に身をひそませてゐた文人雅客を、國民の聲は呼んでゐるのである。「祖國」はさういふ聲を、無數に聞く。全國の各地から、もつと遠いところからもとりついで、廣くつたへよと要求されてゐるのである。

（「祖國」二月號）

祖國の悲運を哭す

極東の危機囘避の成否は豫斷を許さない。我々は理念として、又情勢觀として、極東の危機囘避の大乘的政治工作が、なほあり、且つ可能性をもつことを信じてゐる。日本が發言權をもつといふ假定の下には、もつとはつきりと最後の手を考へ得る。

我々は極東の危機をヨーロツパに轉化し、極東の平和狀態を持續する方策の可能をさへなほ信じ得る。さうしてさういふ態度が、正義人道に反せざる所以も知つてゐる。

我々はアジア人間に、一脈の通ふもののあるを信じてゐる。その曖いもののあるを信じてゐる。しかし日本は、今日國際的發言權をもたない。その持たない理由は十分に了承してゐる。それは當然の結果と云はれるであらう。しかしそれによつて將來する結果を豫想する時、今や我々はたゞ祖國の悲運に哭くのみである。我々は人間（人類）社會の無能と不幸に慟哭する。

日本は極東危機の囘避のための、かの雄大な愛に立脚する方略を失つてゐるのではない。我々は五年間の無講和狀態の持續によつて、この人類の爲の努力を行ふに必要な發言權を所有しない。今や、我々は我々の關知せぬところで決定された「戰爭」に動員されるより他ない。しかし我々はこの事實を「小國の運命」としてのみ嘆くものでない。

日本の實相を近隣諸國に傳へてゐるものは自身の失敗によつて没落した日本共產黨の若干の指導者である。彼らはわが戰爭中には、わが國で行はれてゐた反戰運動といふありもせぬお伽噺を創作して、自分らの位置を國際共產黨にうり込んだ連中である。彼らは日本の「革命的實相」のお伽噺を、近隣諸國へ現今賣り廻つてゐるのである。彼らは極東の平和狀態持續をくづし、極東の危機に火つけをする張本人である。

この連中に呼應するのが、內地のヂヤーナリストと、新興の教壇時局解說者、日和見主義の所謂自由主義「教授」たちである。

正當な祖國の實相を傳へる言論は、現在なほ國內に於てさへその「發言權」をもたない。これは必ずしも權力の彈壓によるのでない。日本の編輯者の最も必要資格とする「潛在檢閱」の作用の結果である。彼らは最も自主精神から遠い存在である。しかしこれも我國が國際的發言權をもたない結果である。その責はいづこにあるか、亂世の事理について、その眞の原因を問ふことは、後世の史家に待つがよい。いづれにしても、祖國の悲運はこゝにして極つたのである。

この時、アジアに一人の政治家なく、日本に一人の政治家も、議會言論人も存在しない。祖國の悲運こゝにさらに極つたといふべきである。憂ひもつものは、たゞ「絕對平和論」に信じよ。今のアジアに、今の日本に、この危機を轉化する一人の自主的權謀の政治家さへ存在しないのである。

しかしながら、我國の悲運は、われに「發言權」と自主的精神がないといふこの事實に歸着するのである。萬事止むを得ない。我々はそのために、人間が最惡の事業を企てんとすることを、たゞ傍觀するのみである。これは如何なる「神」のさしづであらうか。

されどそれはなほ止むを得ないであらう。我々はそれによつて、正義人道のためになさねばならぬ大事を、自ら知りつゝ、何一つなすことが出來ない。かゝる狀態を裁可してゐる「神」はいづこの神であらうか。

しかしながら、それさへなほ、止むを得ぬところと考へ諦め得よう。されど、されど、八千三百萬の人口をもつた一大民族、しかもあらゆる生活上の知能と能力と事實を最も優秀な形でもつた大民族が、自身の判斷の外で有無なく戰爭にひき入れられるといふしくみは、これこそ如何なる人類の「神」のさしづであらうか。

我々はその原因を論じない、この不正の淵源を說かない。それは後世の史家が「人類」を復活した時に、必ずのべるであらう。しかし我々は後世にたよつて、安んじてはならぬ。それゆゑ我々は「絕對平和論」を提案したのである。

しかしながら、問題は一刻のうちに切迫してゐる。今日の地球上に於て、最も優秀な一大民族がこの危機の日に、一切の發言權を封鎖されたまゝ、人類初つて以來の大殺戮を敢行する大戰爭に、默々として進んでゐるといふしくみは、單なる「小國」の悲劇ではないのだ。

日本人は「二十五時」といふ小說を、さういふ形でセンチメンタルに感傷することを止める方がよい。八千三百萬の日本民族は「小國」の悲劇などいふ言葉で考へられない大悲劇に行進してゐるのだ。これが「二十五時」の作者の描かうとした文明批評だらう。

我々はなすべき方略を知つてゐる。八千三百萬の民族の威望はなほ地におちてゐない。それを最高の正義に用ひる方法は皆無でない。しかし我々は默々である。さうしてかの荒廢と殺戮の方へ、押しすゝめられてゐる。それは何ものの手によつてでもない。

十年まへも、二十年まへも、事は似てゐる。世の中に變つたことは起らない。戰爭の鬼は少しも細つてゐない。彼は人類の血をあくまで要求してゐる。「小國」も「大國」もない。戰爭の鬼のさかんな時に生れたのが不幸なのだ。人の一代の不幸だ。この鬼は塚原卜傳のやうな武の第一人者でも討ち得ないのだ。卜傳がそれを倒す時は、齡千載を重ねた神代の杉で作つた木刀を示したと云はれてゐる。この寓話の意味は「絶對平和論」が、今日の史的語彙で說いた。

我々は「二十五時」といふ小說をよんだなさけない日本人らが、勝手に考へ出した「小國」の悲劇などを、問題としない。時悲運にして、八千三百萬の優秀民族の總べての力と祈りを以て、危機囘避に何一つの力を示し得ず、その八千三百萬が殺戮の行進に加らねばならぬことを慷慨するのである。

日本に對する野心者の食慾が動くやうに、一部日本人は、日本の「革命的情勢」を、海外に宣傳してゐる。この戰爭の火つけ人を、日本人は傍觀してゐるより他ないのだ。

八千三百萬の人口とその能力に對する魅力と欲望、これは今や極東の危機を宥和せしめぬ最大の原因となつた。しかも我々はそれらの欲望者らに、一言する方法もない。他に向つて話合をつける方法もない。これはたゞ悲運である。八千三百萬の人口をもつ國が發言權を失つてゐるといふことは、既に八千三百萬人の不幸にとゞまらない。「小國の悲劇」といつた、センチメンタルな妄想をもつて、今日の日本の悲運――人道上の不幸を傍觀してゐる者は、「人道」に對し、責任を感じねばならぬ。しかしかく云うても、彼らはこの意味を理解し得ないであらう。何となれば、彼らは「愛」とか「平和」とか「人道」といつた第一義の問題を、絕えて第一義の關心で考へたことがないからである。

我々は現象や情勢に卽して考へることを止める。我々は失つてゐるものの、原因を求めることを止める。我々はひたすら、祖國の悲運に哭するのである。この悲運に哭するものは、かゝる狀態にある一大民族の人道的責任を完遂する方法を道義に立脚して考へねばならぬ。

「絕對平和論」の刊行は時宜にかなふものである。それは、こゝろこゝに至り、思ひこゝに達したものが、一つの方法を呈示してゐるからである。

されど余は祖國の悲運に哭す。この原因を求めて、誰人を斷罪の場に送ることも出來ない。誰を送つても我心安んじない。余はつひにたゞ哭すのみ。

竹槍と「必敗の信念」

昨年九月號の「祖國正論」は、再武裝論者に對し、わが近代裝備は例へ成立しても、戰爭に入ると、ある時期に（比較的早く）瓦解し、やがて竹槍國防論となるなりゆきを、考へるべきだといふことを提言した。

國防は信念に立脚する。信念のゆきつくところは、わがアジアに於ては、竹槍がこれを象徴してゐる。竹槍は「侵略」用としては今日不可能な兵器だが、國防の極致の信念の象徴である。

國防は裝備より信念である。軍隊に於て最も大切なものは、この信念に共通する建軍理想でなければならない。たゞ戰爭を職業とし金錢供與によつて戰爭を擔ふ軍隊は、最も不安定な存在であり、且つそれはこの上ない人道上の犯罪である。

この故に自衞軍を考へるまへに、建軍本義を考へるべきだ。愛國心の實體を省みるべきだ。道義上の犯罪にすぎない軍隊を作ることは、神人ともに許さぬところである。

事實の上で考へても、近代戰遂行能力の失墜を以て、戰爭の終焉と考へる如き「國防軍」を、國民は承認しない。とすれば國防軍の極致は、近代戰遂行能力の完全失墜の後に始ると考へねばならぬ。アジアの近代史には、「侵略」の經驗なく、一切が防衞であつたから、この國防觀念が、直ちに建軍理念となつてゐる。これがアジアの竹槍戰思想である。竹槍は侵略の表象でなく、自衞の象徴だ。このやうな理念になる軍團を、「侵略」に利用するといふことは、一時の成功を収めるかもしれぬが、永續しない。これは眞理が未だ滅んでゐない證據だ。我國の現状では、未だ信念が十分でないから、例へ出現した時にも自衞軍は形骸としてしか成立せぬであらう。我々はこれを怖れる。それは無い方がよいからだ。こゝ半年一年それがないとして、色々に國民が對策を考へるなら、窮して通ずるも良法を思ひつくと思ふ。

芦田の如き、人間的に最も信頼し難い、恥さらしの品性の持主や、民主黨といふ日和見主義の狹さしかもたない政黨が、再武装論といふ目先だけの主張をするから、かういふ氣運でもし何かゞつくられるものとすれば、それは結局、大事を無くするために役立つものとなるだらう。芦田が侵略と革命騒動を豫想して、警察隊では不可、軍隊でなければならぬといふ以上（それは間違ひでない）彼はその時の建軍の理想を當然云ふべきだ。それを云はない限り、警と軍の二つの區別は存在しない。さういふ説は政治的僞瞞にすぎない。今日では建軍理想は、決して暗默のうちに了解される類のものでないのだ。理想もなくたゞ金錢供與によつて殺戮に從事する如き軍隊組織を作ることは、第一に良心の許さぬところである。

今日の世相を見ると、日本の知識職業階級や知的公務員階層の間に、必敗の信念と云つたものが、横溢してゐる。これは、最も嘆かはしい現象だ。彼らの「必敗の信念」は、決して從つて、ソ聯に加擔し、自己の信念を「必勝の信念」の側に轉化するといふことはしない。何となれば、「必勝の信念」を口にすれば、何かの形で勝利のための實踐をせねばならぬ。それは何らかの「愛國」行爲を伴ふ。國民に對する良心からの行動は、これらの連中の絶對にとらないところである。

彼らはさきの戰爭中は、みな「必勝の信念」を口にして、戰後に驚倒した。さうして自身が口にした「必勝の信念」を、人から無理に云はせられたものだと強辯した。もと〳〵無理に云はせられるといふことはないのだ。云はぬつもりなら、脅迫によつて云ふ必要はない。萬一の場合も一度云へば二度と云ふ必要がない。二度目はもう「脅迫」によつてとは云へない筈だ。これが「近代」に於ける「自由」の限度だ。こゝを忘れてはならない。一度だけなら「脅迫」といふことを、辛く認めよう。二度目に云ふ方は本人の「自由」の言動だ。これだけは「人間」としてもつべき良心である。この良心がなければ、この世に信ずべきものがなくなる。「自由」といふものも存在しなくなる。

ともかく今日の知識階級は、一つの「必敗の信念」をもち、それをもつことを知識人の資格の如く考へてゐる。それはことばの上でも心理上でも、「必勝の信念」の反動にすぎない。さうしてそれによつて、一種の安心を形成してゐる。この日和見主義は怖ろしい存在だ。愛國者は緊急にこの精神の虚無狀態を粛正すべきである。その虚無狀態は、無良心であり、無責任であり、且つ無氣力である。日和見の態度がいけないのである。

芦田の如き人物が、國民運動を指導するとかせないとか云ふことは、不遜である。我々は國民の間から、政治の倫理化運動が起らねばならぬと主張する。かゝる幽靈の如き人物とそのしくみを一掃し、腐敗して盗に類する官僚公務員議員らを、一變する形の政治の倫理化運動の必要を云ふことは、全國の輿論である。國民はそれを「英雄待望」といふ聲でよんでゐる。これは各地の既存の諸組織團隊の機關紙の片々などに、必ず見出す記事の一つだ。これについて、この人心の歸趨を正視し、謬つたり謬らしめてはならぬといふことを、眞の愛國者は、今日から十分に考へておかねばならぬ。

今年は多事であつたが、迎春に當つて、この數ケ月のさきを思ふと、吾人はひたすら呆然とし、心のみしきりに躍動して、又なすところを悟らない程のありさまである。

今や愛國の良心と知識は、大様な形で結ばれねばならぬ時と思ふ。我々はこれを四方に要望し、自ら微力を獻げることを誓ふ。

最も恥づべき人間と間違つた人々

廿五年春民主黨は黨として全面講和を唱へ、久しく野黨の立場として、その態度を變へないできたが、その歳末になつて芦田均は、忽ち再軍備を唱へ出した。これは眼さきがきくと批評すべきなのであらう。

全面講和、超黨派外交、それが一轉して、再武裝で次期政權をねらふわけである。秋の終り頃から、全面講和を唱へてきた各政黨の内部は、客觀狀態の激變に應じて動搖しきりなものがあつた。社會黨も勿論その例にもれない。歳末にかけての客觀狀態、國際情勢の動亂からくる、强力な無言の壓力の中で、全面講和をめぐつて社會黨が、はげしく搖れるのは當然のことである。その時期に、芦田の聲明が出た。

そもそも社會黨は立黨の趣旨から云うて、全面講和を説いたり、再軍備に反對するのはをかしいのである。近代史の常識から云へば、社會黨こそ、まづ對米單獨講和を説き、再武装論に率先し、「近代生活」の全面的享受と全人口的配布の源をもりたてる上から、一切の保守黨をしりめにかけて、この二ラインを主張し、保守黨を攻めるべきであつた。

何となれば、社會黨こそ、近代の繁榮を最も願望し、それを萬人に公平にわかつことを建前として、立黨した政黨だからである。かつその「近代」の享受といふ點で、日本に對する認識を、(日本の生活の基礎が、西歐側のレベルにあることを了知してゐるといふ意味) 共産黨と異つてうけとつてゐる筈だからだ。

しかるにその社會黨が、再武装を怖れること、保守黨より甚しいといふのは、矛盾である。戰爭を嫌ふものは、「近代生活」を停止すべきである。「大都會」を停止すべきである。その二つを愛好するものと、それを人生の目的とするものは、「近代戰爭」の覺悟と用意をすべきである。我々は此の二三年間の、都會地の生活感情と、欲望が、專ら戰爭をなさねばならぬ形に向つてゐることを指摘しつゞけ、それにもとづいて「戰爭」を避ける大方針をとなへてきたのである。

我々はたゞ戰爭が嫌だとか、罪害だから避けよと唱へたのでない。戰爭を思ふことのない生活の道を示し、且つ生活上で戰爭に近づきつゝ、戰爭は嫌ひだと唱へてゐる連中の僞瞞を排斥してきたのである。戰爭を「罪惡」として最も憎むものは、何を犧牲にしても、戰爭から一歩半歩でも避けるべきだ。都會より田舍の方が戰爭から遠いし、都會生活より田園生活の方が、戰爭から遠いといふことは、萬人の常識だ。

しかし我々の努力は強いが、影響力は弱く、大局を動かさない。日本の政黨も新聞も、

絶對平和論」として少しだけ示した。

ふならば、大都會的近代生活に別れる努力をせねばならぬといふことを說いてきたのだ。戰爭を嫌いたのである。今日の世界に於て、近代と異なる原理に立つ平和生活が存在することを說いたのだ。のでない。たゞ問題はこゝで終らない。我々は本質平和を說くのであつて、近代生活の平和な持續といふことが構想できない所以を說平和を主張したが、戰爭を避ける方針については一言も云はなかつた。我々の主張は「

國を第一義に考へる。國のために平和論を考へる。だから我々は、國に火が降つてくれば、誰よりも勇敢に此を消しとめる。その努力がわが絶對平和論の一部をなしてゐる。「平和論」を守りぬくために、國が亡んでもよいといふ考へ方でないのだ。

しかし芦田とその民主黨の早がはりの藝當は、これがアプレゲールの代表品である。いづれにしても、芦田こそ、現代日本の人間的屈辱の姿の現物見本である。人間はどこまでなさけないものであるか、或ひは、最も恥づかしい人物とは何か、といふものの見本である。それは一見ふてぶてしい生活力と見えるかもしれない。しかしかういふ生活力は、民族や國家の獨立と關係ない生活力である。かの收稅請負人の頭取の生活力である。それは奴隸ないし賤民の範疇のものである。

再軍備論にも、理窟があるだらう。しかし芦田がこれを唱へるといふことからうけた汚點は、彼がこの問題に携はる限り、心ある人々の記憶からのかないであらう。誠實な人が唱へるまへに、最も恥さらしな人物が唱へたといふことは、「政治」上の汚點として消しやうなくその問題につきまとつて殘り、當然正當に伸ぶべきものさへ、伸びない結果となるだらう。「政治の生命」はつねに大衆の心との接觸にある、暗黑街の世渡りでない。大衆の心にふれる最大の强みは「誠實」といふことだ。

淺薄な文藝理解者

ルーマニア人のかいた「二十五時」といふ小說が、日本の讀書界で流行してゐるといふので、一本を机邊においてみたが、興動かないまゝに、久しく放置しておいた。その理由の一つは、この本の帶廣告に中野好夫といふ人物が、廣告文をしるし、この作品は「小國に生れたばかりに、誰が作り出したか分らぬ冷い戰爭にまきこまれ、すべての權利と幸福を犧牲にしなければならないといふ此の救ひのない絕望感……」を描いてゐて、それは、今や日本が入らうとしてゐる狀態を思せると述べてゐる。この文句を見て一讀の好奇心を失つた。つまらぬ實話的內容だと考へられたからである。

中野某の何者なるかについては、客の文藝に關心あるものに聞いた、卽ち東京大學に教鞭をとり、傍ら小說の批評や時に政治論的雜文も草す由、されば多少時事を解した小說の評家ならん、その人のかく批評する作なれば、一讀に耐ふべきでない、と書棚に投げすておいた。余は流行を追ふ者でないからである。

しかるにたまく「祖國」正月號にのせられた玉井一郎の「二十五時」についての一文

をみた。その文中に「吾々東洋人の立場からは、二十五時を單に絶望の書と呼んでは釋然としない」と玉井は斷じ、この作者は、中野の云ふ如き類の「絶望」など描いてゐない、態度は中野の云ふ如き、なさけないものでない、西洋近代文明を機構として摘發してゐるのだ、と述べてゐる。

――西洋文明の絶望を説いてこそあれ、東洋文明に關しては、光明以外の何ものも書いてない。この光明といふ點については、マルセルがその序文の終りでとりあげてゐる。このフランス人（マルセル）は、不幸にもその文明を自身の中に光り輝いてゐるものとしては知らなかつた。外から來るかもしれぬ光りとして、無氣力に期待してゐる。小生はかういふマルセルの精神の停止状態こそ眞の絶望に近きものと考へる。玉井はこのやうにいつてゐる。余の讀後に、これはまさに正しい見解だといふことがわかつた。

――ゲオルギユは中野とちがつて深刻に西洋文明の本質を考へ、それに對して批判してゐる、ゲオルギユは「小國に生れたばかりに……此の救ひのない絶望感」といふ様ななさけない考へ方はどこにもしてゐない。中野のことばは、ゲオルギユがこゝで描いた第一義のものから少しづゝずれて、彼の放下して既に無關心状態になつた事態を一心に捕へてゐるのだ。玉井はかういふ風にもかいてゐる。傍點は玉井の文章にはない。

　余は玉井の文章をよんで、俄然「二十五時」をよむ氣になつた。つまり玉井は中野と正反對のよみ方をし、ゲオルギユを中野と全く正反對のものに解釋したのだ。玉井の云ふ如くならば、「二十五時」は、文學として一讀の價値がある。それは人間の第一義のものを、いくつも書いてゐると、玉井はその一文のあちこちで、具體的に示してゐるのだ。

余は「二十五時」を夜半からよみ始めて翌日の朝によみ終つた。それは興味があつたからである。そして玉井の意見を悉く承認した。作者は東洋については初めの方に一行しかかいてない。玉井はそれを初めによんで、この面白い多少作りごとめいた輕薄さをもつたロマンスの最後に至つて、なほ忘れなかつたのだ。玉井のよみ方は正確である。批評も正確と思つた。

この玉井と中野の二例は、讀者によつて、文學はどれほど誤解されるかといふことを云ふ適例だ。中野も一人まへの教師なのだらう。さういふ人物は何といふなさけないよみ方をするのだらうか。しかし文學者の評價といふものは、これでみると政治家のうける評價より、一層心細いものと思はれる。大學の教員といふのは特殊な嘘つきにちがひない。

しかし余はその後中野が責任のある紳士なりや否やといふことを考へた。彼は或ひは「二十五時」を全然よむことなく、讀んだ人の口傳へのまゝに、この廣告をかいたのでなからうか。自身でよめば、いやしくも國家が大學の教職員として公務員待遇する者が、かゝる淺薄なよみ方をする程度の學識しかないといふ筈がない。國家は、尋常よりやゝましな學識のある人物を、大學公職員として採用すべき義務があるからだ。だが、大學の教員はよまない本の講義や批評を文學論とか文學史といふ項目の中でしてゐるものだ。さういふ嘘に對してその良心は何の反應も示さぬもののやうだ。しかしそれにしても、中野は本をよまないで廣告をかくやうな「紳士」であらうか。國家はさういふ教員を公務員として供與するものであらうか。

中野がよまないで「二十五時」の批評を描いたといふことは、責任として困ることである。しかし彼がそれを刻明によんで、なほかつこの程度の理解しか示し得なかつたといふこととなれば、文學を教へる教員の資格として、一層困ることである。今日の民主々義時代に於ては、わが國會は、大學總長を喚問して、教員の學力について、證言をきく必要があるのである。のみならずそれをなすについては、國民の税金によつて供與してゐる公務員を檢討するためにといふ命目を立てる。これはむかしの學說思想の摘發の時より、うすぎたなくなつてゐるわけだ。

且つそれをなすことは、税の負擔に困憊してゐる國民に對し、國會が税金の使途についての如何に細心な關心をもつてゐるかを示すに足ると、彼らは信じてゐる。且つ雜多な國家的中間的權力の偶像を、國民の税金を命目として俎上にのせることは、政治上で心理的にはかり知れない有效な效用を發揮するものである。それは人心治安の維持上でも、必ず必要なことゝやがて理解されるからである。

余は、中野の廣告文に對する二見解を示した。彼が無責任な紳士であるか、この程度の讀書力と識見しかもたない教員であるか。勿論そのいづれかである。但し近代社會に於て、このいづれも犯罪と云へない。これは生活の問題である。決して良心の問題でない。近代社會は良心など問題にせぬ。そこの住民にはさういふものがない。

さきに來つた客に、このことを云ふと、その二見解のいづれが正しいか、自分はたちどころに斷じ得る。されど試みに中野のしるせるもの、且つ內容は存知のものを持參するにつき、これを檢討し玉へと云うて、たちどころに數例を持込んだ。余は早速中野の「誠實」をさがし求めるだらう。

玉井はこの「二十五時」紹介文の中で、作者は三人のルーマニア人だけを「人間」として描いたと云ふ。理想（信念）をもつ人、批判力ある人、もう一人はすなほに人間として生れついた人である。この指摘にも意味がある。つまり他の國々の人々は、みな精神的畸型かないし滑稽人物としてしか見えない。このことは、「日本人とは何か」といふエツセイをかいて、日本人畸型說といふものを唱へた岸田國士に示しておきたいと思ふ。岸田は驚愕し直ちに當惑するであらう。

しかしゲオルギユは畸型人と滑稽人を描いて西歐文明を輕侮したあまりに、きはめて輕い文學しかなし得なかつた。つまりこの作品には、內部から光明を發する類の、將來の希望的人間の型が描かれてゐない。それは作者自身が明確な對立文化と批判的思想と及び光明の源泉となすものを所有せぬからである。この點では玉井の批判の根底を形成してゐるものの方が、はるかに强力である。光明を發してゐる。しかしこの作品をよんで、この點で、我々は近代と近代小說の消衰を痛感する。

本文の目的は「二十五時」の手びきとして、玉井の一文をすゝめるにある。且つ小說の如きものさへ、途方もない誤解にさらされる所以を云ひ、いはんや思想政治の深刻な論に於て、萬人の誤解の中に、僅かに一の眞知人を知る程の覺悟の必要ある事實を云ふものである。故に我が關心する政策論風に云へば水先案内として熟達した批評家こそ「文化國家」の緊急必要事である。

同時に今日の政治に關心をもつ者として、かの早船といふ青年の犯罪と山際の犯罪のいづれを重しとするか（刑罪の意味でない、罪としてである）、環境心理動機實行計畫の全面に亙つて、そのいづれを重しとし憎み、且つこれを救ふ道を考へるか、――これは未來に亙る政治の立場から云ふのである、刑の量の適用上の關心から云ふのでない。一つを計畫的と云へば一つは衝動的である。共に戰後風景である。たま〳〵中野の廣告文から、その讀書力を考へるうち、中野も一例として、この早船對山際の一例に入ることを悟つた。政治の學理を實踐化し、具體的に考へる者の立場から云へば、早船對山際の一例と數へられる。

戰後日本の再建を策するものは、戰後心理の摘發を、あらゆる植民地的權威の上に振ふことにある。これが今の政治活動の重要な課題であり、且つ將來の政治の土臺となる。この時客中野の政治的雜文の一、二を示し、この「平和」を問題とせる一文は、山際型かと。余は笑つて答へなかつた。

「年の始め」

文部省は「年の始め」の唱歌を、小學校で齊唱することを禁めた。その理由は「四方に輝く今朝の空」が八紘一宇の精神を表現し、これは侵略思想を思はせるからであるとのべた由新聞に出てゐた。

我々はかやうな文藝的見解を非常識とか不合理としてのべるものではない。我々はかうした文藝上の見地から、けふの文部省の學識を云々することは、云々する者の方の常識を疑ひたいと思ふ。

戰後の文部省は、國語教科書を作るといふ命目で、イミテーシヨン文學で教科書をうづめた。文部官僚の作つた作文は、最も下級な童話作家さへあへてなさない類の、イミテーシヨン文學である。それは名ある作家の名作童話文學のくせをまねて、その原作の文藝に水をわり、一種の模倣とイミテーションをあへてしたのだ。これは精神的な著作權の侵犯である。

又文部省の史學科は、唯物史觀をとり入れることが、戰後の民主主義に迎合する所以と考へ、その結果として夥しい無自覺な共産主義的教授と大學生を作つた。彼らは岩波新書風な、「新講談」を、科學的大衆的表現と考へてゐた。「岩波新書」は、「講談」の技法をとり入れた左翼講談にすぎぬが、それを笑止にも、科學的といふレッテルの萬能を信じ、文中いたるところでこのことばを插入して考へ方が科學的なるかの如き錯覺をしてゐる。「新書」でなく、左翼講談だ、「岩波新講談」といふ方がよい。その氣の毒な一例は、吉川幸次郎の「漢の武帝」だ。藤間生大といふ者のかいた「埋もれた金印」などの下品さは、筆者が稚いだけに一層その思考法が不憫に感じられる。蠟山芳郎の「マハトマ・ガンヂー」

となると、全然わけのわからぬ形で、とんちんかんなことに感心しつゝ、一心にガンヂーを「左翼講談」にしようとしてゐるのが、氣の毒と云ふだけではすまない。これは日本全體が、アジア人の良心に對して、最も恥ぢねばならぬ文章の一つだ。恥しらずな文章の見本だ。かういふ類のものが文部省の近年の風である。學問と人間の品性の上から、困つた存在である。

だから學識や文藝上で、「年の始め」に對する文部省のことをとやかく云ふのではない。吾人は、「年の始め」の歌から、八紘一宇の思想を考へ、さらに侵略主義を思ふといふ人間の精神の構造に驚く。今日に於ては恐怖を感ずるのである。

といふことは、かゝる人間は、何ごとを見ても「侵略」を考へる類の人間と考へられるからだ。つまり彼らの人間的構造が、一切「侵略」感情で充滿してゐるにちがひないからだ。普通の健康な平和的人物は、誰も日常坐臥に、「侵略」といつたことを考へてゐない。つまり文部省の精神は侵略の權化だと思はれる。これを今日に當つて、吾人は恐怖する。吾人はこのやうな不當な恐怖から自由になることを欲する。

今日かういふ「侵略の權化」が日本の主要な部位にゐるといふことを、今日明日の日本の動向に卽して考へる時、やがて來る戰時的雰圍氣の動向によつて、日本をどういふ方向へむけられるかといふことを考へるからである、これらの「侵略の權化」――何ごとを見聞してもまづ「侵略」を思ふ如き精神の持主は最も危險な今日の存在である。その窮餘に至つた時の反動狀態の發現を怖れるのだ。（彼らは決して「侵略」される恐怖から判斷してゐるのでない、この方は正常なのだ）故に我々は次の提案をする、兒童心理學者と、精神病理學者によつて、これらの精神狀態を判定し、彼らは如上の國民の恐怖と如何なる關係をもつか、これを明らかにすることを、國會の文化部あたりの事業として提案する。かゝる侵略精神の巣窟は、我々國民のはかり知れぬ恐怖の的だからだ。それが文部省だ。彼らが反動的に何かの便乘に轉ずる時が、恐ろしい。ことは子供の歌の問題でない。文部省の心のしくみの問題である。

日本軍隊の强剛なりし一條件

日本の自衞の問題は、再軍備や、警察豫備隊の充實にあるのではない。吾人の判斷に於て、その結論を云へば、自衞の根本問題は、官僚の倫理化にある。

安心できる公正な官僚といふ實體は、戰後地を拂つた。今日の官僚はたゞ役得と收賄のために存在する「盜」である。官僚に對し、役得を供與せず、賄賂を贈る必要がないといふ、戰前に近い日本人にかへすことが、自衞體勢確立の第一歩である。これは愛國心の條件である。

かつてわが軍隊が强勢を誇つたのは、國民の道德が正調だつたからである。この事實は、世界に類ないと云はれた淸廉な下級官僚の綱紀の嚴肅さに現れてゐた。それはわが軍隊の强剛と背腹一體の事實であつた。

今日の官僚公務員に於ける、破廉恥を通りこした綱紀頽廢の實状を見ると、この状態の下でつくられる軍隊が、强剛であるとは、夢にも考へられない。かつて日本軍隊が、困苦缺乏をものとせず、任務に邁進した事實は、わが下級官僚の倫理的嚴肅さに一身同體であつたのである。

戰後派人物の描き出した戰後日本といふ舞臺の、第一の特長は、精神と倫理を喪失したといふことである。これを戰前にひきもどすことは、稀代の政治家と絶世の教育者の情熱を必要とする。卽ち難事中の難事である。しかしそれなくして、獨立自衞の根本は成立しないのである。

今日のわが國情政情の下に、如何なる軍隊を作らうとも、それは、舊日本軍の强剛と全然別箇のものである。これを誤認することは弱體の軍隊を作つて國を亡す原因となる。

故に芦田均の如き最も恥しらずな戰後派の典型の如き非倫理的政治家が、國軍再建をいふことは、最も危險な事實として、これを排斥する。芦田の無節操と破廉恥は、軍隊の强剛と全然反對のものである。内外共に、日本軍隊の强剛を記憶し、これを今日再望する者は、その强剛の原因を改めて深く考へ誤ることなきを期すべきである。

戰爭に對する恐怖心

戰爭に對する反對を、合理的な（或ひは所謂科學的な）思想に立脚して組織する運動は成功しないのである。戰爭反對をのべる理窟以上に、止むを得ざる戰爭遂行を説く論理の方が、つねに具體的で壓倒的に有力だからである。そこで戰爭反對の大衆組織の運動は、戰爭（戰爭の事態、戰鬪の狀態）に對する恐怖心理を利用しようとする。さういふ運動は交戰狀態の下では、利敵行爲と斷じられても仕方がない。

しかしこの恐怖心理は、必ずしも萬人に共通してゐない。つまり戰爭を恐怖するものと全然恐怖せず、むしろ喜ぶ心理とが、人間の中にある。個人の中にも多少の比率の差であるが、一般的に云ふと恐怖する人と恐怖してゐない人とに――そのいづれかに簡單に附和雷動する人々の二つに大別される、眞の勇者――自主的に合理的に判斷しうる人は少いのだ。

この兩者の感情の間で、話合ひはつかない。話せばつひにお互に憤慨するだけである。戰爭に對する恐怖心理を利用する大衆運動はつひに無力となる。それは利敵行爲といふ卑怯さに於てくづれるのだ。又それは恐怖の方の者が、人間の價値に於て無力で低劣に見えるやうになるからだ。從つて戰爭はさういふ消極的なものによつて防止できない。

（「祖國」三月號）

しかも戰爭を防止する合理的な力は、「近代」の制度と生活の中にかつて無かつた。本質的にないのである。人類が一樣に戰爭に對する極端な恐怖心理（もしくは戰爭の原因を分析する能力）をもつてゐるなら、或ひは多くの反戰運動は成立したかもしれないが、さういふ事實もなかつた。むしろさうした恐怖心理は利敵行爲として組織されるまへに、戰爭遂行者によつて、個別的に擊破されたり、各箇に、種々の虛榮や繁忙によつて、安心や催眠狀態を與へられる傾向が、巧みに工夫されてゐた。

さうして大半の恐怖心理は、例へば防空演習といつた轉換療法で、單純にまぎらせられるのである。しかしそれによつても、なほ處置できない恐怖心は、廣大な精神病院に收容されるが、さういふことは稀有であり、稀有の異常者の場合である。

感情に立脚する反戰運動の如きは無意味である。應々それは逆效果をかもし出すものである。

しかし今日、我國に於て行はれてゐる再軍備論は、さういふ恐怖心理を反對に利用する傾向がある。それは道德的にも、政治的にもよくない。さういふ恐怖心の睡眠藥の如き武裝が、自衞の用に立つ筈がない。

またさういふ恐怖心理をまぎらはせるための再軍備論は、無意味なものであるのに、內外に甚大な影響を及す點でつゝしむべきものである。

胡適の反駁

胡適が去年五月香港の共產黨系新聞に出た北京輔仁大學總長陳垣の「胡適への手紙」といふ公開狀に對してなした反駁文が、「中共治下に自由なし」と題して發表された。これが「毎日情報」二月號に轉載されてゐる。

胡適はここで、陳垣の公開狀が本人の手によるものでなく、共產黨の文士の僞作なることを、その舊友の文章の點、人柄の點、學識の點より論證してゐる。それは我々が見てさへ小面憎い位な圓熟したかきぶりだ。

中共の文士が、舊來の學界の權威をどのやうな形で利用してゐるか、輕蔑してゐるか、といふ點、又彼らが他に向つて云ふ「僞瞞」とはどういふことかといふ點、（彼らのうちにある僞瞞の實相だ）又彼らは眞實を無視する上でどれほどナンセンスな迄の明朗さ（それは虛僞だ！）をもつてゐるか、さういふ點を知りたい者は、この一文をみるとよい。近ごろこれほどに興味深い文章はない。現在の危機の根柢にあるものが、如何に馬鹿々々しい程な虛僞と僞瞞をあへて出來る輕率單純な人間どもによつて動いてゐるか、さういふことが十分にわかる。また中共といふものの實體の馬鹿々々しさもよくわかる。馬鹿は怖ろしいものである。これが今日の危機の深さ、底しれぬ怖しさだ。「人間」の德性の墮落を示して餘りある事實だ。しかし所詮馬鹿々々しいものは馬鹿である。

古くから有名な胡適、この支那近來の文化的近代主義者も、さすがに老大國の文人である。その迂曲の多い文章表現は、そんなに度々見られるものでない。周作人などと一脈通ずる文體發想——相手の情熱と昂奮をいと手輕に虚無化するやうな、狡い、おちついた發想は、老大國の文化に附隨した一特色であらう。これは近ごろの歐米社會の政治文章のあの明朗な惡口のやりとりと全然異るものだ。いはば老大國の文化、歴史ある文化といふものを實證してゐる。日本にもかういふ文章のかける文人が、まだ若干殘つてゐる。わかる人々もゐる。日本も文化と歴史の古い老大民族だからだ。

胡適の反駁はまづ、この公開状が七十歳の老歴史學者で、彼の舊友なる陳垣の文章でないことを云うてゐる。「私は陳垣の著作を全部讀んでゐる」「去年私にくれた幾通かの手紙もある」——それからこの白話文體の創始者なる文章家は、ていねいに舊友の手紙が僞作なることを證してゐる。何故共産黨の文士は、陳垣が使用しない白話文體などで、僞作したのだらうか。何故陳垣の文體をまねて、陳垣の僞文を作らなかつたのだらうか。その理由は簡單だ。共産黨は白話文體を「進歩」と考へてゐる。輔仁大學總長陳垣が、白話文體をかいて、共産黨の宣傳をしたといふことを地方に傳へたいのだ。つまり陳垣の文體を知り人がらを知つて、それを見分けうるやうな一握りの文化知識人を僞瞞することを考へる代りに、「輔仁大學總長」「七十歳の老歴史家」といふ權威を信奉してゐる愚民を僞瞞することが、彼らの「僞瞞」の目的だ。このやうな共産黨文士の仕事はらくだ。この僞作には何の藝もいらないのだ。

次に胡適は云ふ、この陳垣の手紙には、十パーセント位は陳垣自身から出た材料があげられてゐる。それで胡適は想像してゐる、陳垣はある命令によつて、(恐らく胡適との最後的交渉についてだらう)一つの手紙をかかされた。陳垣は白話文をかかないから、古文體でかいたのだらう。それを北京の黨人が十パーセント位つかつて、その他に色々の宣傳材料を入れて、一つの公開狀につくりかへた。その理由を胡適は說明してゐる。

「たとへば彼は(この彼は僞作者なる黨人だ)エドガー・スノーの西行漫記を論ずるところで、こんな妙句があつた、『僕はこの本が大好きで手を離すに忍びない。內容が充實して豐富であるばかりでなく、論調も大いに感動せしめるところがあつた。文章の價値からいへば水滸傳よりも優つてゐると思ふ』……」しかし胡適はこゝで云ふ、「援菴老人(陳垣のこと)がスノーの本のために私に對してそんな過激な宣傳をすることはまづ考へられない」と、斷定してゐる。さらにつづいてこんな文句が見えてゐる。

「もつと面白いのは特に彼の『蕭軍批評』に對する意見であつた。『蕭軍批評を讀んで、私はプチブルと知識階級の犯し易い惡い癖を悟つた。今絕えず研究し、自己批判を行つてゐる』」

さすがに胡適もこれには驚いたやうだ。七十歲の舊友の老歷史家が、共產黨文士蕭軍に對する批判集をよんだと僞作者が書いたことに、胡適は驚いたのだ。胡適はこれについてさらに云ふ「蕭軍は、東北の人で彼が東北へ歸つてからソ連兵の暴行と東北人の受けた苦痛を眼のあたり見て、良心に訴へてかなり公平な文章を書いた。中共當局は非常に憤慨し、共產黨の文士たちは彼を攻擊した上、たうとう彼をあやまらせた。『蕭軍批評』は、共產黨の脅迫劇の傑作である。陳垣氏は何故私にその本を宣傳したのだらうか。彼は何故に私に彼の懺悔と彼の絶えざる自己批判を話したのだらうか。」

「七十歳になる有名な老史學者陳垣氏をして『蕭軍批評を讀んで、私はプチブルと知識階級の犯し易い惡い癖を悟つた。今絶えず研究し、自己批判を行つてゐる』といふやうなことをいはせたのは、つまり中共自らが彼らの統治下には言論の自由もなく、又沈默の自由さへもないことを認めた。」つまり陳垣は云ひもせぬことを、云つたと、この公開狀の僞作者の黨人文士によつてされたのである。しかし中共はかういふことを何故したのだらうか。支那に於ては、今日でもさういふ「必要」があるのだらうか。これが中共の文化工作なのだ。そしてかういふ僞瞞を考へる「人間」――かういふものに心を併せてゐる者が、世界中に何百萬とゐるし、日本にも何萬かゐるのだから――かういふ「人間」を研究する「人間學」を「自由世界」では考へる必要があると思ふ。（支那の近代主義者胡適はさういふ「人間學」の必要を考へてゐない。彼は、これは陳垣の文章でないと斷言してゐるだけである。彼は陳垣を絶對に信じてゐる。そして僞作者の「人間學」を考へて、これと「陳垣」の「人間」との間に宥和させるとか、何かの交通點をみつけようといふ努力はしてゐない。彼は近代主義者だから、さういふ「人間」の「救ひ」を少しも考へてゐない。胡適の文章は冷く、狡さうに見える。それは賢いとも見える。しかし小生はそれを承諾せぬ。）

胡適はつづいて云うてゐる「陳垣氏の手紙の改作者は、無意識のうちにこの堂々たる輔仁大學總長を、審判長の前にひざまづかせて懺悔し、ゆるしを乞ふ一介の思想犯に書き上げた。これはあまりにも怖ろしい事である」この傍點は小生がつけた。これは大へん意味の深いところだ。この改作者が改作者の責任で陳垣を思想犯に規定することは、少しも怖ろしいことでない。改作者はかくれてゐて、陳垣は自身で思想犯として許しを乞うてゐるのである。このトリック、芝居、脅迫劇は、未曾有のことだ。こんなあまりな怖ろしさは、未曾有だ、この怖ろしさを、今日の人々は多く知らない。「自由世界」の側の人でさへまだ多く知つてゐない。少しの人は鈍感になつてゐる。かの改作者のやうな考へ方の出來る「人間」が、どうして「人類史」の中へ出てきたか。(この改作者らはここで「善行」と「文化」の兩方の意識に安座してゐるのだ。吾人はこの「人間」の狀態の墮落を恐れる。これは共産黨の最大の犯罪だ)これについては——近代の批判として、東洋人なら、腹に据ゑて一言なければならない。しかし胡適にはそれは出來ない。胡適は近代主義者だからだ。

胡適はさらに云ふ。

「また手紙の中にはこんな事も書いてあつた。『僕も初めは辯證法、唯物論、歴史唯物論を研究した。それで僕は歴史に對する新しい見解を得、今後の學問の方法もはつきりきまつた。』『學問の方法について云へば、われわれのそれはもとより相近いもので、貴方もかつてわれわれの舊い學問の方向と方法を肯定したのである。……だが、この古い科學的な學問の方法には基本的間違ひがあつた。だから今われわれの方はただ實證主義である』……」

これについて胡適は云ふ。「これはさらに恐ろしい。中共が、北京に入城してからわづか三ケ月で、七十歳の老歴史學者陳垣氏は、彼の舊い學問の方法が、『科學的』ではあるが、終局に於ては『基本的誤謬』があることを天下へ公告した。さらに彼は『初步的に辯證法、唯物論、歴史唯物論を研究して、今後の學問の方法もはつきりきまつた』と天下へ公告せざるを得なかつたのである。以上のやうな點から見てその『陳垣の胡適への手紙』こそは共產黨統治下には、決して學問と思想の自由はないといふ事を如實に證明するものと私は考へるのである」と胡適は結んでゐる。この、さらに怖ろしいといふのは、陳垣の學者の態度に思ひ及んで云うたのである。このさらには原文なき故いささか不明に近い。小生は文章として、これほど興味ふかいものを最近見なかつた。この共產黨の得意な滑稽劇の主役をさされてゐる陳垣老人を、胡適は無關係なものと辯護してゐるのだ。

よみ終つた後で、小生はいささか暗憺たる印象をうけた。それはわが日本國內の事情に思ひ及び、殊に昭和二十年以後の學者文人の態度に思ひ及んだからである。胡適は舊友陳垣を信賴し、これの一文を僞文と斷じた、されど吾人の經驗したわが學界に於ては如何であらうか。

わが東京大學總長の場合なら如何、我々は胡適が陳垣を信じた如くに、南原繁を信じうるであらうか。例へば出隆といふ哲學教師の場合がある。彼の場合、我々が遠くにゐたなら脅迫劇と見ただらうか。黨人の僞作と見るだらうか。出は實際陳垣以上のことを書いた。(もつとも我々は出の學識を尊重してゐたわけでない)しかし東洋學者と自ら稱してゐる吉川幸次郎は、岩波の左翼講談新書の中で、「漢の武帝」といふ作をかき、陳垣の手紙にあるやうな左翼テーゼを、ところどころに插入してゐる。これは一層子供つぽい、しかし吉川が脅迫劇の役者をひきうけさせられたこともきかない。出にしても吉川にしても、少し程度は異るが、自己の心理劇の中で滑稽な脅迫劇を實演したのだ。

そこで小生の暗く感じたといふことは、胡適が陳垣に考へた如くに、我々が我國人の場合に感じるといふことが、だんだん少くなつてゐるといふさびしい事實である。胡適は中共の北京入城三ケ月半で七十の老學者陳垣は決して變節せぬと斷言してゐる。陳垣はその信頼にふさふ學者だつたやうだ。しかし我國の學者の場合、それが心細い。陳垣と同じ七十の老學者で、半年にして自發的に「沈默の自由」を放棄した人々が少くないのである。三年目にすてた老學者さへあるのがわが國の現狀だ。この民族の恥辱――さういふものを對象とした「人間學」も、我々は考へねばならぬ。

小生はこれを彼我比較して、いささか憤ろしいものを味つた。吾人は民族の光榮を守るために、つねに細心に、倫理を樹立することを考へ、下等下劣を彈正すべきである。我々の正論は、「英雄たる敵」と戰つてゐるのでない、最も下等な敵と最も低い戰ひを試みてゐるのである。さういふ下等な敵のために、曠古の英雄は簡單に破れ去るものだつた。これは史實の示すところだ。

トーマス・マンの平和論

正月四日の「朝日新聞」に、トーマス・マンが「日本に贈る」といふ年頭所感をよせてゐる。その内容は平和を尊重することをのべ、世界政府への希望を云うてゐる。その世界政府とは、「西歐文化」が全人類の文明に屬し、それを政治的に表現したものと說いてゐる。

この考へ方は、西歐人の救はれ難い獨善の證明である。だから彼が、日本人に呼びかけてゐることばも「新約」的な甘いセンチメンタリズムを出ない。日本人の誰一人として、このことばによつて、直面してゐる「平和の危機」に對する憂鬱から救はれるものはあるまい。

日本人に對する「武器に對する再信賴」をとりもどすやうな訓練は既に始つてゐる。日本人はそれを必ずしも傍觀してゐない。唯々諾々ときいてゐるわけでもない。

マンがもし日本の最も高い精神を目標にして語つてゐるなら、この狀態に對して、自らの反省を重く示して、外に云ひ方があつただらうと思ふ。しかし彼に於て他の言ひ方が、もうなくなつてゐるのかもしれない。思ひつかないのだらう。それならば、その點を無造作に云うて、より高い神々の恩寵を祈る方が、心ある日本人を信賴させるのだ。

それはそらぞらしい文章だ。人の思ひを睡眠させるやうなレトリツクさへ心がけられてゐない。我々日本人は、今世紀の西歐の作家が――マンの如く數少い文學者が、最近の西歐の良心を示すことを待望してゐたのだ。これは我々を喜ばせるためでない。事實が怖ろしい時、どんな詩人の美文でも、それが單なることばのあやつりである場合、我々の魂を樂しませることはない。慰はせることはない。少くともマンほどの人物は、現勢力の爭鬪亂世の相を超越して、ヨーロッパにある殘存の良心を示さねばならぬ人である。それはヨーロッパ自體のものであるといふより、ヨーロッパの異質として示しうるものだ。

しかしマンはただ日本人に平和を願ふべしといふ説教を、キリスト者の語彙を交へて説いたのだ。これはそらぞらしいことばだ。さういふそらぞらしさが、自然に口から出るといふことは（つまり許されてゐるといふことは）、今日の世界の良心と、世界の諸文明が、しづかに反省して決意せねばならぬ點だ。それは人間に於ける一つの舊式の不當な關係の標本だからだ。マンは西歐文明を單純に信じてゐるのである。これはどういふ事情か、もう我々にはよくわからぬ。

我々が歐米の「自由世界」の中に存續してゐる個々の精神に期待することは、――昭和廿年八月十五日以降の世界の諸情勢と、それに對する政治的解決、東西の二つの戰爭裁判とその後の國際政治の關係、さういふものに對する道徳的反省とその救ひ方をききたいのである。

今日、平和や道義に關しては、日本及び日本人に對し、上からのしかかつてものを云ふといふ資格は誰にもない筈である。この點では武裝をすてた日本は道徳的に最も強い狀態にゐるのだ。日本人の過去の「過失」と「苦惱」が、消失してゐるかゐないかといふことは、まづ「過失」の因から判定する必要がある。日本人が自身で過失をくりかへさうとはしない、といふ前提に、絶大な同情をもつて、世界に話す人だけが、日本の眞の友である。眞の日本人――正しく生きようとする日本人はさういふ人とそのことばのみに期待するのだ。今日ではもはやかかる日本を裁く國際法廷は成立しないのだ。

しかし國際法廷が一度犯罪と認定した事實が、その場限り世界から消失したかといふことは誰も斷言できない。日獨の犯した犯罪は、今日誰に繼承されてゐるのか。この判決は日本人には出來ない。マンのやうな人には出來る筈だ。それをするのが、文學者の高踏的使命である。

今日外國人が日本人に平和の意義を教へることは、意味がないのである。彼らは日本の今ある狀態を知らないのであらうか。もし勇氣ある文人なら、新しい審判を開始すべき時だと思ふ。しかしヨーロツパに於ては、二つの世界の對立する動搖の中で、もうさういふゆとりがないのであらう。ヨーロツパの運命を考へ、その終焉を認めること位が、せい一杯の努力かもしれない。その時アジアに於ては、いくらか悠々とした文人がゐて、かゝる二つの世界對立の外に、天外の道を示す可能性もある。

それはアジアの傳統の優位を示すものであらう。しかし精密な平和運動は、起らねばならない。それは「近代」に對する道義批判、殊に東西國際裁判以後の現象についての、人間の良心的反省の附隨する、道德化と反省の運動であるべきだ。さういふものは、日本人の良心の教へとなるだらう。我々は、日本人は、この五年間に、間斷ない虛僞、或ひは早急な裏切られを、經驗しつくした。この事實とその人心に對する影響は、マンほどの人にはわかつてゐると思ふ。

まだ四年前には、日本人の戰後派といふ多數の知識人といふ者らは、戰爭を避けるためには、奴隸の狀態にも、滅亡の狀態にも甘じるべきだ、それが價値であると口にしてゐたのだ。一切の暴力を振ふことを避ける時は、卑怯に甘んじてもよい、とも考へてゐた。さういふ道理は、西洋にも東洋にもなかつたのに、さう考へるのが西洋の民主主義の理想だと考へた者も多數ゐたのだ。かういふ人々は軍隊が囘復し、戰爭が始ると手ぎはよく、軍にとり入る人々だ。それは論理から云へるのでない。彼らの心理から云へるのだ。彼らが今までにしてきたその履歷に從つて云へるのだ。

ヨーロツパの藝術家が、この數年の國際的事件に、道德と良心による反省を試みることが、その平和遂行の目的にそふと思ふ。さうしてさういふ具體的な勇氣の必要な行爲のみが、日本人の良心を導いたり、協力したり、導かれたりするものだと思ふ。

日本の今日の文化は表面はみな模倣的エピゴーネン文化だが、内側には傳統の文明が脈々と傳つてゐるのだ。その文明は、戰鬪に勝つても戰爭に敗けても、決して卑屈になつたり獨善になつたりするものでない。それは人爲人工を專らとせず、天道と神々の世界に交通することを念願としてゐるからだ。東洋に於ては、文化と戰爭とは別なのだ。道義はその戰爭といふものの勝負と別に在ることを信じてゐる。

なほヨーロツパの學者文人といふ人々が、東洋に向つて呼びかけ、人間とか自由や平和といつたことの説教を試みることは、單にマンやジイドの例に限らないが、さういふ場合に、彼らは近代史の成立の最大原因たる、人間間の不自然な關係、つまりアジア對ヨーロツパといふ事實が根據となつてゐる不自然な關係に對し、どういふ誠實な反省をしてゐるのであらうか。我々はそれをまづ反問する。

つまりアジアには近代の意味の人間が存在することが、人爲的に禁じられてゐるといふ事實である。それは今や單にアジア人の怠慢に原因するわけでない。かういふ不自然な關係に對して、己の誠心の言をなすことを、我々はマンなどといふ人々に希望する。それは世界平和の解決のために、文化人のみがなしうる行爲である。(不幸にも政治人はそれをなし得ない。政治人はかういふ人類正義の本質問題に關與した時、既に政治人を離れて文化人となるのだ)

かうした不自然な人間間の關係の解決法を、もし日本人の中の人間主義者、ヒユマニスト、自由主義者らに反問してみよ。彼らは單純に共產黨の同情者らしい顏をして、自己の見解の逃避をはかるのだ。こゝで我々はくりかへし云ふ如く、我々は近代の繁榮を要求しない、羨望しない。我々はそれが不正なることを知つてゐるからだ。だからそれの奪取を計る國際的な政治軍隊——共產黨に何の同情ももたない。

我々の唱へるのは、マンなどの考へる人間とか、自由とか、平和といつたものと、本質的に別箇の原理に立つものである。

それはトーマス・マンも理解し得ないのだ。

河上徹太郎の孤獨と時間

河上徹太郎は新潮二月號に所載の「現代の孤獨」と題する文章の中で、「情勢論に於ても人間的であることが、的確であるといふ原理は、たゞ表現の問題ではなく、情勢の判斷に關する重要な適格性の問題を含むのである」と云うてゐる。このことばはよい。正しい。誰でも氣づきさうに見えて、今になつてまだ一度も實行されてゐない。しかしこの實行は容易とは云へない。それには誠實がなければならぬからである。誠實には自信が附隨してくる。

河上はこの言葉の實例を、胡蘭成といふ、現在國共のいづれにも附屬せぬ一支那人の文章によつて示したが、彼自身の前提文章が、却つてこれの適例と考へられるものだ。この河上の誠實は、愛國心に出てゐる。彼は一言もそれを云うてゐないが、それがなければ、かういふ誠實で自信にみち、且つ人間的に的確、細密であつて、さらに思ひやりを藏したやうな觀察は生れない。方今に於ても、最も誠實なもの——抽象的で理想的なものは、愛國心とその傳統の信念に發現してゐる。エゴイズムや戀愛の情態からは、それが淸醇な時にさへ出てこない。これは實際今ある事實を云うてゐるのだ。

河上は戰後、あまり文章を草さなかつたやうだ。その自信と熱情をもつ人の態度は、この一文によく見えてゐる。この一文はとりたてて名品でないが、評論らしい心づかひと思ひやりのある點で、文藝囘復の前兆の一方向を考へさせる。彼と同年配の評論家も、この誠實を尊び、この誠實を認めて、自己の思ひ〳〵の上に現し、評論といはれるものを示すやうにする方がよいと思ふ。文學は久しい間、空白に近い低調だつた。誠實さがない。ひとりよがりに、空しい名聲や評價の如きものを大切にしてゐるのは、みつともないことだ。

河上はこの一文で、現在の俗論と低俗を順次に摘發してゐる。それが次々にあげられてゐるので、一見斷片的に見え、論旨の一貫性について、常識にふさふやうな解說が、大へん不足してゐる。これは仕方ないことだ。しかしこの文章には底に何か通つたものがある。今後次第にわかり易くなると思ふ。この文章にのべるところは、說だから贊否は別だ。我々必ずしもこの說を肯定せぬが、間違ひない誠實さを藏してゐるから氣持よくよめる。啓發するものがある。

彼は「二十五時」に對するわが讀書界の「さかしらな聲」を批判した。その狀態をみてゐると「軍國的統制」と同型異曲の反理性主義の横行を思はせる、所謂民主主義風俗の一つの滑稽な一例ときめつけてゐる。そこから進んで河上は「二十五時」に對し、文學論的な形で二つの不滿をのべる。こゝで「實際に落ちるのは、その中のたゞ一つの小さな陷穽に過ぎず、しかもこの陷穽は、二十五時ならずとも、一時から二十四時までの間にあるものと、變りはないのである。だからつまり、『人々の意見』とは卽ち『大海の水』のことであり、この二つの二十世紀時代に卽した表現が、『二十五時』といふことになる。」

この句のまへにエピクテトスの「人を溺らせるには、大海の水の必要はなくたゞ二、三樽の水があれば足りる」とのことばがひかれてゐる。さてこの河上の評はよい。この批評は人間的に立派だ。單なる小利口さでない。河上はこゝからストアの人々の教へた「孤獨の確立」を考へる。二十五時が見える目に何故孤獨が見えぬか、それは「うつし身の哀しい眞實」と彼は斷言してゐる。戰後の佳言である。今日の人の反省に資すべきことばだ。「二十五時」が低い意識だといふ批評は（理想の文學から考へて）間違ひはない。それは漫才のやうに面白い、（怖ろしいといふ方の見せものだらうか）結局この作品も作者も、西歐文明の批判をする個性の完成と、もつと進めば人間的（もしくは文明史的）根據がないのだから仕方がない。批判の根底がないのだ。

河上はそれから轉じて今日實在する「亡靈の集團」に注意してゐる。「戰後現れたこれらの非人間的な、强壓的に意志を體内から摘出された『亡靈の集團』――この亡靈の時代に於ては權力者とか支配者といふものも大なる亡靈にすぎない。二十世紀文明は亡靈の時代なのだ。亡靈になつた人間の集團が巨大な亡靈の幻想によつて亂世を作つてゐる始末だ。あらゆる『精神』の課題は『平和や戰爭』の問題にあるのでなく、この幽靈退治がさきなのだ。」

河上の一文の標題となつてゐる「現代の孤獨」といふ結論は多少粗末だが、アランの「永遠の自由は完成された個人にあつて、そのものは絕對に敗北せず、征服されない」といふ言葉をあげ、日本の德がそれに向つてゐると云ふ點で、河上は少し遠慮してゐるが、自身でストアのことを云うた後では、もつと强く信ずべきだ。言ふべきだ。その言動の信を已にうち立てることを考へるべきだ。このことを河上は信じてよいと思ふ。この一文の心境はそれに恥ぢない。こゝで日本の德といふのは、武裝放棄後の日本人の心情に生れる（自覺された）ものであることは、當然だ。こゝで生れなければ、世界のどこでも生れる筈がない。日本人は、自覺した場合、精神に於て不敗なのだ。これは一番强い意味だ。

この心情の點に、すべての誠實と愛國の根柢をおくやうな、自覺と自信を、この現狀に於てももちうるやうな文藝が、生れなければならない。それは現代の孤獨でも何でもかまふことはない。

しかし河上の漠然とした考へを、アランと對蹠させて示してみても、やはり人が見れば難解だらうと思ふ。一番難解なものは、語句でなく、人間的誠實さが的確に、事物に卽して現れてゐる時だ。かういふ驚くべき荒唐無稽な事實――正しい時代に想像もされぬ事實が、今二十世紀に何故存在するか。それは幽靈征伐を考へ立つたものには、直ちにわかることだ。さういふ關心を示した文章が一見難解なのは、多數の氣持よい幽靈世界の俗論を一々批判し碎破してゆかねばならぬからだ。

しかもその間に本人は全然別の發想をしてゆくからだ。

さういふ俗論の人々が、「二十五時」と呼んでゐる時、河上の如き人が「孤獨」を意識し、その場所で自信を確立してゐる、俗論に對し拙い理窟で、たしなめてゐるこの「時間」は、何といふ「時間」だらうか。これは二十五時の全時間構造の外にある。近代世界といふ虛僞の時間の外にある「時」――永遠だ。永遠は時間外のものだ。

しかしこれが「個人」に於て完成されるといふ時の一つの方法論として、東洋の隱遁の思想がある。さういふ思想と己との關係を、河上は勿論こゝでは何とも判定してゐない。好んで隱者になる樣子はないから、こちらで決めておいてもよいわけだ。

しかしいづれにしても、この一文は珍らしくも、文學を誠實に考へるといふ立前を持しつゝ、そのことについては一言も云はないで、時代の人間や、國家や、世界の人間といつた、すべて第一義に亙ることを、誠實に考へてゐる證據を文學的に示した評論だ。的確な觀察は俗論世界では却つて難澁曖昧に見える。

終戰以來、かういふ「人間的誠實」を誌した文藝の批評は、まづ見なかつたといつてもよい。我々はその說を云々せず、まづ敬意を表する。

（「祖國」四月號）

戰爭反對の本質論と時務論

「絕對平和論」の中で云ふ「平和」は、今日日本の自由主義者の考へてゐる平和とも共産主義者の考へてゐる平和とも、全然異るものであつて、それを絕對平和と呼んだのである。つまり彼らの云ふところは、現在の「近代」の繁榮の持續か、もしくはその奪取を目標にして、「平和」をとなへてゐるのである。

我々の絶對平和論は、本質上の平和の生活的根據が、「近代」文明とその制度機構の中にないことを云ふものである。

我々は絶對平和論の根據を、東洋の理想的生活の中にみる。それが日本に典型的に傳り最も自覺されてゐる事實をいふのである。

だから絶對平和論は、日本を第一義に考へる。理想上の道を傳へるところの日本を第一義に考へる。それは共產主義國に無抵抗に隷屬することによつて、「近代」生活を維持し「平和」を購んとする考へ方と根本に於て異るのだ。

この故にわが絶對平和論に於ては、目下の平和か無軍備か、再軍備か、中立かといつた時務の問題との間に、おのづからに根柢的な距離がある。「近代」の制度組織機構に於て、元々「平和」はないといふことをのべるのである。だから絶對平和論に於ては、再軍備反對は、重大な問題でない。これに反對することが、わが平和論の前提だといつた考へ方は全然ないのである。

しかし現在日本の國情を見、戰後の諸政權、政治家、言論人、教育者、おしなべて官僚及び公人の狀態をみてゐると、我々は當然今考へねばならぬ危險を、過去に照して味ふのである。

今日にさしあたつての日本の進路としてはアメリカ側に立つか、ソ聯に立つかといふ二つしか考へられないとし、(印度の近代主義者ネールの空想劇は成立する筈がない)それ以外のことを自主的に考へるものを時代おくれとして時代にずれてゐるなどと評してゐるのが、戦後派の政治家であり、言論人であり、官僚である。

しかし東條の下で働いた「指導者」は、決して誠實でなかつたが、一般官僚にはなほ今より誠實で忠誠な公務員が多かつた。それでさへ當時の「英雄」たちは、自分の指揮した小官僚群を謬つて信じたといふ悲劇を痛感したのであらう。

この自覺――卽ち瓦解は、終戰より一年早く始つた。殆ど廣範圍に亙つて人間の信が互に崩壞した時が、最も明確に敗戰の第一歩をなしたのだ。

ナポレオンが自己の率ゐる軍隊の成員を、みなギリシヤ人だと誤解してゐたと述懷した話が、「ヱルテルは何故死んだか」の中にか﹅れてゐるが、さういふ例は史上に多い。ギリシヤ人とは――誠實な人であり、趣意一貫を生命とし、辯解をしない人といふ意味である。

戰後の政治家と官僚と言論人と教育者の中には、この誠實な人が徹底してゐない。彼らはかつて不誠實な處生をし、今も不誠實に生きてゐる。所謂逃れて恥なきの徒ばかりだ。

こ﹅で吾人の怖れることは、かういふ戰後政權（戰後指導者組織）を基幹として組織された總動員組織（軍國）は、それがソ聯につかうと、アメリカにつかうと、いづれにしても、必ず敗亡するといふことである。人間的に敗亡するから、この瓦解は防ぎ得ない。もつと立派な精神的な組織でさへ、さういふ人士が一部に作用したゆゑに、瓦解したのだ。

吾人は日本の現勢組織を構成する各界の要人たちの人間的不誠實のゆゑに――それはこの數年の彼らの人間的履歴をみれば十分だ――その軍國組織（總動員制）は必ずこの點から敗亡すると思ふ。人間的不誠實はつねに無數の辯解を用意してゐるのだ。この理由から、我々は、國を戰爭にまきこむことを、日本のために、又可能的な同盟國への信義のためにも、國民の正視するところに從つて、反對するのである。今や自衞も亦、本質上の自然發生的なもののみにしか期待できない。我々は敗亡の教訓を熟知してゐるから、顯著な豫見の危險を避ける方がよいと考へるのである。不誠實なものの敗亡の責任をとるものは誠實な者である。しかしさういふ責任は、若干の個人的不自由と貧窮を荷つてはゐるが、要するにたゞ良心的なものにすぎない。國民はそれによつて少しも樂にならない。

アメリカは今日正義の國と自ら信じてゐるだらうし、ダレスは正直なキリスト教徒であると信じる。故に彼は日本人を單なる戰時用人的資源と考へ、この軍國化（再軍備――つゞいて總動員）を期待したのでないと信ずる。たゞ我々の怖れることは、この點について、アメリカに、日本の現勢に對する誤認があると思ふことだ。日本の敗亡の眞因と、敗亡後の日本の精神的人間的狀態を、十分に研究することが、彼らの緊急事である。

敗亡した國民は、困窮に耐へるのが當然のことだ。にもかゝはらずもし個人的贅澤が出來たり、蓄財が出來るなら、それは内外の戰爭犧牲者に賠償するのが當然だと思ふ。戰後利得は、同胞犧牲者の救濟に當てるのが當然だ。さういふ繁榮持續を目的とした軍備再建論は、人道の正義と云へない。彼らが自肅し得ない時、國家はこれを強制してもよい。これが國家の自衞の第一歩である。

現在に於て、すでに戰爭が起されてゐるのであるから、戰後利得者もかつての戰時利得者も、その道德的意味では同罪であつて、これに對する道德的批判と、國家の干渉があることは、自衛と愛國精神を樹立する第一歩と思はれる。

ダレスが日本のために賠償停止を唱道した。この親切な思ひやりに、日本の戰後派がたゞ追從するだけで、個人的利慾生活に何らの反省を示さなかつたことを、吾人は同じ日本人として、赤面するのである。我々日本人は、敗戰したゆゑに勝利國へ賠償するといふ考へでなく、近代戰爭の不幸を廢止するといふ聖業に協力するために、「賠償」を怖れてはならない。少くとも不幸な戰爭犧牲者の保證が成立するまでは、戰後利得者（今や戰時利得者化してゐるが）の私欲とその對象を制限すべきである。それをまつ先に行ふ國は、道德と精神の意味で戰勝國と稱へ得る。

我々の考へ方は、さういふ特殊な繁榮「生活」の見本を餌にして、人を戰爭に誘發することを拒否する。吾人は道德的見地から、敗戰國民は困窮に耐へるのが當然だといふ考へをもつてゐる。しかし今日、少し惡賢こく恥知らずであれば、（正醇な人が責任を味つて身をひいてゐるから）却つて以前よりよい暮が出來、現にしてゐる。さういふ花やかな浪費を、內外の戰爭犧牲者とその家庭がみつめてゐるといふことを、ひそかに思ふ時、吾人は、戰爭の最大の罪は死者が負うていつてくれなかつたのだといふことを痛感する。

さういふ花やかな人々は、これを以て近代人の文化生活の權利といふかもしれない。しかしさういふことを云うてゐる連中が、再軍備を唱へ、或ひは共產黨に媚びて實質的に戰爭準備をしてゐることは、一體何ごとであるか。もつとも共產黨の者らは、戰爭犧牲者をます〳〵不幸に陷れ、それによつて革命の條件をかもしたいと考へてゐる。

海外に於ける戰爭犧牲者を放棄して（賠償を放棄したまゝで）自國内の戰爭犧牲者を救濟せよといふのは、氣がひけるといふ人がゐる。これは人道を誤解してゐる。氣がひけるなら氣のひけないやうにする方法もある筈だ。どちらもせぬ、しようと考へぬのが一番よくないのだ。戰爭犧牲者といふ點では共通してゐる。たゞ國籍に於て勝者敗者があるといふ問題は、現實問題として深刻だ。十分に考へなければならない。それを考へた上で、出來ることをなるべく多くするのが、正しいのである。

一國家内に於て、例へ不正な戰爭に反對しても、多數の國民は、これに從ふより他ない。たとへそれにあく迄反抗しつゝも、つひに破れて戰爭犧牲者になつても、國が敗れると敗戰國民として、戰勝國の軍政によつて人間的自由を制限される。だから「近代」に於て、「人間」は黨派を離れて存在しない。黨派に屬し、敗戰しないでゐる日にのみ、「人間」であり得る――この不正なしくみは、廢止すべきものだ。しかもさういふ黨派に於ても、その「人間」は眞の「人間」でない、たゞ近代世界に於ける、この人間的に不正な關係に於て、比較的政治的に優越してゐるといふにすぎない現狀である。

要するに、「道德」に力があるか否かを、最も無力な（「近代」の意味で）民族が、嚴肅に云ふ時がきたのである。我々は戰爭に反對するまへに、「近代」に對し根本的な批判の立場を考へねばならない。

最も殘忍な犯罪者

二月十六日から、衆議院在外同胞引揚特別委員會で、さきに國連に對し、日本人引揚問題を取上げないやう要請した、日ソ親善友好協會（代表菅道）民主々義擁護連盟（和田敏明）日本歸還者同盟（小澤常次郎）の三名を喚問し、事情を糾明してゐる。

彼らの一人なる小澤某の辯明によると、自分らはタス通信の發表を信ずる、その他の數字をあげて引揚問題を云々するのは、政治的意圖にすぎない、といふのである。

つまり彼らはソ聯を有利にするため、かゝる非人道的行爲を行つてゐるだけのことであるから、これらの實相の糾明は、何ら必要ない。問題は、かういふ非人道的な、非人間的な者らを、どういふ形で思ひ知らせるかである。

三十五萬のソ聯に拘禁された同胞を如何にして救ふかは、たゞその肉親の問題に止らない。目下最大の人道上の問題である。次にソ聯がポツダム宣言を無視してゐるといふ問題である。理由も解釋もいらない、日本人の同胞感の問題である。世界の人道上の問題である。これは現在行はれてゐる一切の「侵略」に比しても、それ以上に、非人道的な問題である。

我々は日本人の中に、前記三團隊のものがあるといふことを、如何に考へ、如何に處置すべきであらうか。かういふ最も非人道的な犯罪を、如何なる形で國會は處置するといふのであらうか。

さきには日本共產黨の德田球一が同樣の要請をソ聯に對しなし、日本人同胞の引揚阻止を計り、これが國會の問題となつたが、さういふ非人道的犯罪に對し、一切の國憲が無力である時、國民は何を以て、彼らにその犯罪を思ひ知らすべきであらうか。ソ聯の手先なる日本共產黨とその同調者らの、このやうな道義人倫上の犯罪に對し、國民の正義人道觀は、たゞこれを痛憤する以外に方法がないのであるか。

これは政治の問題でなく、人道上の問題である。政治的犯罪及び政治的責罪でなく、人道上の犯罪であり人道上の責罪である。かゝる人道上の責罪を處置する法は、いづこにあるのか。これらの三團隊の人道上の犯罪は明白であるが、さらに假面をもつて、同一の犯罪を敢てし、同一の趣旨でソ聯の非人道的處置を擁護する者がある。

たとへば「週刊朝日」の二月四日號の「週間放言」といふ欄に、「狹い國土と過剩の人口といふ理由で、海外移住を納得させようとする說明は、もはや時代遲れといふの外はない。シベリアから三十五萬の抑留者を一刻も早く歸してくれ、南方へは每年百萬づつ轉出を認めてくれといふのでは、何となく算盤の合はない嫌ひがある」と書いてゐる。

これは無署名記事だから、社說に當るものだらう。かういふ非人道的暴言の責任は、誰がとるのであるか。抑留者を歸せといふのは人道と正義の要望だ、又血涙を以てしてゐる同胞の個々の家庭的な人道的な要求だ。「朝日新聞社」週刊朝日記者は、これを算盤の上で考へてゐる。これは同胞を抑留してゐる共產黨の連中と同じ思想の持主に違ひない。彼は、拘留同胞をたゞ數として考へてゐるのだ。それ以上の人間らしい血も涙もない人間だ。だから拘留同胞の肉親の血涙に何らの同情も感じないのだ。彼は人道に對する何の同情ももつてゐない。これは國民を人的資源といふ命稱で呼んだ一部戰時官僚以上の非人道的暴言である。しかもこの「週刊朝日」はそれを殆ど意識せずに、この非人間的暴言を吐いてゐるのである。

しかし我々はかういふ非人道的な暴言を、それがソ聯に同調する政治的行爲として、さらに一般的に政治的言論といふ命目の下に、平然として認め、單なる政治的論爭で處置する以外に、何ら實效的方法をもたないのであらうか。

この恥づべき非人道的暴言も、政治的言論として、その自由を保持し、これを何によつて制壓することも出來ないといふことは、人道上極めて重大なことである。我々はたゞ國民の正義觀の昂揚を期待し、國民文化と道德の向上を期待し、かうした「週刊朝日」の如き非人道的言論を、制壓することを考へねばならない。この恥づべき非人道的言論の筆者に余は猛省をうながす。又「週刊朝日」はかういふ無署名言論の責を負ふものなるかを反問したい。余の腸は煮え肝は痛い。わが拘留同胞は、「數」ではないのだ。

かゝる非人道的暴言が、平然となされ、「政治的言論」として許されるといふ人道的犯罪の前では、如何なる狂暴な刑事犯罪も、なほ狂暴無殘と稱し得ないのだ。かゝる思想の持主に比べるなら、一人二人の人を殺した死刑犯人の如き、なほその心の殘虐性に於て輕度なものである。

死刑が比較上の刑罪ならば、かういふ殘虐の暴言が、政治的言論としてその自由と公言を保持されてゐる時に於ては、彼此を比較して、余は死刑の廢止をとなへたい。何となれば、如何なる死刑犯人といへども、その犯罪の行爲の前後に於て例へば、「週刊朝日」の一記者ほどの、その「人間」に對する殘忍無情さをもたなかつたと想像されるからだ。けだし「週刊朝日」の責任者は、余のこの一文をよんでも、なほ己の殘忍な良心的犯罪について了知せぬであらう。

先般來朝したダレス特使は、盗賊を例として日本人に自衛の必要と範圍を教へた。しかし余はキリスト教徒なる彼が、この種の最も殘忍にして非人道的な、良心的犯罪に對する自衛の方法を示唆しなかつたことを遺憾とする。日本國民の自衛として、今日最も必要とするのは、かういふ良心上の殘虐犯罪とその犯人から、如何にして人道を防衛するかにある。これが日本の緊急自衛だ。無武裝日本の切實な要求は、今日只今、この點にあることを、日本の要人は一人として、面接の時にかのキリスト教徒にのべなかつたであらう。日本の「民主主義」下では、かういふ暴言者を教化する機能が存在してゐないのだ。つねにわが小冊子が、それを嘆き、その任を自ら持してゐるにすぎないのだ。

余は在外同胞引揚特別委員會が、この種の良心的犯罪に對し、的確な聲明と處置法を示すことを要望する。

民衆警官の努力

驛前の交番で、自分のゆく先の見當をきくと、交番の巡査の態度は、小賣商人の如き言葉遣で、備へつけのプリントした市内地圖に書き入れてくれて、その地點の交番を指摘し、そこで改めて尋ねなさいと教へてくれた。

そこからめざす交番にいつて尋ねると、町名はこゝだが、その建物はどこだらうか、とずゐ分親切に、交番にゐる何人かの巡査で相談してくれた。その言葉遣ひは、旅人をいたはるやうに親切だ。小生の求めてゐた建物は、人の多數集るところ、場所の町名と建物名はわかつてゐたが、番地を知らなかつた。

數分かゝつただらう、その間巡査は一心にしらべてくれて、こちらが恐縮する位だつた。そこへやゝ年配の巡査がきて、その人が多分あの建物の中だらうと見當をつけてくれた。それはつい向ひ側の、道のりにしては三十間位のところだ。しかし多分あれだらうといふ話で、道路を横斷するのには、少しあとへひきかへして、云々、その言動は、ものやはらかで申分ない。

驛前の交番と云ひ、こゝと云ひ、さすがに民主主義時代になつて、巡査は丁寧親切な「公僕」になつたと一應感心しつゝ、教へられた建物へいつてみると、そこが目當の建物だつた。それは交番の向ひから何軒目かの建物である。

そこへ到着した時、小生は、この民主主義時代の巡査の親切丁重さに、疑問を感じたのである。むかしの交番巡査は、「支配者」の態度で威張つてゐたが、自分の受持區內ならめぼしい建物は勿論、大體の戶主、家人の名から、下宿人の變な無職人の場合なら、その原籍位まで暗んじてゐたものである。彼らに目宛の家をたづねると、うんとのみ込んで、それから少しそり身に威張つて、ゆく道を命令した。

今日それが變つた。巡査の言葉づかひは、おとくいに對する小賣商人のやうに丁寧だが、彼らは目と鼻の近くにある、人の多く集る場所を知らない。昔は管內を熟知してゐた。知つてゐたから支配者の氣持でゐた。昔はさうして對手を見て憐れむやうに威張つた。これはどちらがよいのか。兩方のよいところを合せるとよいのである。

今日は公僕といふ意味をはきちがへてゐる。今日は下僕のやうな言葉を遣ふことを强要されてゐるやうだが、治安のために管內を知悉するといふ努力を强要されてゐないやうだ。

しかしこの二つの兩方の合一が、出來ないとすれば、どちらがよいのである。

警察官の場合一體どちらが公僕の態度だらうか。兩方を合するとよいのである。小生は治安維持の公僕の態度としては、昔の方が、實質的によいと思ふ。このことは、自治警察の親方たちに考へてもらひたいと思ふ。

實は小生はその交番で、自分の意見を云はうと思つた。むかし巡査の威張つてゐた時なら、法科大學の學生は、彼らと理窟を鬪はせ、やり込めることを、一つの趣味としてゐたものだ。彼らは威張りながら、かういふ「人民」を「敵」として、いつ現れてもよいやうに身構へてゐた。小生はむかしの學生氣質をもつて、この親切丁寧な巡査に、その親切丁寧が末梢であつて、吾人は巡査にさういふ「公僕態度」を希望してゐるのでなく、管内を知悉するやうな「公僕精神」を希望してゐるといふことを意見して云はうとしたが、彼らの態度の柔らかさは、こちらにさういふ理窟になりさうなことを吐かせる餘地を與へないし、小生としても、たつて理窟を云ふのは「禮儀」に反するといふ氣持がした。これも昔と今と異つたところで、今は巡査と人民が、本氣で公論をたゝかはせる機會が少いやうだ。

このことばの親切で丁寧な巡査を、小生は今も批難するのでなく、別のことを希望しておきたい。管内を知悉してゐないと、强盜が逃げたとか、それ火事だとか、共産黨が暴れてゐるとか、かくれてゐるとか、さういふ訴へに對して、即座に出むかふことが困難だと思ふ。巡査のことば遣ひなど末梢のことで、そんなことばかり氣にして非難する連中は、何かとあれば巡査の横暴や監視を云々しつゝ、自身で處置すべき小事さへ、巡査の世話になり、巡査を使はうとする連中だ。守るためには監視も必要な筈だ。監視はいやだ、治安は守れ、では話が無理といふものだ。惡事をせぬ我々、人から暴力的な惡事をされる可能性のない我々は、昔も今も巡査の横暴など知らないし、考へたこともない。監視されてゐるのも知らなかつた。道をきいて、家をきいて命令された位のことだ。

昔から「知る」ことは「支配する」ことといふのは、世界共通の語源で、彼らが管内を知悉してゐると「支配者」の如く思つたつて無理はない。彼らが昔の學生同志の同僚語で人民一律に遇しても、そんなに腹を立てる必要もないと思ふ。

そのことば遣の訂正ばかりに急で、肝心の内容がなくなるのは、今日民主主義時代の文化一般教育一般の風潮だが、巡査はサーヴイス業でないから、まづ本職に出精し、サーヴイス面は、今少しゆとりが出來、市民全般の風儀の向上と相並行する程度でよいと思ふ。サーヴイス面ばかりに出精してゐると、巡査の本職が忘れられやすい。どんな人でも、同時に二つのことを努めるのはむつかしいのだ。

巡査が管内の人々の動搖を暗んじてゐるといふことから、直ちに監視を妄想し、それを警察國家だなどと考へるのは、本末の顚倒である。巡査が擔當管內を暗んじてゐることはその職務遂行上の當然の任務である。それを知らねば治安の維持者となり得ない筈だ。現狀では犯罪者に極めて有利だといふだけで良民は不安を感じてゐる。

本務に出精し、サーヴイスにも出精する。この二つの平行は何でもないやうだが、兩立し難く、現に上に云うたやうに、兩立してゐない。しかも丁寧に云はれるので、こちらから正面きつて理窟が云へない。それでお互によくなるかといふと、さうはならない、大切なことが忘れられてゆく。今日一般の風だが、あへて最近の見聞實地の話として、しるしておく。

最近東京警視廳でも、全管区にパトロール制を復活した。これは巡回制だから、むかしながらの巡査にかへるわけだ。戰後大阪市警では、いち早くこの巡回制を始めた。大阪の警察の親方は、頭がよいので、これを、アメリカのパトロール制といふものをやるのだというた。さうすると大阪の警察は民主主義だ、東京は屆け出をまつてゐる——官僚主義だといふ新聞の批評が出た。

歩き廻つて犯罪をさがし廻られるのだから、これは警察國家的だと云ひさうなものだが、パトロールといふアメリカのことばを使つたので、新聞は有無なく、東京の方を官僚的だと批難した。かういふのを今日ではどつちも頭がよいと云ふのだ。大體の「批評」といふのがかういふものだ。かういふ批評が出來ないと「時代おくれ」「時代とずれがある」と批評されるのだ。阿呆ども。

（「祖國」五月號）

家の觀念と新民法

「雌雄一つがひの人間といふ動物によつて、手輕に構成される生活單位が、はたして人類の生活單位として十全なものであらうか」と述べて、最近前田隆一は家の問題について、具體的な見解を示してゐる。それは新民法の「家」觀念に對する峻嚴な批判である。

新民法の家觀念は、次の二つの場合に成立する。

一、人間が單なる個々の市民であつて、すべての個人が巨大な株式組織の資本の完全な使用人にすぎない時。

二、人間が單なる個々の個人であつて、巨大な權力の下に隷屬する奴隸にすぎない時。

しかし我國及びアジアの老大文明國に於ては人間はさういふ近代社會の個々の個人でなく、個々の人間として歴史と傳統とを保持し、さらにそのことの根據となる家の生業を傳へる文明の相續者である。この狀態の崩壞を策するものは、未開狀態としてこれを批判してゐる。（この批判に答へることは容易だ。近代の文明の目標が、人類を「生物概念」としての人間に迄低下せしめんとするのに對し、アジアの理想は、人類を高めて神にかへさんとするのである。）

この「生業」を保持する社會は、最も平和的であり、それは市民觀念としての民主的なものと本質的に異るところのアジア的農村社會の平和と自由の原型を示してゐる。

だがこゝでは我々も舊來の日本及び東洋の家の意義をくりかへし論ずるつもりはない。惡法はおのづから有名無實化する。アジアの諸問題の中樞解決者たる日本は、必ず自立後にこのアジアの根柢をなす問題を、自主的に解決せねばならぬだらう。

日本の現狀に於て、さらに將來に於ても、新民法の家觀念は改正される必要がある。その理由はさきにあげた二つの原則より生れる。

一、日本は未だに未熟な資本主義國家である。のみならず、今や新民法的家觀念の土臺となるべき組織（大資本制度）が無い。（財閥解體の名によるその禁止は、我々が自主的になし得なかつたといふだけのことで、事がらとして正義である。）つまり日本の平和（侵略性防止）生活の近代文明的土臺は、大資本の財閥組織を禁止し、中小企業（工業生産、農業、林業、漁業その他一切の生業に於て）に基礎をおかうとした。これは專ら外國の意向であつた。

しかるに新民法によつて家觀念を變革した結果は、必ず日本的小規模「生業」の荒廢自滅を將來する。殊に農業林業に於て、この傾向が急速に行はれる可能性がある。

しかしこれは理論上の話であつて、現實的には、それは行はれてゐない。卽ち殆ど九十％は、舊來の家觀念によつて、今日も生業の相續をなしてゐる。

これを都會的ヂャーナリズムは、封建的遺風と評してゐるが、さうではない。「生業」を相續し、中堅國民層を維持せんとする無言の愛國的行爲である。新民法の家觀念による相續の結果は、國民の生業の荒廢と極貧化である。これによつて利益するものは共産黨の擴大とその侵略の條件の增大に他ならない。

大資本化された地帶人口に於ては、自らに舊い家觀念はなく、新民法がスムースに實現してゐるだらう。そこには生業を支へ生業に支へられる家がなく、大資本の肉體勞働者と利札生活が存在するのみだからだ。
二、日本の現狀に於て、全體主義的權力がない。將來に於てもそれを希望しない。日本の主體を最も平和で文化的で且つ人間的な、中小の「生業」におかうとするのが、國民の念願である。ソ聯の如く、個人が勞働奴隸にすぎない全體主義國に於ては、家觀念は新民法の狀態を希望するであらう。それ以外にあり得ない。しかしそれは日本の現狀でなく、又日本の希望でない。
故に日本の希望と將來を考へ、日本人は自立後に於て、新民法の再檢討と改正を準備すべきである。それは今日の情勢に於て平和を維持し、共産黨の擴大を阻止する、文明の行動である。アジア的道義の恢弘上日本が中樞であることは依然として變りない。

生業相續の樣式として、東洋に於て慣習されてきたものは、歴史時代に於て、殆ど長子相續である。（念の爲めに云ふ、生業は財産でないのだ、これを財産として見るところに、近代（市民社會）の人道人倫觀念の低下がある。歐米人の無知による誤解がある。それは我々日本人が一度も彼らに教へなかつたといふことにも責任がある。故にこゝでも我々は第一にアジアの道義の恢復を云ふわけである）

末子相續は、親がすべて、末子誕生より二十年の後迄生きるといふことが、確實な場合に法制化し得る。しかしこれは實際上あり得ない故に、長子相續が、人間文化存續の土臺たる生業相續の上で法制化されたのである。この相續とは、生業の相續であつて、財産の相續でない。文明と人倫の相續である。東洋に於ては（その歴史時代を通じて）原則として財産の名に當るものはなく、家といへどすべてが生業の母胎であつた。これを財産視して分割するなら、國家社會の生活の基本單位の生業は消滅し、幼少老人は共倒れとなり、基礎的國民單位が消滅する。今日の所謂中産階級が急速に消滅するといふその狀態の結果は、アジアに於ては、共産黨の擴張條件を形成するのみである。

かうした點で、本能的に、國、民族、文明を感得する農山村の生業家庭に於ては、新民法下の相續に於ても、生業相續の原則をとつて、新民法的相續を完全無視してゐる。これは九十％の狀態と測定されてゐる。この國民が無視してゐるといふ事實は、民主主義的には如何に解釋するか。國民の九十％は、この共産主義者らの陰謀を無言のうちに拒否し、生業の廢滅と人情人倫の荒廢を防止してゐるのである。こゝにも我々はこの國民的抵抗線をみる。内外ともに新しくこの事理を再檢討すべきである。

僅かに少數の例が、新民法によつて、最も醜惡な肉親的抗爭を行ひ、肉親的抗爭の素地を作つてゐる。これは生業を荒廢せしめ人倫を消滅せしめるといふ結果を生む。國民の生業の實相に、事理ともに卽さぬ法律――そのために九十％迄無視されてゐる法律の存在によつて、例へ僅少といへども最も醜惡非倫の紛爭を惹起することは不正なことである。

舊來の家觀念による生業相續の樣式は、その相續者の問題でない。その責任の遂行によつて、國全體の生活の基礎となる生業が相續されるわけである。

新民法の施行は、まづ林業と農業を荒廢せしめるだらう。それらが、大資本に吸收されて、日本の農業が、近代化するといふことは、大體に不可能であるし、それはアジアとその道義を消滅せしむることであつて、且つそれは日本の生活を、舊來より幸福にしない。それが幸福な理想として考へ得る者は、既に共産黨に同調し終つてゐるのである。

日本の自主自立の日に備へ、吾人は新民法による家觀念の再檢討と、生業と財產に對するアジア的批判を主張する。それはアジアの本質の解明を伴ふ問題である。吾人は前田の提案に從つて、自立の第一の問題として、又獨立の實質上の課題として、新民法をアジア的理念より、根底的に批判する準備を唱へるのである。

新民法の惡法たる政治に驚いて追加的に發布せられた農業資產法の如きは、この新民法の缺陷を局部的に防止すると一應考へられたが、實はたゞ、最も弊害明白の面で舊法を復活したものにすぎない。しかしそれは全般的國民生業の瓦解の危機を救ふわけでない。それは生業の一切に及ばず、生業の一切を個別的にかゝる形で立法化することはその繁忙に耐へ得ぬところである。生業を財産と考へてゐるところに、アジア的道義喪失の明證がある。それはさらに云へば、道徳の喪失でもある。アジアのモラルについての無智のしわざである。さうした發想こそ、人倫崩壞の一證にすぎない。この立法は、新民法が人心に及す點で惡法たる政治（アジア的叡智のみがそれを辯證する）を全然悟つてないところの、狼狽姑息者の必要と不安に緊迫したゆゑの彌縫糊塗の愚策である。

新民法は、アジアの理想と現實に立脚して云へば、人類の正義を表現するものでない。それは新しい侵略者のための好條件を、物心兩面で作るものの觀さへある。

新民法の改正は日本人の第一番の問題である。

紀元節の復活

紀元節の復活といつた類の國家國民の重大事にして、國の精神の體裁から缺くべからざる文化的事項は、國家獨立の後に自らに決定すべく、又されることである。今日早急に云々すべきでない。國語の問題も同樣である。

今日の緊急は國の「獨立」にある。國民は獨立を求め、獨立とは何かを考へてゐる。左翼者、及び今や時代にずれて了つた戰後派的便乘家に占據されたわがヂヤーナリズムを別として、眞に國を憂ひる國民有識者の關心は、みなこゝに注がれてゐるのである。

さういふ人々は自立獨立を決して甘く考へてゐない。舊習に甘えてゐない。この五年の深刻な體驗を資として、悠久の國史を過現未に亙つて考へてゐる。

大方の戰後の新圓階級が沒落し、それを背景とした各地の地方政權が、沒落する狀態は、早く社會黨に現れたものを始めとして、この春は明瞭に現出するだらう。國は一つの轉機にきたのである。物心兩面に於て「新圓政權」は瓦解しつゝある。

しかし國にとつて最も大切な問題は、みな「獨立」の後、政治の囘復によつて決定すべきだ。獨立の實體をとらへなければ、どんな高尙な問題もみな幽靈である。獨立の實體を自らとらへ、しかも國民の思ひに合せてとらへたものが、やがて、國の政權を掌握するのだ。

アジア各地の動亂は、單に世界勢力への追從工作によつて動いてゐるのでない。中心は「獨立」の實體を掌握せんとするアジアのあがきである。所謂大東亞共榮圏工作に便乘して各地を旅行した人々は、今もわすれてゐまいと思ふ。萬一忘れてゐるなら早く思ひ出すべきだ。

アジアに於て「獨立」の思想は、しかく深刻なのだ。戰後日本の政權擔當者や言論界要人だけが、その感情を知らないだけだ。「獨立」と「自由」を與へられるものと考へ、つねに大きい權力に盲從した戰後派左翼的人種は、御せられ易い點で警戒すべき存在にすぎない。

紀元節の復活を説く老首相の言が、國民有識の多くの共鳴を得たのは當然だ。かつて昭和二十三年內閣が行つた國民祝祭日に關する輿論調査に當つては、紀元節は八十五%、他の祝祭日に頭角を拔いて壓倒的存置希望があつたが、何の理由も示されず採擇せられなかつた。けだし獨立後國民によつて決するにふさはしい問題といふ所以だ。その時の用意に殘しておいたのか。

しかしこの問題の發生に對し、不平がましい言を吐く者らは、建國記念日は、明瞭でなければならぬといふ。神話的なものはいけないと云うてゐる。しかし民族國家とはみな神話から始るものだ。さういふ國が日本だけになつたら、日本だけがそれを傳へたらよいのだ。これが文明といふものだ。紀元節の日付は、日本書紀による故、純粹な古典思想家はそれについて一言云ふかもしれないが、八十年に近い生活感情から、酷寒の中に春の底流を味ふ二月の梅花節は、民族的感情としてすて難い詩美と史感がすでに離れない。

建國記念日を、日付的に明瞭にしうるのは、アメリカ（その他の新大陸國家）だけであらう。それは「獨立記念日」なのだ。紀元節とは大體にちがふものだ。ロシアも主義の上でしようとすれば出來るが、事ある時には、民族的感情を軍國好戰に利用するために、民族國家時代を抹殺してゐない。

終戰直後大阪にゐて、教育關係の軍政最高指導者になつてゐた米人パーカーは、神戸の女性たちに「日本人よ夢をもて」といふ講演をしたことがある。當時日本紀元の二千六百年に疑惑してゐる人心を批判叱正して、日本建國は三千年とも四千年とも云へるのだから、四千年と云ふがよい——日本人よ夢をもて——彼はこのやうな趣旨の講演をした。パーカーは、滯日二十年に近い。日本語に巧みで、彼に英語を學んだ者は無慮萬を以て數へるだらう。自身も日本研究家のつもりでゐた。

日付をはつきりさせたかつたら、新憲法記念日を建國日と云うてもよいが、よほどの阿呆でも滿足しないだらう。その新憲法は、今やあまりに不安定だ。さうして多數の考へることの出來る日本人の氣持の中で、紀元節はなくなつてゐないのだ、しかも國家の公からはなくなつてゐる。この最も信ずべき國民と、國家との間にある、重大な一つの分離狀態だけでも、愛國心を政治的なぎり〳〵の點で考へる事の出來る老政治家には心配の種となり、これを無視し得なかつたのであらう。

だが吾人は、「獨立」が、これを決定すると斷言する。「國語問題」「國歌問題」「國旗問題」みな然りだ。この點では吾人は、大自信をもつてゐる。吾人が何をするといふのでもない。國民みなが、さうあるのだといふ大自信だ。

紀元節や國旗や國語や國歌は、與へられたり許可されて行はれるものでない。獨立や自由を與へられたり與へたりするものと考へてゐるのは、共產黨員とソ聯の同調者だけだ。それは彼らの權力主義の考へ方だ。共產黨を拒否するには、この「解放の僞瞞」を見破れば十分だ。自由獨立は與へられて成立するものでない。自力でつくり上げるものだ。

人物批評の根據

祖國正論が難解だといふ聲をきくが、それは吾々の立場の問題でない。吾人の立場は、明確直截である。故に難解といふ人々も、さういふ立場に對し本質的に同調し得るのである。然るのちに難解と感じられる所以は何かといへば、我々の論調が、こと〴〵に今日の俗間の議論の意表に出、彼らが事なく見逃したり、故意に眼をふさぐところを、微細に論ずるからである。

のみならずさういふ微細の點で、結論の俗論たる所以を論破し、これに對し正しい考へ方を示唆するからである。且つ我々は考へ方を示唆するのであつて、あへて政治的決論を云はないからである。我々が政治的決論をまづ云はないのは、國と國民の自主的思考を現在の思想文藝政治のヂヤーナリズムに囘復せんとの念願をもつからである。

我々の立場は、傳統――道義――保守の一線を貫いて、最も中堅をなす國民の道義思想を代辯するのである。この點で、現下日本に於て唯一の言論である。たゞ我々の見解は、古典に傾くものがある。これは最も淸醇の傳統を自覺する現れである。

日本の現狀は今や獨立自主をめざして、數年來に類ない混亂時代に入らうとしてゐる。さういふ時に當つて、何かの形で信賴すべき人々とは、政黨や主義や團隊によつて定まるものでない。左右の思想を第二義として、その公的生涯を通じて信念と思想に於て、つねに不動不變の道を貫いた人々である。その信賴にもとづいて、同調と反對を表現することが必要である。

しかし今日に於ては、この近い十年間の公的な行動と動向によつて、その人の最低線の信頼度を判定し得る。吾々の人物批評は、さういふ履歴に關する資料を根柢とするものである。我々の批判は、黨派的もしくば政治的なものでなく、人間的なものである。

宗教心の衰退か

金閣の再建のために僧侶がデモ行進をして金を集めたところ、千萬圓の目標が、三十四萬圓しか集らなかつた。これを例にして、今日の宗教心の缺如を問題にしてゐる者がゐる。金閣は足利義滿の建てたもので、彼の權勢を象徵した一種のモニユメンタルである。京都では義滿の人柄に人氣がないため、金閣よりも義政の銀閣の方が親しまれてゐた。

都人は銀閣の方が趣味も高尙だといふのであるが、この批評は建てた人物の氣象を反映させ、又その人物に對する批評や印象に影響されてゐるやうだ。義政は不幸な人で悲劇の權力者であつた。その人柄も詩人的で、文化人だつた。命目上は時の最高權力者でありながら、戰國の動亂を眺めながら、何の力もなく、何らなすところなく、こゝでしづかに茶を飮んでゐたといふやうな人物が、千年の都人の趣味に合ふのだらう。義滿は惡い人間だつたが、義政はやさしい善い人物だつた、と彼らは考へてゐる。

義滿の紀念碑を作るために、金をさし出すやうな人間は、日本人の中に少いのである。

それは日本人の正義觀にも趣味にも合はないのだ。だから金閣の募金が集らぬのは所謂宗教心と何の關係もない。宗教心が衰へたからといへないのだ。我々は宗教心をもつてゐるから、さういふ擧に同じない。

最近神戸の湊川神社で、再建の募金をしたが、この方は募金の初めに、一人で豫定金額の全額寄附を申出たものがあつて當事者を面食らはせた。金閣の場合と較べて、だから宗教心がどうといふ議論をするわけでない。湊川神社は神戸にとつて何かの唯一のシンボルだ。しかも正成を信奉してゐる日本人は、絶對的に多いから、募金も易いわけである。

金閣の再建募金がうまくゆかないことは、宗教心の低下といふこととの尺度とならない。足利義滿に對しては、人氣がわるいから集らないのである。今日の日本には、戰後の新宗教の狀態を見ても、「宗教心」は驚くべく旺んである。それは却つて困つた面もある位だ。

しかし義滿の紀念碑のために金を出す人は、まづないだらうが、そこは住職の口車といふもので、住職その人の人氣で、「京の金閣」の再建費用位でない筈はない。觀光京都に金閣は必要なものなら、今度は新しい金閣が出來るだらう。それは「京の金閣」で、義滿の金閣寺でない。義滿の權勢紀念碑でなく、懺悔濱罪の宗教心の紀念碑は、住職の熱意によつて建つ可能性はある。それが出來なければ住職としての資格がないのだ。己一代の譽などと考へないで、相傳の願望とする位の決心をなすべきだ。その方が宗教的なのだ。住職自身は、もつと金閣燒亡の瀆罪を痛感すべきだ。

義滿には金を出さない人も、人の人情や己の宗教心に對しては、まだよろこんで出すだらう。金閣が再建されるなら、さういふ面で再建される筈だ。戰後の反動思想家どもの中には、南朝の天子を惡しざまに云ひ、高氏や義滿の「英業」を讚めたやうな者が少しあつたが、さういふ類の者に募金その他を乞ふやうなことはしない方がよい。彼らは決して高氏、義滿を尊敬したのでない、だから義滿の紀念碑建立に助力するわけはない。元來その人に感服してゐるわけでなく、都合で使つただけのことだ。爲にするために利用したわけだ。彼らは宗教や人生の永遠と別箇の、うその世渡りをしてゐるだけだ。

兇惡犯罪の眞相

最近頻發する兇惡殺人犯人の場合は、大部分が精神分裂症的なものである。彼らは、單なる異常な兇暴以上である。これに應待することは、絶對に危險である。彼等は常時は常人以上に溫和らしい樣子と云はれてゐる。彼らがその行動を始めた時、多少ともこれに抵抗し自衞する態度を示すと、彼らは結果や刑罰を判斷して安全に逃亡することを考へる代りに、必ず兇器を振ふさうである。彼らは强盜稼業者でないやうだ。强盜としての理性さへもない。

だからその慘虐さといふものも、必ずしも人間の本性にきざすものでない。「慘虐」といふのは人間の理性にもとづく行爲とされてゐる。理性でなく分裂症にもとづくものは必ずしも「殘虐」といふ語で當てられない。

近代文明國では、さういふ分裂症的な慘虐行爲で判斷せねばならぬやうな犯罪行爲が、少くない。殊にこのことは第二次大戰前後からの近代世界に多く、この世紀に入つた近代文明の特徴と考へられる。この近代的殘虐は、中世ヨーロッパの宗教裁判時代のものとは性質を異にしてゐるのがその特色である。

その最大のものとしてヨーロッパ人によつて傳へられたものは、ナチスの政治裁判とソ聯の肅正工作――この二つの行爲のもつ「近代的殘虐性」は、我々東洋人の理性と史的知識では、想像さへできない。これを近代の傳説や俗文學として聞いてさへ、さすがに先進文化國は進んでゐる。

日本はとても及び得ない、と云ふより他ないやうなものだ。しかしこれらの殘虐性が實在するなら、それはもはや人間理性の所産による殘虐行爲でなく、精神分裂症のものだらう。敵味方ともお互に不幸な狂人たちだ。

第二次世界戰爭では、日本軍の殘虐行爲が大分に問題になつたが、音に聞き物の書で見るヨーロッパの例にくらべると、いづれも問題とならない。アメリカの中でも日本をよく知つてゐる人らは、日本人は殘忍な人間でない、日露戰爭の時にはさういふ例はなかつた、今度はナチスに教へられ、ナチスに强ひられたのだと云うてゐる。ダイジエストのフイツシヤーも一米軍人の言葉としてさういふことを云うた。余は近い將來の日本の權勢の推移狀態に當つて、日本人の間で、先進文明國の近代文明社會に於ける政治的殘虐を理性的に日本人がまねはしないかといふことを考へて、戰慄を想像する。

今年一月二十四日巴里のシャンゼリゼエ街で、アイゼンハウアの駐佛に反對する共産黨のデモがあつた。この時フランス語を一言も知らない一人の日本人の旅行者が、このデモにまき込まれ、それを防ぐ警官隊に追ひまくられた。彼はその時の感想を「まつたくひどいものですね。あんな怖いことは生れて初めてですよ、いやほんたうに思ひ切つたことをやりますね、日本でも、かういふ光景はよく見たものですが、これに比べれば、日本のお巡りなどやさしいものだ、やつぱり日本はおくれてゐるのですかね、何もかもね」と語つてゐる。

日本人は先進文明國といふ言葉を今日よく口にする。かういふ點で、日本はたしかにおくれてゐたのだ。戰爭準備のための肅正など全くなかつたと同樣だ。先進國におくれること一世紀以上かもしれない。

五年前には、同じ將軍を迎へて、巴里市民は昂奮した。彼らはアイゼンハウアを、偉大なアメリカ國民の最も優れた代表者、フランス解放の爲めの戰士として迎へた。一月のデモはその同じ連中がしたのだ。しかしかういふことは、日本人もすでにまねたといはれるかもしれない。共產黨は日本へきたアメリカの元帥を「我らの解放者」とたゝへてから五年目には彼に向つて石を投げた。しかし日本の九十%以上の人々は、さういふ人間の心を日本人と共通すると考へてゐない。

さて朝鮮では、この千數百年の民族文明の傳統をもつ歷史的半植民地では、いち早く先進文明國の、政治的殘虐性の「模倣」を敢行した。この半年餘りの間に、朝鮮の土着の知能の過半は、交互に殺戮されたやうである。日本はいつさういふ状態に入つて、先進文明國の模倣をするのだらうか。それは不吉な想像だ。冒瀆的な想像だ。つゝしむがよい。

しかしかういふ先進文明國の風が近ごろの日本にも大分に出てきた。近ごろの强盜は昔と全く違ふさうだ。多少先進國並になつた感がある。まだ日本人の幾パーセントも占めてはゐない、といつて安心できない。

坂口安吾は太田成子を八寶亭事件の犯人だといふ筋書に從つて「太田孃は、微々たる人間の如きものでないのである。怖るべきメスの怪牛だと思へば、憎むどころか、堂々たる武者ぶりに敬服するね、とても勝てんわ、我らの相手ではない、人間の中でこのお孃さんと對等につきあへるのは、戰爭といふ怪物だけさ」と云つてゐる。しかしこの事件の犯人は戰後兇惡犯人に共通した精神分裂症患者的殘虐典型暴力だから、大して驚嘆する必要はない。犯人の心理學的研究もたかだか「時代分類」のワクの中のものだ。坂口も警視廳や都下新聞記者と一緒に、眞犯人山口某の創作と心術によつて欺かれて、太田成子を犯人と考へてゐたのだからその點は仕方ないが、坂口はともあれ警視廳が、最近兇惡犯を、精神分裂症患者の行爲と考へてゐないのはよくない。

しかしさうした結果、彼らが常人をみても、人毎にこれを精神分裂症患者と考へ、兇惡犯人を連想するといふことになると、常人の迷惑極りない。これは彼らも同類となるといふわけだ。

刑事が無能化し、精神病理學者が繁榮するのが、今後文化國の一外相となる傾向がある。

しかし刑事が無能化するのも、非難できない。對手が近代的精神分裂症だからだ。彼らは支度をする迄は、兇惡犯人でないのだ。支度をとくと溫健で小才のきく市民だ。

それはそれとして、坂口が輕い口調で、精神分裂症患者の外觀上殘虐な犯罪を、「英雄行爲」視してゐるのは、かりそめにも作家としては、不見識この上ない。

何となれば、太田成子は、警視廳と犯人山口の作つたモンターヂユ犯人でないか。さういふ人間は實在してゐない。犯人山口と刑事の作りあげた作中人物だ。それを小說家を看板とする坂口が、そのまゝうけとり、これを己の幽靈（怪物）として、とてもかなはんと降參して了つたのは、作家にとつてこの上ない不見識だ。彼が「メスの怪牛」と讚嘆してゐるのは、實際は支那料理店の一コツクの創作と、その作中人物から生れた幽靈、近頃一般的な兇惡犯人の狀態の暗示から生れた微小な「幽靈」だ。自己の作つた幽靈には絕對に勝てないといふこと位は、本物の講談師はこともなく知つてゐる。眞理の大發見の如くに語らない。彼らはこともなく了知してゐるからだ。誰でも知つてゐるといふことを知つてゐるから、大げさに云はない。それが文化だ。さういふ幽靈にかてない者は、詩人や英雄の資格がないのだ。

だが坂口はこの幽靈に己の英雄崇拜の焦點を向けて了つてゐる。しかもこの「英雄崇拜」は、政治道德上から云へば、最も無方針な暴力の讚美だ。この判決には逃口上の餘地がないのだ。彼はコツクたちの作中人物を實在として信用したからだ。作中人物といふ手品がわかつてゐたら、別の讚美をした筈だらう。作家の心理學には、さういふ手も入用だ。つまり心理學が足りないのだ。浮いてゐたのだ。當て物ですかを食つては味も蓋もないわけだ。

しかしモラルと四角ばるのは不粹だ。レトリックも浮いてゐる。このレトリックは上方風をまねてゐる。しかし上方風の本ものならこんな逃道のないせりふを、こんなに澤山混入しないのだ。少し神經過敏にさういふうぬぼれを抹殺するといふ筋道で「獨斷」を無法にえらくして「批評」に貫徹する。合理性賦與の手品だ。坂口のは淺草あたりから國會へおし出す野暮藝だ。さう云はれるのは才子の本望であるまい。

しかしもつと眞面目に申さう。かういふ不健全なレトリックによる暴力肯定（結果としての）は時節がら最もよくないのだ。事理をわけて暴力を肯定する革命論なら問題外だ。しかし精神分裂症患者の暴力と殘虐を、かういふ形でほめるのさへをかしい。奇想と云へない。

第二次世界戰爭で發明された都市の包圍的燒却の火海戰術は、漢武帝でさへ知らなかつたのだ。吉川幸次郎は武帝の侵略を「文化」の導入として肯定し、若干の左翼テーゼを插入してその殺戮を英雄行爲として讚美する言辭にバランスをもたせてゐるが、これを以前の正論子が左翼講談と批評したのは卓見だ。しかしこの左翼講談は、殺戮と暴力の肯定、侵略の美化といふ點で、世がどのやうに變化しようと、（武力と侵略が、堂々と入つてくる時にも、出てゆく時にも）處世の遁辭を藏してゐるといふことを、左翼講談と評した人が指摘してゐないのは何故か。しかしもし吉川が人間的な悖德を今後に行ふとしたなら、決して共産黨員としてでないといふことを、吾人は斷定する。吉川が己の考へのまゝに今をおしすゝめて共産黨に同調する態度を示すなら、これは人間的には、一應の誠實と云へるのだ。

かういふ下卑た藝に較べても、坂口が、大阪漫才的なレトリックで、奇怪な暴力肯定を云ふのは、やはりよくない。幾萬の人口密集地帶を、逃道をのこさずに周圍から燒き殺してゆくといふのが、近代戰爭の實體である。實現して了つた戰爭はもう幽靈ぢやない。正義や人倫や平和は、これに怖れずに對抗できるのだ。精神分裂症に對するのはもつと樂だ。坂口のやうな氣のきいた大阪漫才風レトリックの東京版で、（それは本物と少々違つてゐる）面白いことを云ひ、無責任な面白さを聲高に追つかけてゐる文人もあつてよいが、さういふ騷々しい雰圍氣に壓倒されて、その後の若い文士の誰一人として、まともに何ものにも怖れず、何ものに對しても對抗できる正義やモラルを口にせぬのは、大へんよくないことだ。

戰後に出た文藝家みなさういふ點で骨が弱い。最近廣津和郎が數箇の短篇をかいたのでよんでみたが、その父に較べられて天分も稀薄、文も殺伐と云はれ、戰前はむしろ凡庸の中に數へられた彼だが、その近作を戰後作家の誰彼のものとよみ較べると、銘酒とカストリ程に違ふのだから、まことに諸行無常、世の中が嫌になつた。勿論銘酒の方が廣津だ。廣津は何かを大切にしてゐる。モラルがある。それは極めて低い人間の情だが、それが、流行品に比べると銘酒なのだ。本ものの匂ひを放つてゐる。文學を知つてゐて、それを今日に思ひ出したいものがよめば、多少安らかになる。かういふ作の出るのは少しづゝ文學のわかる讀者の聲が、戰後派編輯者を教育した成果の一つかもしれない。

（「祖國」六月號）

落着いた日本人

「夕刊朝日新聞」に、「西から東から」といふ欄があつて、これは最近日本へきてゐる西洋人の現在日本に對する評判をのせてゐる。

ところがこゝに出てくる西洋人の大多數は、日本の現狀を批判し、昔の日本のよさを本當の日本として强調してゐる。今日日本のヂヤーナリズムで、我々「祖國」の文化論に同調してゐるのは、今のところこの「西から東から」に登場する西洋人たちのみである。

このことを我々は明言しておく。我々の文化論――その非政治的な考察は、最も正しいものであると信じてゐるが、ヂヤーナリズム上にあらはれたその同調者は、たゞ日本へくる西洋人たちのみであつたといふことを、特にこゝに記しておくのである。

日本の現行ヂヤーナリズムは、我々の非政治的な考察――明確に一切の「政治」を追放した考察を、極度に「政治的」に誣ひようとしてゐる。これはすべて彼らの「卑屈」さを現す以外のものではない。

しかし今日の日本人でも、すでに落着いた人々は、「東から西から」の外國人たちを、決して日本の漫遊懷古主義者と考へないだらう。彼らは多少のロマンテイストかも知れないが、少くともこの程度のロマンテイシズムは、今日の世界で人類文明を一歩進める上での「積極性」を意味すると思ふ。つまり何らかの「積極性」をもつ西洋人が、日本へ來るのだと我々は考へてゐる。さうしてさういふ人々の殆どすべてが、我々「祖國」の文化論に同調してゐるのだ。このことは、今からでもまだおそくない、よく考へるがよからう。不明なら一言すればよからう。

日本中のヂヤーナリズムが、我々に對し惡聲を放つてゐる時、これらの西洋人たちに對してそのヂヤーナリズムは、どのやうに考へてゐるのだらうか。「朝日新聞」が、これに對し時々下等野卑な皮肉を云うてゐるのは、氣の小さい卑屈さを示すものだ。

世界中で一番美しい建物は、「それは伊勢の神宮だ、美しいだけでなく、最もモダーンである」と云つた、米國建築界の長老レイモンドも、その欄に登場してゐる。この人は今日の日本の流行文化人の考へ方を、根本的原理的に否定した。

そして彼が日本の住宅問題の解決法として示した考へ方は、――それは最も非政治的な考察だが――最も示唆にみちてゐる。彼の意見では、住宅問題の「實權が役人と土建屋にある間は絕對に解決できない」――今下積みになつてゐる若い建築家に實權を與へよ、と云ふのである。

だが、この解決策は、日本が自立した時にも、今のまゝでは可能になると考へられない。レイモンドがもう三年早く來て、社會黨內閣成立以前に權威筋を動かしたとしても、どうなつただらうか。この非政治的考察は、政治的活動勢力に對して、(萬一の想像として)大きい作用をして、さういふ化物を一掃したかもしれないが、(萬一にもないことだが)、今日では、多分かういふ文化的主張が、さういふ筋を通して動くことを、我々は考へ得ない、實は考へたくない。

我々は政治的に考へる時、一住宅問題——今日の日本の最も重大な問題——にさへほゞ絶望するに近い。しかし我々のみが絶望しないのは、我々は理想上で非政治的考察をなし、その伸張を信じてゐるからだ。それが道德の世界といふものである。

食糧はやゝ安定したが、住宅問題が、人間を陰慘にし、デスパレートにしてゐる。これからさらにもつと惡い人心狀態を作る條件をなしてゐる。今日の住宅問題は、贅澤な欲求でなく、人間の基本的要求にすぎないのだ。「家」——「住宅」を快適にし、定住の安定感をもたせることは、文化と平和生活の最低の基礎だ。さうしてそれはある程度、(政治家さへをれば)今日でも出來る政治だ。

我々は住宅問題が少しでも解決せぬ間は、外國から贅澤品を買入れることに反對する。それが例へ「藝術品」とか「文化」といはれるものであつても、反對だ。

藝術院會員の選擧制

藝術院の制度は廢止する方がよいと思ふ。それは藝術家の名譽のタイトルとしては、ふさはしいものでないからだ。無知な人々に、不當な權威を示すだけの結果に終つてゐるからだ。

藝術院會員になる人、なりたい人、なりたくてなつた人は、みな藝術家らしい行動をしてゐるわけでない。近頃は殊にこの傾向が壓倒的である。

さうして彼らは藝術院會員として、藝術家である誇りを示すのでなく、藝術界の行政を欲してゐる。かういふ實狀ゆゑ、これは當然選擧制にした方がよい。選擧制にして、希望者は立候補し、互に藝術界行政を論じ、泥仕合を始めるとよい。多少それによつて賣文の題目と材料が出るから、一擧兩得といふことともなる。

かうして民主主義による藝術會議制をつくつて、一切の藝術界の行政を行ふと、責任の所在も明瞭になり、現在のやうな汚しさがいくらか減少するにちがひない。

今日最も民主主義化されてゐないのは、藝術界である。これはどういふことになるのであらうか。

例へば久保田万太郎などが、會員になりたい時は、自身で立候補し、選擧運動を公然とする、といふやうな制度にしておく方がよいのである。しかしこの有權者は、學術會議の場合と異るので、その認定が少し面倒かもしれない。國民の一般投票といつたこととなると誰一人として藝術家は當選しない。學校卒業資格で認定するのも變な話だ。仕方がないから、稅務署の藝術職業による納稅證明によるのがよいかもしれない。これは鑑札制度である。それで例へば誰かゞ當選したければ、鑑札名儀人を何千何萬と作つて、稅金の方は自分で負うてやるとよい。稅務署はよろこぶし、國家も損はしない。稅金を出さない藝能人も、さうすると進んで納稅したがる。藝術會議員になるのは、代議士と同じ名譽だからだ。勿論藝術院は廢止しておかねばならない。

いづれにしても藝術院會員制は、早く選擧制に變へるべきだ。これは民主主義だと思ふ。それ以外に民主主義はないのである。今の藝術院會員制は民主主義でない。惡い汚らしい制度だ。藝術界に、あゝいふ不潔な制度があること、不潔にされつゝある制度のあることはよくないことだ。

緊迫した時局

マックアーサーが解職された時、日本の總理大臣は、國民の「不安動搖」をいましめる聲明をした。國民は動搖したと思へないが、政治と經濟の上層部は大いに動搖し不安としたのであらう。

しかしこの事件は、あまりにも突然で豫想外だつた――前々からさういふ雲行があつたけれど、それを雲行きとして十分に感じとつてゐる者にも、なほ且つ豫想外だつた。これは日本人の權力に對する感じ方と、人情に對する感じ方に由來してゐるのかもしれない。或ひは日本人の眼前の權力に對する妄想だつたかもしれない。

さうしてこの時多數の日本の國民に現れた結果は、今日の「權力」に對する新しい、まだ決定點にいたらぬ考へ方が、初めて起つたといふことである。それとともに民主主義國のもつてゐる、「權力」と「人情」を超越した巨大な權力の實體が、もう一つはつきりつかめないといふ停迷狀態である。

別の結果は、マツクアーサーへの親愛な同情が、一瞬國民の多數の心を占めたことだつた。これは共產黨の行つた反米宣傳の百倍も强力に働いて、彼らの謀略を碎破して了つた。さうしてマツクアーサーが今度くる時には、親愛な氣持で迎へるやうな心の狀態を日本人の間に作つた。これが、國際平和の關心から云うて、よいことか惡いことかは、時が判定する。

さらにマツクアーサーの解職の理由が、彼は戰爭を擴大しようとしてゐたといふ點にあつたと聲明されたことが、ある種の深刻な影響と疑惑を、日本の老幼一般に及した。少し平靜をとり戾した時に、日本の大衆はその「理由」を知つたのだ。この影響は將來のものだ。

かうしてマツクアーサーに對する同情は、わき起つたが、日本の諺に云ふ期間をすぎると、この同情は相當に變形する筈だ。必ずしも昂奮狀態が持續するわけでない。

しかしある「權力」によつて利益をうけたものの心もちと、その權力の象徵に對し人間的な感情をよせるといふこととは、全然別箇のことである。

日本人は戰後この點で、極めて非人間的になつてゐる。それはさびしいことだ。

昨今の世界政局は、どことも軍人の權力が、文官の上に出てゐるので、こんどのマックアーサー解職は、さういふ頭を叩いて、自由世界の軍人勢力の最高を叩きおとした觀もあるわけだが、この反動がどこから起るか、豫想したり回想すると、たしかに「不安」は却つて大きくなる。しかしこの「不安」は、日本も日本の總理大臣も何とも出來ない。だからこの事件に對する考へ方としては、最も危險な危機に、世界の人間は一歩深く入つたと見るべきである。このことを日本人は銘記せねばならぬ。銘記して次に何を考へるかは、まづ銘記することがさきである。

この時局の一段の緊迫に對して、直ちに再軍備の聲を大にする如きは、たゞに緊迫に處する方略をゆるがせにするのみならず、それに對應する心構をおろそかにし、一大不安を茫漠とした虛妄によつていやさんとする虛無的行爲にすぎない。それは精神喪失との評を、まぬがれぬ點もある。

いづれにしても、この騷動によつて、國內人心には、一大變動があつた。自立の信念はたかまり、彼らはみな自問自答して方向と現狀を案じた。講和の大綱は變化せず、反共態勢はむしろ强化された。さうして本國へ歸つたマックアーサーは、以前になかつた好意的態度を、日本國民にあらはに示した。彼は自己信念に卽して、こゝ數ケ年の國際情勢を、現象面で論じ、米國の政策を批判した。彼はそれをフリーな立場で論じた。それは又、おのづからに日本國民に對し、好意的肯定的な論法を展開するものである。
しかし我々は、一歩ふりかへる時、こゝに怖るべき危機の増大を味ふ。日本人が、正義と道義のさし示すところに從ふために、今こそ腰をためて、自重すべき時機である。これは世界に對する日本の義務である。故に今や日本は內爭の時でない。この時我々は、政治上層部や政黨を問題にしない。言論機關とヂヤーナリズムの不見識を見て慨嘆と憂慮に耐へないのである。

（「祖國」七月號）

きものと和菓子

戰後風俗は幾變遷したが、最近眼立つことは、「きもの」が若干復活してきたことである。風俗の一部が舊態に回歸しだした。これは嗜好食品の中にも見られる。それは和菓子だ。

「きもの」は、宗達友禪の遺風を、依然として傳へてゐる。彼らの傳統の本質を形成するものは、三百年、封建より市民社會への、幾多の變遷と無關係にさへ見える。嫋々としたものは、つひに死を知らない。甦りを思はない。それは血となつてゐる。植物的な生命となつてゐる。

「きもの」は日本の傳統を傳へるものの一つである。きものの行はれる時、傳統は必ず强力にのこる。しかもその文様に於ては、如何に大膽な新風やハイカラも、必ず古人の中に發見される。古に於て、つねに斬新だつたのである。

「きもの」は歩く姿を見せるためのものでもなく、坐つた姿を見せるものでもなく、又舞臺姿を見せるためのものでもなかつた。さういふ用途は一枚の「きもの」の生涯のうちのほんの一瞬のもので、大多數の着物の生涯は、よき香をたきこめ、桐たんすの中へ藏ひ込まれてゐるのであつた。これが日本の健全家庭と節度のある婦人に於ける「趣味」であり、「傳統」であつた。さうして藏されてゐた一昔まへのきものが、近ごろ街頭や會場に出るやうになつた。十數年ぶりだ。日本人の習慣では祕藏された藝術作品の片鱗を見てきただけである。それによつて日本藝術は維持され、作者は向上の夢と製作の生甲斐を味つたものであつた。この「片鱗」と「祕藏」のこゝろを失つてはならぬ。骨董品をすべて部屋にならべるのは、一部西洋人の惡趣味である。主として冒險旅行家の趣味だ。彼らは海賊や侵略家と氣脈が通つてゐる。

我々の考へと經驗では、博物館は決して創造力も審美眼も高めなかつた。又生活を眞に豐かにしたり、幸ひにしなかつた。それは忙しさと疲勞を人に强ひただけだ。

しかし我々は「祕藏」を肯定し、それをすゝめてゐるのではない。人間の心持のあり方とかつてあつた狀態を云うてゐるのだ。この「片鱗」を忘れてはならぬ。それは「夢」を生むものだからだ。

戦後文學や繪畫、彫刻、芝居から始つて、すべての藝術が俗化墮落してゆくところを知らない中で、和菓子だけが、多少復古して、あらかた心をこめた作品が各地で出てゐるやうだ。多少きざな點もあるが、おしなべていつて一番藝術の品格と藝術家の心持をとゞめてゐるのは、和菓子職人かもしれない。これは日本酒よりも手輕な手工業だからだらう。

今日では、日本藝術の品格は、繪畫文藝が示す代りに、和菓子が傳へてゐるとさへ云へるやうである。この事實によつて藝術家は大安心をする方がよい。展覽會の彫刻繪畫よりも、ストリツプの裸體を觀賞批評する大衆が多いといふ事實も、善意に考へ素直に考へたら、藝術家の大安心の根據とし得る。よい力士の骨格筋肉をうまくまねたリアリズム彫刻より、その原物の自然物の方が觀賞上よいに決つてゐる。しかし藝術家がそこで何かの美化靈化象徵化をし、それを觀賞の主體とするといふのなら、我々はもう一度、友禪や和菓子の藝術家の魔法を考へてみる必要がある。それらの今日の心掛とその事實を考へてみる必要がある。

「きもの」は何よりも美しいといふ理由からなくならない。美しいといふことは、竟極最高の存在價値である。さういふことを嫌ふものは、關心しなければよい。二重生活といつて干渉する必要もない。人生の目的はいくらもあるが、美を樂しむことは最も高級なものの一つである。美しい「きもの」を作ることを人生の目的にしてゐる婦女子を嗤ふ必要はない。それは權勢や利權や財產支配や食物などを目的にしてゐるものより、はるかに高級な趣味なのである。今日では正に藝術の趣味と云ひ得る。友禪染より文展の洋畫の方が一般的に藝術的だと考へるのは、下劣な趣味である。

しかしそれを誰もが着用したり所有したり出來ないといつて、禁止する必要もない。國民をみな一様に、うす汚く、貧乏にするといふ考へ方は、わるい全體主義である。洋服の贅澤は認め着物の贅澤は認めないといふのは、民主主義でなく、專制主義の一つの現れにすぎない。「樂しみ」は千差萬別である。それを一様に生かし、生かすやうに工夫することの出來るやうにすることが、大切だ。これがユネスコだ。

彼我融通し、有無相通ずることは、法律や社會制度では出來ない。それらはつねに不公平の原因だ。人情と人倫の教育によつてのみ、さうすることは出來る。ある者が與へるといふことを、もつとおだやかに社會的に運用するとよい。

羨望嫉妬は惡德だ。「きもの」の欲しいものはそれをつねに考へてゐるから、「きもの」が訪れてくる。金の欲しいものは、それればかり考へてゐるから「金」の方から訪れてくる。「本」の好きな人の許へは「本」がくる。心そこにあればくるのだ。貧乏の嫌ひな學者は、術學の苦勞を止めて、全精神を「金」に集中したらよい。精神一到何ごとかならざらん。然し金と學と兩方ともといふのは精神一到でない。二兎を追ふ者は、一兎を得がたいと昔から云うてゐる。しかし今日では一石二鳥といふ方が、時代に合つてゐるのだらうか。

食糧と治療と教育を社會政策として保證されたら、多分誰も働かないだらう。働くことと、さういふ人間權利の保證が別々だといふところに、近代の問題があるわけだ。しかし給料が低すぎるのは今日非生産的給料生活者が多すぎるからだ。しかもこれには相互扶助の意味もふくまれてゐる。さういふ必要上からの冗費の面もある。日本が貧乏になるに從つて、いよ〱さういふ扶助が増大するにちがひない。

孔子の理想は、春の日に、美しい春の「きもの」をき、童子數人とつれだつて、春の丘で音樂でも奏して遊ぶことだとある。しかしまことにさういふ日の經驗は、今日の人生ではめづらしい事實だ。好きな日に好きな少年をつれて春丘に遊ぶといふことは、（このつゝましい願望よ！）近代の生活では、生涯に殆どあり得ることでない。これは貧しい者にも、富む者にも、大臣にも月給取にも、みなあてはまる。誰でも出來ない點で共通してゐる。今日では、文人のやうな氣樂稼業のものにも、さういふことは出來ないのだ。たゞ浪人だけが別だ。浪人は貧しいだけに美しい春衣はないかもしれないが、彼だけが今日の世の中で唯一の自由を持つてゐるわけだ。

一體今日の人間は何に束縛され、何に後髮をひかれ、どんなかせを首につけられてゐるのだらうか。

かういふつゝましい遊びを、その朝の氣持で、心の欲するまゝに出來るものは、多分俗世の落伍者と云はれる境涯の人だらう。

日本の文雅の理想では、美しい春衣などと規定しない、これを乞食の風にかへて考へてきた。これはわが風流の傍若無人性を現してゐる。それは立派といふことだ。便法や逃道でない。人生の幸福の悟達だ。つまり何も賭けないで勝負を見てゐる人の方が高尙なのだ。

藝術の護符

先年フランスからきた世界的美術考古學者グルツセは、京都博物館で、志野や織部の陶器を見て、ピカソのねらつてゐるのはこれだつたと感嘆したさうだ。これは京都博物館の責任者が新聞の上で云うたところだ。ところが最近ピカソの陶器がきたのを見ると、さすがに陶器とは云ひ難い。そこでこれはピカソの繪としてみるべきだと、日本の洋畫家たちは本尊の活佛の權威のために注釋してゐる。彼らに陶器がわかるのか、日本人の大衆的審美觀に壓倒されたかいづれかである。しかし「繪」といふものも、ヂオツトウやミケランゼロ時代に比べると下落したものだ。觀念もおちたが、審美觀が低落したのだ。

しかし著名な藝術家の手なぐさみ作品を、たゞその人の個人の聲望と經歴と權威とによつて、珍重する心持は、大寺院の大僧正の字や護符を尊重する心理と、種類として變りない。內容性質に於ては變るものがあらうが、今日では宗教や道德の人格を背景とした手藝的作品よりも、藝術市場の聲價を背景とした手藝作品の方をよろこぶのを以て「文化」と考へる者が多數ゐる。

このことは活動寫眞の俳優の署名を尊び合ふものの方が、古寺の老僧の一行書を喜ぶものよりも、「文化的だ」といふことになるだけだ。要するに、今日の人心では、藝術が宗教に變つたのだ。教團制度の代りを「文化」がしてゐるだけだ。以前も教團制度卽文化と考へてゐたものだ。しかし古寺の老僧の人格の片鱗の現れを、その書に見て喜ぶ傾向や、その系統の文化生活は、日本といふ老大國ではまだ悉く失はれてはゐない。

吾人と同じ時代の最高の藝術といふものは、副島種臣の書の如きものであらう。その人格の誠忠至醇は百世の範とすべく、人物の器量は南洲に匹敵したが、その書道の作品は、その人格人物を背景として、東洋の粋と和漢の極致をあつめた如き感がある。

まことに未曾有の藝術家の第一人者であり、明治聖代の象徴する藝術と思はれる。（象徴といふ語はかういふ形で使用するものだ。）

齒舞諸島

ソ聯軍の進駐してゐる齒舞諸島は根室半島の北端ノサツプ岬から僅か三海里である。最近の米州兵の北海道進駐の時に、これに從軍した歐米の記者團が、この岬に立つて對岸を眺め、「ヨーロツパの緊迫感」に類似したものをまざ〳〵感じ、不安にをののいたと云ふ。

本年に入つてからの、齒舞諸島のソ聯監視署の增設と、兵馬增强の狀態は、對岸のことゆゑ、肉眼で十分見られるさうだ。日本漁船の拿捕事件はつゞき、根室の低空に脅かして、國籍不明の飛行機が、電線をすれ〳〵に飛ぶ。夜間は對岸の探照燈の光りにてらされ、砲聲の如き轟音の絕間がない。機雷は津輕海峽にまで流入し、青函連絡に夜間航行を禁止してゐる。スパイの横行、拿捕船員に對するスパイ行爲の脅迫强制、密出國事件など、かういへば國境の不安と緊迫感は、日本國民が無關心だといふことで、よそごとでない。しかし道民は平靜である、こゝの豫備隊は獨自な氣質をその集團生活の中にうちたてたやうだ。しかも共產黨勢力は、情勢の緊迫に應じて、急激に低下し、今は一時の半分位になつた。この事實は情勢の緊迫に從つてゆく何かを暗示してゐる。

外人記者がその不安からをののいた緊迫感を、道民はその日常として了つたのだらうか。この日本人の樂觀は何に原因するのであらうか。豫備隊や州兵に對する信頼感といひ切れるものでない。戰爭を危惧する者は、この樂觀の心理的經過と構造を考へる必要がある。

しかし歯舞諸島の歸屬が、ダレス聲明にとりあげられる迄は、大多數の國民の關心は、ノサツプ岬の緊迫感の切實な條件について、殆ど知らなかつたのである。さうして今度は誇大な不安を、そこにいだくだらう。不安と緊迫感は異つてゐなければならない。

第三次の世界戰爭が始る時、極東はその世界戰略上でどんな位置におかれるかといふことはどこの戰爭の張本人の豫想にもつくわけのものでない。戰爭と、それにまき込まれた人間大衆の破れかぶれの行動が、結局の決定をするからだ。

極東を主戰場化しないこと、戰場としてのパーセンテージをできるだけ下げて、出來れば戰場外とするといふこと、その方法はもう本氣で考へねばならない。過去六十年間に於て日本の外交家が戰爭に對して巧妙な手をうつたためしはないのだ。國民はもう少し利巧にならなければならない。

極東にかなりの局地戰線が構成され、その場合米人部隊が戰略上日本をひき上げる場合も想像されてゐる。従つてこの隙間をねらつて、ソ聯が日本の戰爭實力を獲得するために入ることも考へられる。それを豫め考へた時、引上げ軍隊が日本の物的戰力の破壞を遂行してゆくことも考へられる。

しかしかういふ想像から、國運を考へることは、積極的な心をもつ日本人のすべきことでない。又かういふ議論によつて、國民を一定の政治的方向に組織できると考へる謀略は成功する筈がない。何となれば、その考へ方は、國民の大勢の思想感想にくらべて、卑怯であり、卑屈で自主的でないからだ。

現在の不安定な中共の存續することが、一種の奇妙な狀態を持續させ極東の主戰場化を防止するのか否か、これも誰にもわからない。朝鮮と大陸とで、新戰線が早急に形成され、且つその結果が成功して、その成功のまゝで押し通し、第三次大戰では、極東を非戰場として保持するといふ好結果を作るか、これも絶對に保證の限でない。その新戰線形成中に、ソ聯の介入があつて、却つてこゝに主戰場が形成され、第三次大戰爭にそのまゝ突入せぬといふ保證もない。

マツクアーサーの考へは、その介入は多分無からうと云ふだけだ。さうかもしれない。しかし彼はさういふ情勢謀略論より進んだ思想をもつてゐる。彼は敵はクレムリンのみでない、中共も共產主義者である限り今日の正しい「人間生活」の理想と祈念の敵だといふ。こゝに於てこの軍人の思想は、論理と共に闘爭敢行の信念をもつてゐることが十分わかる。情勢論の論理だけで考へてゐる人より、それに「戰ふ」決意をさゝへる信念をもつ人の方が全く、眞に戰へる人だ。

しかし日本人の場合、マックアーサーの情勢論に從つて、彼と運命を共にするといふ論理はなり立たない。さらに彼の信念に從つて、運命を共にすべきだといふ考へ方も成り立たない。

しかし現在の日本には、第三の國家勢力を代表して、ソ聯や中共と對等に交涉の出來るやうな類の大外交家はどこにもゐない。不幸なことには、國家國民を一つの勢力として代表する政黨といふものが、自由黨以外にないのだ。

今度の追放解除の結果として、一つの政黨が生れたらよいと思ふ。實質的に政黨として、國民勢力を代表し、政權を擔當する風格をもつた政黨が、一つしか存在しないといふことは、國家國民の不利不便だ。社會黨は「政黨」になりきらなかつた。今後も駄目だらう。その原因理由は無數にあるが、要するに人間の問題、根性骨の問題だから、もはやどうともならない。共產黨は政黨などでなく、手先だ。せい〴〵同心目明し程度の集團だ。政黨は少くとも二つないとたよりない。さういふことは民主主義でも何でもない、尋常の人情だ。

イランの石油

イランの石油問題が、いよ〳〵緊迫した國際情勢を、一層激化させた。しかしイランの民族的自覺が石油問題を以て、英國と對立するのは當然のことだ。しかし石油問題の民族的紛爭はイラン一國に限らない。英國の利權はいよ〳〵多事になつて、その問題に對するソ聯の介入が切迫してくると、近東の油田地帶は、どんな火を吐くかわからない。中共が奇妙な安全瓣になつて、口火は近東といふこととなるかもしれない。

イランといふ國は、近代文化からはおくれてゐるが、獨自の文明を持つた國だ。國民の精神の何パーセントかは、未だ敗れたためしのない、滅ぶことをしらないその文明を持してゐるやうだ。その詩歌文藝は、この事情を示してゐる。彼らの詩文は、近代ヨーロッパなどと趣きの異る、宛然とした不滅の老大國の文明である。

彼らの詩人は、いつも泉の傍でひる寢をしてゐる。さうしてめざめると、酒ほぎのうたを歌ひ、戀をたゝへる歌を歌ひ、老人が呻吟するやうに永遠の青春を歌ふ。堂々とした文明の老大國たる所以はその詩歌によつてわかる。人のよい、大樣な風格は、近代文藝より一段と格が高く大きい。人性の複雜をさりげなく示してゐる。しかしその不滅の文明は、近代國際市場の商品となつてゐない。品がよく格が高いせゐである、ペンキ飾りや鑵詰趣味でないからだ。又物ほしい連中のスローガン文學でないからだ。

勿論系統としては、アジアのものである。滅ぼしやうのない文化は、こゝにも殘つてゐる。「文化」といふのはさういふものだ。國際興行の小屋が建つてゐるかゐないかといふことではない。

このイラン國の石油は、一人の熱心なキリスト教徒が發見し、イギリスへ利權として渡す契約は、この宣教師が結んだのである。彼は油田開發によつて、「近代文明」をペルシヤに移入してやるといふやうに云うた。この宣教師はさう信じてゐたのである。何といふ重大な誤解だらうか。(彼が宗教者だつたから「誤解」として彈駭せねばならぬ)ペルシヤ人らは、紀元前からの拜火教の信仰によつて、その不滅の火を神として拜禮してゐたのだ。「近代文明」をもたらす筈の油田開發の結果は、ペルシヤ人の近代的貧乏を生んだ。世界戰爭の一つの主戰場たらしめるだらう。

ゾロアスター教徒(拜火教)と近代のキリスト教徒とは、今世紀では「文明」と「平和」の原理について考へ方を異にしてゐる。ペルシヤ人は、その民族自立の運動のために、十數年來名もイランといふ「復古」名をとり、まづ石油利權の囘復をめざす運動に入つた。ペルシヤ人が火として拜んでゐた日は、平和だつたが、「近代文明」を願つて、キリスト教宣教師と、その取引を結んだ日が、不幸の始りだつた。しかし「近代」といふのは、神だつた火を、文明の動力と化するといふ命目から進んで、これを戰爭の原因にして了ふものである。この近代文明の運命と思惑についてはよく考へておく必要がある。

今やイランの石油は、戰爭の最も強力な原因となつてゐるのだ。それはかつて彼らの民族宗教の神として祭られてゐたものだつた。そしてこの經過が「近代文明」といふものだ。「近代文明」はこの經過の中間にあるものだ。

三十八度線緩衝地帶

ソ聯のマリク國連代表は、六月二十三日CBS放送を通じて、朝鮮戰亂の停戰及び休戰のための交渉開始を呼びかけた。戰亂勃發一週年にあたる。七月五日現在の情勢では、七月十日――十五日の間に、國連、北鮮中共の間で休戰會談が行はれる。

この會談にあたつて國連側から提示されるだらう休戰の條件五項目のうち

三十八度線北方に幅二十マイル（三十二キロ）の非武裝地帶を設定する

の一項目があると報じられた。

この情報に對し六月二十六日李承晩韓國大統領は聲明を發し〝朝鮮を人爲的な國境によつて分割することを含むいはゆる和平提案は南北兩鮮を問はず、朝鮮民衆にとつては全く受諾しがたいものだ〟（二十七日毎日新聞）と、三十八度線緩衝地帶案を峻拒した。しかし米ソの交渉はこれにかゝはることなく進捗しつゝある。

休戰を喜ぶことゝ、三十八度線休戰案拒絶とは別個の問題である。李大統領は戰亂繼續を希望してゐるのではない。戰亂の悲慘を最も切實に身に體得してゐる朝鮮人の一人であるからだ。しかしそれにも增して、朝鮮民族が二人に一人の割で家を失ひ、數十萬人の死傷者を出し、首都京城が攻防の的となること四度に及び、民利施設の大半を潰滅に陷した今次の動亂の主要原因が、人爲的不自然な三十八度線設定にあつたことを知つてゐるのだ。自國の内に自國民の關知せざる間に出來てしまつた運命の境界が、二大國の對立といふ現實の宿命に伴はれて、遂に全土が戰亂の巷に化したなりゆきを、世界の誰よりも朝鮮人が知つてゐるのだ。

三十八度線停戰は、朝鮮及び全世界の國際情勢を一年以前の不安定な情態に引きもどすにすぎぬ。その不安と危機の解決を今後の政治交渉に期待する前に、米ソの軋轢の根底的對立を消滅せしめなければ、全朝鮮の完全獨立を望むことは出來ない。（くに本來の意義に於ても、また近代主權國家の意味に於ても）朝鮮はベルリンと異る。アジアは「植民地帶」であり、アジア人は「未開人」だからだ。

三十八度線は、朝鮮人が知らぬ間に決定され、戰亂は他國人が示唆したのだといふことは重大な事實だ。人爲的な國境設定は、近代の性格が表現した暴力だつた。十九世紀に於けるポーランド分割はその代表といひうる例だつた。史家はその無慘な仕打を罵つてゐる。三十八度線は、廿世紀の最大の汚點の一つだ。その是非は後世の史家にまかせておくべきであらうか。

近代に入つて出來た國家は別として、古來より存續する國家は、風土、人情、道義、言語を等しくする。單一のものが漸次發展進歩したものだからだ。多數のものが、一の思想や、理想やのもとに集り、利害を共にする爲の必要上合同したものではない。殊にアジアに於ては、くにの語は、道義、人倫を等しくするもの、限りを云ふのだ。近代國家學に云ふ、國家主權可及範圍の空間的存在でもなく、國際交渉權でもない。八紘爲宇とは、絶對平和生活と絶對幸福の生活と、その基盤をなす人倫（米作農業道德）をひろめ、のべるといふ事なのだ。碎破する戰ひもその時務的任務の一つなのだ。西歐の古き文化を身につけた正統な智識人は、西洋文化の矛盾と暗黑と停迷と衰弱に痛身しつゝもその救ひを知らない。彼等に一抹の光明を與へ、天地の公道を悟らしめ、もつて彼等に引導を與へるのはアジアの若き子の輝かしい任務である。

その聖なる、そして慘憺たる戰ひは、我々の任務なのだ。古代の道が生活としても思想としても最も濃厚に傳り殘り、近代の皮相面であつたが、ともかくも近代を味つた日本こそ光榮ある忍苦の聖者となるのだ。

ともあれ朝鮮人にとつては、休戰となることが焦眉の希願だらう。しかし、關知せざる間に戰端は開かれ、何等の發言權もなくして國の運命の最大重要事たる休戰協定が結ばれるとならば、一體これはどうしたことだらう。民主主義の「自由」と「人格尊重」とはかういふものだらうか。

マリク提案はソ聯の戰鬪繼續による物的消耗の不利益を打算したことによるとUP電は報じてゐる。逆に自國の利益となると他民族の失を無視して敢てかへりみぬ。これが國際共產主義と人道の實體なのだ。

休戰後の政治的交渉によつて南北朝鮮が統一され、近代國家として命脈を保つてゆくには、西歐側につくか、ソ聯の衞星國となるかの二途しかない。しかしそれでは一應の近代主權國家の外貌をそなへるにすぎぬのだ。依然アジア的植民地の性格を脱し得ない。第三勢力を提唱する近代主義者ネールの引率するインドも、つひに、「近代」の超克ではなくして單なる逃避にすぎぬのだ。

日本の、朝鮮の、アジアの獨立とは、近代に發生した資本主義的、共產主義的、社會主義的思想道德、社會機構を一排し、アジア固有の人倫、機構制度に回歸した時、始めてその第一歩を印しうるのだ。

ブラジルから歸つて來た邦人の言葉

ブラジル在住の邦人の中に、今もなほ、日本の敗戰を信じない人々が澤山ゐるといふ。最近その派に屬する邦人が日本へ歸つて來た。新聞紙上には、彼等と記者との會見記が出てゐる。祖國を遠く離れてゐて、信賴出來うる報導を得るすべがなかつたのと、日本の敗戰を彼等に宣傳し、彼等に「轉向」を迫る人間といふものが、概してもと〳〵邦人等に信用のない、最も輕薄な便乘的な連中だつたといふ歸朝者談を讀んでゐると、(彼等の話によればこの便乘者達は、警察と結托して敗戰を信じない邦人に御眞影や日の丸を踏ませるやうなことさへ行つたさうだ。)敗戰當時の我々の心理狀態と思ひ合せて、彼等を頑迷と笑ふことは、心ある日本人には出來ない。

彼等歸朝者は記者の問に答へて「敗けたといふ話は聞きたくない。敗戰といふことを輕々しく口にしてゐる者を見ると腹が立つ」と語つてゐる。その記事の書きぶりから察すると、記者はこの邦人を手のつけられぬ頑迷固陋の獨善的日本主義の徒として、あきれて引退つたやうであるが、吾人には、その記者が輕薄な才子の標本のやうに戯畫化されて、眼に浮んでくる。

敗戰といふことを輕率に口にも耳にもしたくないといふのは、誠に健全な感覺である。歴史あり、自主性ある國民としてはこの感覺は當然である。普通健全な國民の日常感覺の中には、勝敗といふ感覺はない。さういふ賭事の生活をしてゐないのだ。天地自然の悠久な秩序の中で平和な生活を營んでゐるのだ。しかし、事に際して、敗けたく無いといふのも、人の自らな感覺だ。敗けを喜ぶ者の感情には、敗戰によつて利益を得る打算があつたのだ。

この様な健全な感覺を持たない民族は、民族としても國民としても、獨立國家民族の價値がない。終戰後戰場から歸還した兵士、海外各地から引揚げた邦人、一口に云つて祖國の危急に一身一家を投じておもむいた人々は皆この健全自然の感覺を持つてゐた。終戰時に、一部の輕燥墮落した者らが、眞面目な國民の茫然と自失した際につけこんで撒き散らした內地のだらしない空氣に、やり場のない憂憤を覺えたのだ。

しかし、國民大衆は決してその健全で自主獨往の感覺を失つてはゐない。「國民抵抗線」は崩れてゐないのだ。その證據は、六年の歲月が徐々に示したことだ。ブラジルから歸朝した邦人も、氣違ひでもからかふやうによつて來るジヤーナリズムの攻撃をのがれて、それぞれの田舍へ戻つてみれば、彼等の感覺に通じ合ひ、暖かく彼等を迎へてくれる「日本人」の澤山ゐることを發見するだらう。本當の日本がそこにあるのだ。古くから傳つた生活、道德を純粹に保持してゐる日本があるのだ。

この健全な感覺に對して國家主義や軍國主義の復活の兆候ではないかと記者は心配してゐる。吾人に云はしめれば、逆にこの記者の考へ方の方が危險なのだ。敗けたといふことを輕々しく口にしたくないといふのは、眞面目な愼み深い人間にとつては當然のことなのだ。現實の負目を己一身に背負つて、愼み深く耐へて行かうとする者のみが眞の人間なのだ。他人の思惑に輕々しく便乘したり、損得で物事を判斷したり、思想や主義を世渡りの技術と思つてゐる者等は、どんな立派さうな事を云つても信用はできない。信用してはならない。

己の心に慘苦を耐へ、つゝましい日本の道義を守らうとする者が危險な國家主義者に見えるといふ心理は、より危險な異常性格である。この病的心理は自己保全の本能の露出だ。混亂と無秩序との六年間にせつかく築き上げた己の地位財寶の喪失への恐怖なのだ。自信なき自力に對する本能的な保全身構へである。そして彼等は、今後猶更やかましく他人の中傷をわめき立てるだらう。戰後國內の人心を冥暗の極端に迄つき落した密告政治はこゝ當分猖獗を極めるに相違ない。この目明し根性が警察國家、憲兵政治の實體なのだ。

敗戰を輕々しく口にしたくないといふ感覺は、敗戰の現實を直視して、その事理を知り、戰爭の來由を深く洞察して、戰爭の危機打開を志す悲願に通ずるものである。愼しんで怠ることなきわが國民はこれを失つてはゐない。歸朝邦人が新聞記者に浴せた一語は近來の痛快事である。

山びこ學校

最近、子供の手記がベストセラーになつて騒がれてゐるものに、「少年期」と「山びこ學校」がある。前者は近頃はやりのヒユーマニチーと稱するプチブル女性のセンチメンタリズムを、くすぐるための讀物であるが、これに對して、「山びこ學校」の方は、山形縣の貧しい山村の兒童の作品集であり、その性格も、「少年期」とは甚だ對照的である。高田保は「少年期」を讀んだとき、あの中に漂ふエゴイズムのにほひにかなりの不快を感じさせられたものだつた。あの本（少年期）を讀んで妙に憂鬱にさせられた私は、この本（山びこ學校）を讀んで無性に泣かされながら、しかも親愛の情を感じた。この情は人をして、何ものかに向つて明るく憤怒させると述べて居り、坪田讓治は、宮澤賢治の「雨ニモマケズ」の中にある「サウイフ人」のやうな子供ばかりであると、「山びこ學校」の作品に感激してゐる。

「何ものかに向つて憤怒」させたり、「雨ニモマケズ」を聯想させたりするのは、「山びこ學校」が、東北の農村の貧しい經濟生活の有様を生々しくとり上げようとした綴方作品集であるといふ意味であり、「明るく」感じさせたり、「サウイフ人」を聯想させたりするのは、この子供が、無着先生なる指導者の指導の下に團結し、「少年期」の個人的教養の立場に對して社會的關心の立場を強く示してゐることから受ける感じなのであらう。

しかし、坪田のこの感激は甘すぎると言はねばならぬ。貧しい暮しの中にあつて、手をとりあつて強く伸び上がらうとする意志は尊い。しかし、その意志を如何なる方向へ導くかといふことは、教育上最も嚴肅な問題でなければならぬ。この點に對してヒユーマニストは、簡單に感激しすぎるやうである。無着の「あとがき」を讀んでみても、この先生は決して坪田のいふやうな「純朴心」の持主とは思はれない。純朴な顏をして最も惡意あることをどん〳〵運ぶことのできる戰慄すべき圖太さが、その文章から感じられる。また、はしがきの子供の文章も、素朴無心のやうにみせかけて、甚だ素直でない子供らしからぬ屈折した心理のもつて廻つた文章である。これは果して子供の書いたものか、恐らくさうではあるまい。先生が書いたものであらうと考ざるを得ない文章である。子供がこのやうな微妙にひねくれた文章が書けるやうに仕込まれたとすれば、(事實また、無着が「進歩的」と言つてゐるやうな生徒の文章には、そのやうな傾向が強い。)それは恐るべきことだ。

坪田は無着の指導が指向してゐるものが何であるかを本當に考へてゐるのであらうか。それは共產主義を最高至上のものとする方向である。無着は共產主義の宣傳はしないかもしれない。彼はそこまで行かないで、團結とか、生活の改善とかいふことで指導を止めるのであらう。しかし、彼の指導の方向を本氣に步む子供が、共產主義を最高のものと信ずるに至るのは必然である。彼の文章に現れたひねくれた心理からすれば、彼はそのことを計算してかかつてゐると見るべきである。ヒユーマニストと稱せられる人々は、かういふ點について、甚だだらしがない。彼らは、感情では共産主義に反撥するが、理性では共産主義に屈してゐるから、かういふ點に、峻嚴な批評が下せないのだ。彼らには、共産主義を克服するだけの生活觀がないといふことが根本的な弱點だ。

笠信太郎の〝不安〟

朝日新聞社論説主幹笠信太郎は、週刊朝日（七月一日號）で「不安の歴史」（國民講座）といふ一文を書いてゐる。彼の説によると、人間の進歩の歴史は〝見えないものに對する不安〟の克服であり、近代になつて政治の機構や支配の技術が發展して、直接的な武力が形を變へ、權勢と不安がだん〳〵分離された。アパート住ひの人間は、たゞの鍵一つで一切の不安から解放される。ところが個々人の身邊生活では、〝眞晝の太陽の下にある様な生活〟が展開されてゐるのに

世界も崩れ落ちよとばかりの大きな〝不安〟が人間にふりかゝつてゐる。この不安を一體どういふ歡樂の代償として、甘んじようといふのであらうか。

その結語として彼は云ふ。

人間を動物と比較したくはないが、この不安がどうにもならないといふことになれ

ば、所詮人間はまだ動物の世界をいくばくも引離してはゐないといふことにならう。

これが朝日新聞社論説主幹の〝世界の不安〟に對する結語である。この一文をよんで、第一に感じることは、笠が巧に己の思想と決意を語ることを避けてゐること。もと〳〵この近代的自由主義者には思想も信念もないといふのが實相だらう。自分ら丈が〝不安〟の實體を知つてゐてしかも自分は、高見の見物をしてゐる者特有の、その言論には切なさや愛情が無い。これが第二に感じる點だ。從つてこの種の言論には責任がない。すら〳〵と書き流し己の知識を店開きした樣だ。彼の、國民に對する高慢な優越感が行間にちらついてゐてやりきれぬ。いつも本欄で指摘する朝日新聞の墮落は、かういふ増上慢が獨角力した結果の晴姿なのかもしれぬ。近代以前の我々の祖達が味つたといふ〝見えざるものに對する不安〟を克服した近代の思想技術が、近代の〝不安〟や〝危機〟や〝悲慘〟を招來したのだ。近代以前の人々の〝不安〟と笠が云ふところのものは、彼が唯勝手に想像してゐる丈で、それが不安であつたか否かは、笠の擬似近代思想では測り知れないにすぎぬ。深切に考へもせずして、己の主張の道具に使ふのは、こゝ五年間の左傾思想家の得手だが、その當事者が、戰時中の〝日本主義者〟の歴史と眞實の歪曲をなじつてゐる。をかしいことだ。馬鹿らしいことだ。さういふ子供だましの樣な手で、世人をごまかしうると思つてゐるのは愚だ。

ともあれ、今日の國際的不安は誰でも知つてゐる。その不安の實體を知る知らずはともかくとして、己の日常生活の片々を通じて、不安の現れは刻々と身に迫つて感じてゐる。

しかしそれを己の身に受けとめて、己の思想で批判しどう處置し、どういふ根本的な對策を樹立するかは、朝日新聞を先頭としておしなべてジャーナリズムの誰も云うた事を聞かない。これは未曾有の國難に際して、未曾有の言論の狀態だ。戰時中はまだしも憂國の言論の登壇する空席は殘されてゐた。ともかくも皆が懸命になつてゐたからだ。終戰を楔機として、民主主義を口實に、かういふ卑屈と事大主義と輕薄が國を蔽つてしまつた。

笠は、個々人の生活と、國際間の勢力の爭鬪とを別つて考へ、前者の明朗への進步に比して、後者の動物的狀態への停滯を悲しんでゐる。彼にとつては、なす術もない、神の攝理なのであらう。鐵筋コンクリート建のアパート住ひを理想とする彼の如き近代主義者には、その間の不離な相關關係を凝視することは、自殺行爲に等しいのだ。彼は、物欲の滿足を理想とする近代生活をつづけながら、〝不安〟の圈外に立つことを願つてゐる、矛盾を悟らない。さういふ虫の好い願望は、この五年間世界中で一等平和だつた日本人のみが抱けた、あはれむべき空樓だつたのだ。貧乏な日本に住む者が、物欲滿足の生活を望むならば、直に國際角逐裡に身を投じなければ、その生活水準を維持出來ないのだ。今もう旣にその危險に一步深入りしてゐる。このことは、西歐についても、鐵のカーテンの內に入つても變りはない。このことは以前にも本欄で度々指摘したとほりだ。

第三次大戰が勃發して受動的に窮乏生活に投入せられるか、もしくば今自らの決定によつて、積極的に耐乏の生活に踏み入るか。生活の貧富よりみれば結果は同じだ。前者の悲慘、迷に比して、後者には光榮と永遠のひがある。

ともあれ、笠が個々人の生活と國際不安を切り離して考へてゐるのに較べ、民衆は、その身邊生活の先々で、〝不安〟と〝危機〟を味つてゐる。たゞ彼等は、その逞しく、無神經な植物的生活力と、ふてぐ〳〵しい根性で搖がぬ丈なのだ。しかし、愈々その危機がのつぴきならぬものと感じるや否や、民衆は一齊に一時の救ひを、手近な超越權力に求めるだらう。みづからの手で偶像した絕對權力を造りあげるのだ。これは歷史の事實が教へる悲慘なそして必然の運命であつた。

笠の如き劣俗なジアーナリストの皮相な時務論は、一方では國民の〝不安〟を煽ると同時に救濟の方途（本質的）への絕望狀態を認知させて、超絕權力育成への尨大な推進と誤認だらう。これは彼等ジヤーナリストに近代を一排する、絕對平和生活とその道義と思想とが無いからだ。近代の不安思想を以て近代の病患を批判し、絕望の深淵の壁中にその時務論を打ち樹てゝゐるからだ。その言論は一時の糊塗をもくろんでゐるにすぎないのだ。彼等にこの世紀の〝不安〟の解決法を期待する方が無理なのだ。せい〴〵誰もが開けられぬ精巧なアパートの鍵を工夫するが好い。朝日新聞の論說も、彼の思想も、密閉したアパートの中の安樂椅子で、外部遮斷に安心して、自慰的に玩弄するに適してゐるのだ。それ以上でもそれ以下でもない。

〈解説〉

現代性を帯びたアフォリズム

坪内祐三

保田與重郎の年譜を眺めていて、一九八一年十月歿という記述に行き当ると不思議な感じがする。

そんなに最近まで生きていた人なのかという気がして。

一九八一年十月なら私は大学四年生で、私の文学的ものごころは充分ついていた。

私は文学部の学生で、それなりに読書家だったけれど、保田與重郎のことを同時代の文学者として意識していなかった。例えば小林秀雄や福田恆存が同時代の文学者であったのに対して。

つまり保田與重郎は過去の文学者だった。

当時、六巻本の『保田與重郎選集』（講談社・昭和四六年〜七年）はとても古書価格が高く、その値段の高さも「過去の文学者」というイメージを強くした。

しかし誤解してもらいたくないのは、保田與重郎のことを「過去の文学者」だと思ってはいても、私のふたまわり以上上の世代の人たちのように、彼についてまがまがしいイメージを持ってはいなかった。さらに、ひとまわり上の（つまり全共闘世代と呼ばれる）ある種の人たちのように、先行世代に対する反動で、彼のことを再評価しようとする思いにもあまりシンパシーを持てなかった。つまり私は、保田與重郎に対してうまく距離をはかれないでいた。

そんな私が大学の二年か三年の頃（つまり保田與重郎の存命中に）、早稲田の古本屋で雑誌『ユリイカ』のバックナンバー「特集・日本浪曼派とはなにか」（昭和五十年五月号）を買ったのは単なる好奇心だったと思う。

しかし私は、その『ユリイカ』の「特集・日本浪曼派とはなにか」に掲載されていたある一文によって、保田與重郎に対する一つの強烈な像が脳裏にきざみ込まれた。

ある一文というのは富士正晴の「伊東静雄と日本浪曼派」である。

私はその頃、富士正晴が大好きだったので、まずその一文から『ユリイカ』を読みはじめたのである。

よく知られているように富士正晴は、七歳年上の伊東静雄の親しい友人で、伊東静雄が徐々に日本浪曼派の人びとに（特に保田與重郎に）心ひかれて行くのを、伊

冷ややかに見ていた。
だから「伊東静雄と日本浪曼派」で、富士正晴は、こう書いていた。

朔太郎が飯粒をボロボロこぼすことへの軽蔑を中原中也に共感しているかと思うと、保田與重郎が会合に於いて、目上がおろうと、先輩がおろうと床柱を背負って座ってしまう田舎大尽の後取り的無知も、飯粒をボロボロこぼしつつ立て膝して飯をくうこれも野放図の不行儀も、朔太郎と似たかよったかだと思われるのに伊東の評価は全く逆で、保田の不行儀を不行儀とは思わず、さすが天皇家よりも歴史の古い家柄の御惣領と、本気になって礼讃するのであったから、こちらは呆れ果てて、異議も申し立てなかった。

ここで私が印象づけられたのは、もちろん、「目上がおろうと、先輩がおろうと床柱を背負って座ってしまう」という一節である。この一節を目にした時に私が思い出したのは、晩年(といっても早すぎた晩年であるが)の三島由紀夫が、谷崎賞か何かのパーティーで、選考委員席の真ん中に、他の先輩作家たちの視線などまったく気にすることなく、当り前のように堂々と座ってしまったというエピソードだ。

『ユリイカ』の「特集・日本浪曼派とはなにか」に出会ったのと相い前後して、私は、尾崎一雄の文学的自叙伝『あの日この日』を読んだ。

『あの日この日』はちょうどこの頃、講談社文庫に収録されていったのだが、その文庫版で言えば第三巻に当る百七章に「保田與重郎の兵本論に不服」という見出しが載っている。

戦前に兵本善矩という文士が（というよりも文士くずれが）いた。

尾崎一雄は若い頃、東京での文学生活に息づまりを感じ、奈良にいる志賀直哉のもとに身を寄せた。そこで同じような境遇だった小林秀雄らと共に兵本善矩と出会った。

兵本善矩は『文藝春秋』をはじめとする雑誌に数篇、すぐれた小説を発表することになるが、性格的に問題があった。尾崎一雄や小林秀雄たちは彼から迷惑をこうむった。その迷惑は、戦後、兵本が「小説の書けない小説家」になったのち、さらにひどいものになった。その顚末を尾崎一雄は、そして広津和郎は小説にした。そういう尾崎一雄の作品に、例えば、「多木太一の怒り」や「縄帯の男」などがある。

『あの日この日』を目にして、私は、保田與重郎の『現代畸人傳』を読みたいと思った。

『現代畸人傳』は、さいわい、保田與重郎の著作の中でも、当時、『日本の文學史』や『天降言』などと並んで古本屋で割とよく見かける本であったから、すぐに入手出来た（いや、もしかしたら私の父の書棚にあった本かもしれない）。『現代畸人傳』の中で、保田與重郎は、こう書いていた。

兵本君にめいわくをうけた話をかいた文士の小説のやうなものを二三ちらりとみたが、どれをとつても愚劣としてかゝれてゐる兵本君の心が、書いてゐる人間より光つてみえたのは、當然のことかもしれない。

この保田與重郎の兵本善矩論に対する七年遅れの反論が尾崎一雄の『あの日この日』の「保田與重郎の兵本論に不服」だった。

この二つの文章を読み比べてみると、理は尾崎一雄の方にあった。兵本善矩という男は、かなりとんでもないやつだった。

尾崎一雄が言うように、「保田與重郎のこの文章は、主観的に過ぎる」。

例えば、こういう文章は、

わるい人間でないのにわるい人間のやうにおもはれ、狡い男でないのに狡い男のやうにおもはれる。思ふことなすことが、みなうらはらに出て、人の世で、人に迷惑をかけるだけのために生まれてきたやうな存在に終つた。彼は清潔を願つてゐて、不潔からのがれられなかつた。しかし彼ほどの小説の名人を、上方の井原西鶴翁以來私は見たことがない。人がらは小人の極端なものだつたから、もう小人とも申せまい。

ただし私は、保田與重郎のこの「主観」が嫌いではなかった。理は尾崎一雄の方にあるように思えても、情は保田與重郎の「主観」を支持したく感じた。だいいち、「小人の極端なものだつたから、もう小人とも申せまい」なんて、とても素敵に美しいフレーズではないか。

つまり私は、富士正晴の語った、「目上がおろうと、先輩がおろうと床柱を背負って座ってしまう」という一節に強く印象づけられはしたものの、それを単なる「田舎大尽の後取り的無知」と受け取りはしなかったのである。私はそれを、近代的自我とは無縁な、万葉人的なたくましさと肯定的に受け止めたいと思った（とは言うものの、私は、万葉人のいかなるものか正確にはわかっていないのだが）。その点で私は富士正晴より伊東静雄の見解に近いと思う。

今回私はこの「祖國正論Ⅰ」をはじめてゲラで通読してみて（私は講談社の『保

田與重郎全集』本巻四十巻別巻五巻を全巻架蔵しているがこの「祖國正論Ⅰ」の入った第二十七巻は積ん読されたままでいた)、保田與重郎の国際情勢への判断の正確や日本共産党批判のまっ当さ、さらには「イランの石油」という一文の予言性以上に、やはり、保田與重郎ならではの「主観」に深く感じ入った。

例えば、「民主主義時代の巡査の親切丁重さに、疑問を感じたのである」と述べる「民衆警官の努力」という一文。

もしはじめて保田與重郎の作品に出会った読者がいるとすれば、この一文からまず目を通し、保田與重郎の考え方に慣れておくのも一つの手であると思う。それに、「監視はいやだ、治安は守れ、では話が無理といふものだ」であるとか、「昔から『知る』ことは『支配する』ことといふのは、世界共通の語源」であるとかいうフレーズの登場するこの一文は、凶悪犯罪がとりざたされ「住基ネット」が話題となっている今、きわめて現代的でもある。

このフレーズといい、先の「小人の極端なものだつたから、もう小人とも申せまい」というフレーズといい、保田與重郎の文章には、常に、アフォリズム性を帯びた素晴らしいフレーズが満載だが(だからこそかつては、その一種の呪術性が多くの信奉者たちを生み、反対派たちからは強く恐れられていたのだろう)、この評論集にも、どこかに書き写しておきたい名言が数多くある。

その内の一つ。

人は腹一杯になれば食ひたくないものだから、権力などはもちなれた者にもたしておいた方がずつとよいのだ。急にもたせると途方もなくその棒をふるから、罪害が多い。

しかし私が一番凄いと思ったのは、「反戰藝術の眞相」という一文中の一節である。ジャーナリズムは、戦争を危惧するふりをしつつ、実は戦争に興味を持っているからこそ、そのことを記事にしたがるのだと述べたあと、保田與重郎は、こう言い放つ。

興味は戰爭の母である。戰爭はまづ人の心の中で進行するものである。

保田與重郎文庫 29 祖國正論Ⅰ 二〇〇二年十月八日 第一刷発行
著者 保田與重郎／発行者 岩崎幹雄／発行所 株式会社新学社 〒六〇七―八五〇一 京都市山科区東
野中井ノ上町一一―三九 TEL〇七五―五八一―六一一一
印刷＝東京印書館／印字＝昭英社／編集協力＝風日舎
 ISBN 4-7868-0050-3